세계사,

최대한 쉽게 설명해 드립니다

세계사, 최대한 쉽게 설명해 드립니다

세계사의 전체 흐름을 선명하게 그리다!

초판 1쇄 펴낸 날 2018년 12월 24일
초판 14쇄 펴낸 날 2025년 1월 2일

지은이 만프레트 마이
옮긴이 김태환
발행처 이화북스
주소 경기도 파주시 회동길 145 아시아출판문화정보센터 전시정보동 202호
대표전화 02-2691-3864
팩스 02-307-1225
이메일 ewhabooks@naver.com

편집 이양훈
디자인 책은우주다
마케팅 임동건

ISBN 979-11-965581-0-9 (03900)

이 도서의 국립중앙도서관 출판예정도서목록(CIP)은 서지정보유통지원시스템 홈페이지 (http://seoji.nl.go.kr)와
국가자료공동목록시스템(http://www.nl.go.kr/kolisnet)에서 이용하실 수 있습니다.(CIP제어번호: CIP2018039675)

• 책값은 뒤표지에 있습니다.

세계사의 맥을 잡아 주는 56가지 이야기

세계사의 흐름을 선명하게 그리다

세계사

최대한 쉽게 설명해 드립니다

만프레트 마이 지음

김태환 옮김

이화북스

지금부터
세계사 여행을
떠나볼까요?

세계 역사의 전체적인 상을 그리다

이 세계사 책의 초판은 독자들과 전문 서평가들로부터 찬사를 받았다. 이런 열띤 반응에 나는 매우 기뻤다. 이제 개정증보판으로 독자들의 사랑에 보답하고 초판에서 다루지 못한 21세기 세계사의 주요 발전 과정도 소개하고자 한다. 이 책은 현재를 살고 있는 독자들과 가능한 한 호흡을 함께하고자 한다. 새롭게 추가된 장들은 세계 정치 무대에서 옛 강대국과 새 강대국 사이의 역학관계 변화, 유럽 연합의 위기, '아랍의 봄', 글로벌 금융 위기, 지구온난화 등과 같이 최근 우리의 주목을 끌었던 그리고 지금도 여전히 주목을 끌고 있는 세계사의 주요 이슈를 다룬다.

초판에서 찾아보기가 없어 아쉬웠다는 독자들의 의견이 있어 이번 개정증보판에서 새롭게 수록했다.

그 외는 초판의 「들어가는 글」에서 말한 내용이 지금도 유효하다. 세계를 이해하려면 그 역사를 알아야 한다. 이러한 사실은 신문이나 TV 뉴스를 보면 분명히 알 수 있다. 유대인과 팔레스타인인들의 역사를 모르고서는 중동 분쟁을 이해할 수 없고, 식민지 개척의 역사에 대한 지식 없이는 아프리카 대륙의 상황을 제대로 파악하지 못할 것이다.

이 책의 의도는 세계 역사에 입문하고자 하는 사람들에게 폭넓고 일목요연한 조망을 제시하는 것이다. 따라서 여기서는 가장 중요한 사건과 인물, 사태의 발전 과정만이 간단하게 서술될 것이다. 나 자신도 너무 단순화한 것이 아닌가 하는 느낌이 드는 대목이 없지 않았다. 그럼에도 이런 식의 세계사 서술이 필요한 것은 세계사의 주요 흐름과 전체를 조감한 사람만이 역사의 세세한 부분과 다양한 측면을 이해할 수 있기 때문이다. 일단 전체에 대한 그림이 머릿속에 생긴 다음에야 비로소 개인적으로 특별히 관심이 있는 세부적 문제에 접근할 수 있다. 학교 역사 교육이 안고 있는 문제 가운데 하나는 학생들이 세계사에 대한 대강의 상을 오랜 학교생활이 다 끝나갈 무렵에야 비로소 얻게 된다는 점이다. 이 책은 어쩌면 이런 역사 수업의 문제점을 보완해 주는 역할을 할 수 있을 것이다. 물론 이 책이 학교 역사 수업을 대신할 수는 없다. 또 그런 의도에서 이 책을 쓴 것도 아니다.

56개의 장으로 이루어진 이 책에서 주로 다루는 것은 민족과 국가들의 정치사다. 하지만 평범한 사람들과, 그렇다고 단순하지만은 않았던 그들의 삶에 대해서도 이야기하려고 노력했다. 사람들은 민중도 역사를 만드는 주역이라는 사실을 곧잘 잊어버린다.

또 한 가지 미리 언급해야 할 중요한 사항이 있다. 이 책은 독일의 시각에서 본 세계사일 수밖에 없으며, 독일의 독자를 염두에 두고 쓴 것이다. 예컨대 독일의 두 이웃 나라 프랑스와 폴란드의 저자만 하더라도 이 책과는 다른 시각을 취할 것이고, 다른 독자를 고려하면서 서술의 강조점을 달리할 것이다. 하물며 중국이나 브라질 또는 케냐의 저자가 쓴 역사책은 어떻겠는가. 그럼에도 나는 이 책 속에서 모든 민족과 모든 사람들을 공정한 시각에서 서술하기 위해 할 수 있는 한 최선을 다했다. 그런 노력이 좋은 결실을 이루었기를 바란다.

차례

1

최초의 인간

2만 년 전 동굴에 벽화를 그리고 사냥을 하던 사람들과 우리는 어떤 관계일까?

우리가 살고 있는 지구는 약 50억 년 전에 생겨났다. 지구상에 생물이 살기 시작한 것은 30억 년 전이고, 인류를 향한 진화의 과정은 1,500만 년 전부터 시작되었다. 지금의 우리와 비슷하게 생긴 존재가 생겨나기까지는 수없이 많은 단계가 있었다. 아직도 풀리지 않는 많은 의문이 남아 있지만, 인류의 진화 과정은 대체로 학자들에 의해 밝혀졌다. 이렇게 된 데에는 무엇보다도 그동안 발굴된 인간의 뼈와 연장들이 도움이 되었다.

이미 500만 년 전에 최초의 '원인猿人, 오스트랄로피테쿠스'이 직립 보행을 시작했다. 이로써 사지 중 앞부분이 자유롭게 되어 손으로 발전했으며 그 후 300만 년 동안 뇌 용량이 세 배로 늘어났다. 그 결과 인간 이전 단계의 원인은 초기 인류로 진화했다. 이들 초기 인류는 돌이나 나무로 연장을 만들어 사용할 수 있는 능력을 가지고 있었다. 그들이 사용한 가장 중요한 연장이 돌이었기 때문에 인류사의 처음 50만 년을 석기 시대라고 부른다.

초기 석기인에서 호모 사피엔스라고 불리는 현생 인류에 이르기까지는 기나긴 진화 과정이 필요했다. 우리의 직계 조상으로서 새로운 인간을 대표하는 최초의 인류 가운데 하나가 바로 크로마뇽인이다. 크로마뇽이라는 명칭은 그들의 뼈가 발견된 프랑스 서남쪽의 한 마을 이름에서 유래한다. 하지만 그들은 본래 아프리카 대륙에서 살았으며, 지금으로부터 약 4만 년 전에 그곳에서 유럽과 아시아로, 혹은 시베리아와 알래스카 사이의 육로를 거쳐 북아메리카로 이동했다.

최초의 인간은 수렵과 채집 활동을 했고, 20명에서 50명씩 무리를 이루어 살았다. 그들은 동굴을 거처로 삼기도 하고, 나뭇가지로 간단한 오두막을 짓거나 동물 가죽으로 천막을 만들었지만, 그 속에서 자리 잡고 산 것이 아니라, 먹고 입을 것을 제공해 주는 동물들의 무리를 따라 계절마다 옮겨 다니는 유목민 생활을 했다. 이들은 원인보다 발달된 두뇌를 가지고 있었으므로 사냥 기술도 훨씬 더 능숙해져서 창과 활을 발명했고 함정이나 올가미를 이용해서 야생 동물을 잡아들였다. 또 도구가 점점 더 발달해 나무 기둥의 속을 파내어 배를 만드는 것도 가능해졌다. 곧 창과 그물을 이용해 고기 잡는 법을 배우게 되었고, 이미 불을 사용하는 기술을 터득해 육류와 생

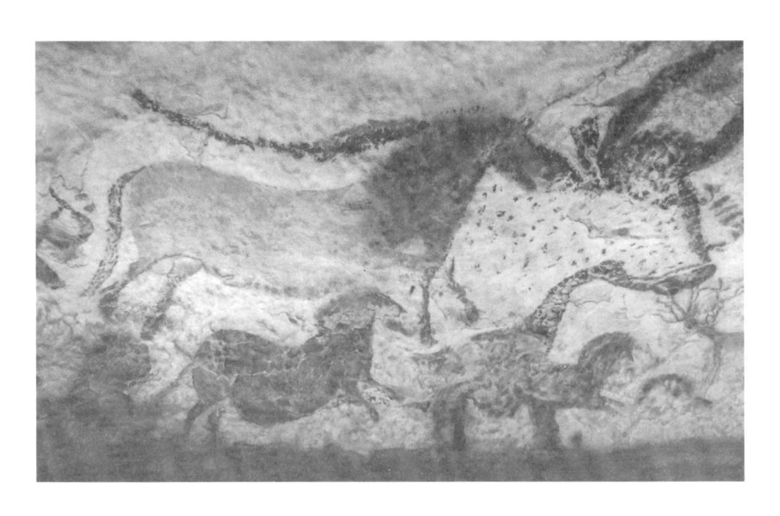

❖ — 프랑스 도르도뉴 지방의 라스코 동굴 벽화. 1940년, 2만 년 전의 벽화가 아이들에 의해 우연히 발견되었다. 동굴 천장에 그려진 동물 중에는 이미 멸종한 것도 있다. ⓒ thipjang

선을 익혀 먹기 시작했다. 그들이 가진 지식과 노동 기술은 세대에서 세대로 계속 전해졌음이 분명하다. 그것은 그들이 이미 발달된 언어를 소유하고 있었음을 말해 준다. 인류의 언어가 정확히 어떻게 발전해 왔는지는 아직도 과학이 해결하지 못한 수수께끼로 남아 있다. 확실히 말할 수 있는 것은 그들에게도 언어가 집단생활의 질서를 다스리고 구성원들 사이에서 더욱 효과적인 협력 체제를 만들기 위한 필수 조건이었다는 사실이다.

인류는 언제부터인가 동물을 사냥하거나 열매를 따 모으는 데에만 전적으로 시간과 노력을 들이지는 않게 되었다. 미美에 대한 감각이 발달하면서 동물의 이빨이나 조개껍데기, 진주 등으로 팔찌와 목걸이를 만들었고, 돌과 뼈로 어떤 형상을 조각했으며, 무기와 연

❖ — 오스트리아 빌렌도르프의 비너스. 석회석으로 만들어진 이 조각은 2만 5,000년 전의 작품으로, 길이는 23센티미터다. 유방과 성기 등이 과장되게 조각되어 있어 출산과 풍요를 기원하는 주술적인 의미를 갖고 있으며 '출산의 비너스'라고도 불린다.

장에 무늬를 새겨 넣었다. 그리하여 인류 역사상 최초의 위대한 예술품들이 나오기 시작한다. 유럽의 수많은 동굴 속에 남아 있는 벽화들, 가령 프랑스의 라스코 동굴 벽화와 스페인의 알타미라 동굴 벽화는 2만 년 전에 그려진 것이다. 어떤 이유로 당시의 인류가 이런 경탄할 만한 벽화들을 창조해 냈는지는 아무도 모른다. 아마도 그들은 동물들을 묘사함으로써 사냥의 성공에 필요한 신비로운 힘을 얻을 수 있다고 생각했는지도 모른다. 아마도 그들은 이 그림들 앞에서 횃불을 피워 놓고 신들의 마음을 사기 위한 주술적인 춤을 추었을 것이다. 그들이 이미 그런 신적인 존재에 대한 믿음을 가지고 있었다는 것을 전제한다면 말이다. 종교의 기원을 연구하는 학자들은 그렇게 추측하고 있다. 죽은 사람을 매장하는 방식에서 그런 추측이 가능하고, 무덤 속에서 죽은 사람을 수호하고 동행하는 의미 외에 다른 목적이 없어 보이는 물건들이 발견된다는 사실도 이를 뒷받침해 준다. 또 학자들은 종교적인 이유에서 창조되었을 것으로 추정되는 예술품들을 근거로 제시하기도 한다. 가령 흔히 다산多産을 상징하는 여신으로 해석되는 저 유명한 빌렌도르프의 비너스를 그 예로 들 수 있을 것이다. 물론 그것은 지나친 해석일지도 모른다. 하지만 한 가지 분명한 사실은 빌렌도르프의 비너스와 동굴 벽화를 창조한 사람들이 우리와 아주 가까운 친족이라는 점이다.

2

수렵·채집하는 유목민에서 농경민으로

식량을 찾아 떠돌던 사람들이 유랑을 끝내게 된 계기는 무엇일까?

크로마뇽인들은 북극 지방의 얼음이 지구 북반구 대부분을 덮고 있었던 제4빙하기(마지막 빙하기)에 살았다. 가장 혹독했던 이 빙하기는 10만 년 이상 계속되었으며 기원전 1만 년경에 끝났다. 그 후 기온이 상승하면서 빙하가 녹기 시작해 오늘날과 유사한 기후가 형성되었다. 특히 기후 조건이 좋았던 곳은 지중해 동쪽 해안에서 오늘날의 이란에 이르는 지역이었다. 이곳에서는 많은 식물들 외에 여러 가지 야생 곡식들이 자라 인간들은 그 낟알을 갈아서 먹었다. 언제부터인가 사람들은 낟알을 모아 곡식을 재배하기 시작했다. 이와 동시에 야생 동물도 길들이기 시작했다. 우선 늑대를 길들여 사냥개나 집을 지키는 개로 만들었고, 그 다음엔 염소·양·돼지·소·말 등의 동물을 길들여 오늘날과 같은 가축으로 삼았다. 이렇게 해서 수렵·채집하는 유목민이었던 우리 조상은 정착해서 농사를 짓고 가축을 기르는 농경민으로 변모했다.

인간은 자기 자신과 자기 소유의 가축을 보호하기 위해 움막을 짓고, 농사를 위한 도구들을 나날이 개량하고, 그 개량한 도구로 점점 더 많은 땅을 개간해 경작지와 목초지로 일구었다. 그들은 식량을 비축할 줄 알게 되면서 그날그날 입에 풀칠하며 목숨을 부지하는 불안정한 생활에서 벗어났다. 식량을 저장하는 창고가 세워졌는데, 그것은 도둑이나 강도뿐 아니라 들짐승에게도 좋은 목표가 되었다. 그래서 농부들은 움막들을 더 바짝 붙여 지었고 그 주위를 울타리와 담장으로 에워쌌다. 이렇게 해서 최초의 마을이 형성되었다. 식량 공급이 안정되었고, 이에 따라 인구가 증가했다. 곡식의 재배와 가축 사육이 사냥이나 채집에 비해 훨씬 더 손쉬운 식량 공급 방법이었기 때문에 인간은 작업 도구와 일용품, 무기를 개량하는 데 더 많은 시간을 투자할 수 있었다. 이때 다른 사람들에 비해 더 능숙하고 창의력이 있는 사람들이 두각을 나타냈고, 시간이 지나면서 그들은 영역별 '전문가' 집단을 형성했다. 이렇게 해서 최초로 수공업자라는 직업이 생겨났다.

중동 지역에서 시작되어 아프리카·아시아·유럽 지역으로 확산된 이러한 인류 생활의 발전은 대략 5,000년간 계속되었다. 그 이전 시대에 일어났던 변화에 비하면 이때의 발전 속도는 엄청난 것이었다. 또 변화 속도가 빨랐을 뿐만 아니라 변화의 성격이 워낙 근본적인 것이었기 때문에 사람들은 '신석기 혁명'이라는 표현을 사용한다. 하지만 그 혁명이 모든 인류에게 도달하기까지는 오랜 세월이 걸렸다. 그 후로도 세계 대부분의 지역에서 사람들은 계속 수렵과 채집을 하며 살아갔고, 오늘날에도 지구의 몇몇 외진 지역에서는 여전히 수렵과 채집 생활을 하는 사람들이 있다.

3

위대한 발명과 발견

청동기 시대는 어떻게 시작되었고 발전했을까?

석기 시대 사람들이 어떻게 도구를 만드는 데 쓰일 새로운 재료들을 발견했는지는 정확히 알 수 없다. 단지 추측을 해 볼 수 있을 뿐이다. 어떤 아이가 찰흙 덩어리를 가지고 놀다가 공 모양을 빚었다. 어쩌다가 이 공 모양의 찰흙 덩어리는 아이가 접근할 수 없는 불가에 굴러갔다. 나중에 아이의 아버지나 어머니는 이 찰흙 덩어리가 열 때문에 단단해지고 물도 새지 않게 되었음을 알아차렸다. 그래서 이번에는 직접 찰흙 덩어리를 빚어 반죽을 반으로 나누고 속을 파낸 다음 불 가까이 올려놓았다. 아마도 이런 식으로 최초의 토기가 제작되었을 것이다. 하지만 이와 또 다른 어떤 우연이 작용했을 수도 있다.

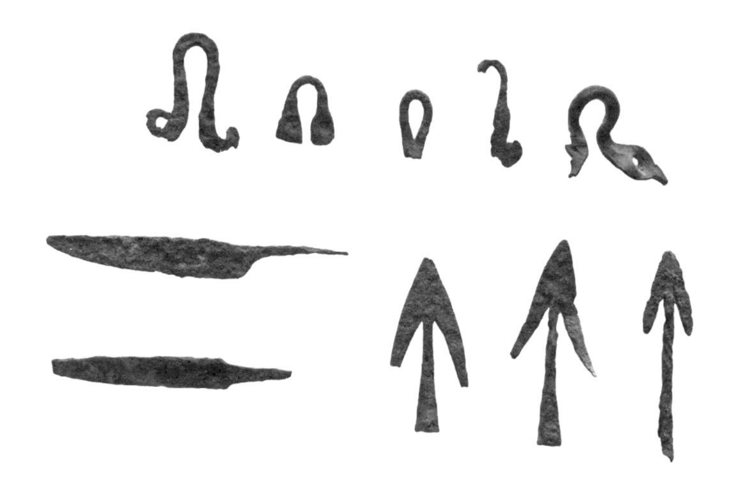

❖ — 청동기 시대의 장신구와 도구들. 구리와 주석을 9대 1의 비율로 섞어 만든 청동기는 기원전 3000년경부터 사용되었으며 오리엔트에서 각 지역으로 전파된 것으로 알려져 있다.

중동 지역의 여러 곳에서 6,000년 전에 손으로 빚은 토기가 발굴되었다. 이들 발굴지에서는 이와 동시에 최초의 금속인 구리도 발견되었는데, 구리 제작에도 불이 중요한 역할을 했다. 아마도 사람들은 구리를 함유한 바위 위에서 불을 붙였다가 나중에 타고 남은 재에서 붉은 빛깔을 띠는 구슬 모양의 구리를 발견했을 것이다. 그들은 이 구슬 모양의 물질이 어디서 생겨났는지 생각해 보고 불이 타고 난 바위에서 나온 게 아닌가 생각했을 수도 있다. 그래서 이 '실험'을 다시 반복해 보고 시간이 지나면서 암석 조각에서 원하는 모양대로 주조할 수 있는 금속을 추출하는 방법을 배웠을 것이다. 물론 아주 다른 상황이었을지도 모른다. 다만 우리가 확실하게 말할 수 있는 것은 인간이 이 무렵에 구리를 발견했다는 사실이다. 그러나 그들은 구리가 연장이나 무기로서는 너무 무르고 빨리 무뎌진다는 것을 곧 알게 되었다. 결국 사람들은 더 단단한 금속을 찾게 되었고 주석을 발견하여 구리와 함께 녹였다. 이렇게 해서 만들어진 것이 이후 1,000여 년 동안 인류의 도구 제작에 가장 중요한 재료가 된 청동이었다. 이때 도끼·낫·칼·괭이·끌·바늘 등이 청동으로 만들어졌는데, 이런 연장들의 기본 형태는 오늘날까지도 변하지 않고 남아 있다. 검·단검·창·방패와 같은 무기류, 그 외에 여러 가지 장신구와 관악기까지도 청동으로 만들어졌다.

이렇게 청동의 수요는 계속 증가했지만 구리와 주석은 어디서나 구할 수 있는 것도, 항상 충분히 구할 수 있는 것도 아니었다. 금속이 발견되는 곳마다 광산이 형성되었고 사람들은 점차 금속을 찾아 땅속까지 파고 들어갔다. 광산 바로 옆에 대장장이들이 거주하는 것은 아니었으므로, 채굴된 금속은 가공 작업을 위해 대장장이에게 운송되었고, 여기서 완성된 물건은 다시 이를 필요로 하는 사람들에게 운송되었다. 천연자원과 물품의 교역은 이렇게 시작되었다. 가장 간단한 운송 방법은 수로를 이용하는 것이었다. 그 당시 이미 뗏목과 배가 있었기 때문이다. 육로를 통해서 무거운 짐을 나르기란 쉬운 일이 아니었다. 틀림없이 수없는 시도와 시행착오 끝에 누군가가—어쩌면 많은 사람들이 동시에—바퀴라는 중요한 발명품을 고안해냈을 것이다. 곧 최초의 수레가 곳곳에서 굴러다니기 시작했다. 또 바퀴가 잘 굴러가려면 바닥이 평평해야 했기 때문에 수레가 다니는 길에서 초목이나 자갈이 제거되어야 했다. 최초로 도로가 생긴 것이다. 교역이 점점 증가하고 먼 지역에까지 사람들이 이동하면서 사고思考의 교환도 활발히 이루어지기 시작했다. 이는 그전까지는 볼 수 없었던 현상이었다. 새로운 인식과 기술은 그 어느 때보다 더 신속하게 또 멀리까지 확산되었다. 이렇게 중동 지역의 석기 시대는 그 종말을 향해 성큼성큼 다가가고 있었다.

4

인류 최초의 고등 문명

최초의 고등 문명인 수메르 문명은 무엇을 인류에게 남겨 주었는가?

중부 유럽에서 사람들이 여전히 유랑 생활을 하며 수렵과 채집으로 연명하고 있을 때, 유프라테스강과 티그리스강 사이 메소포타미아 지방의 수메르인들은 인류 최초의 고등 문명을 창조했다. 그들은 이미 수레를 발명했고 나귀나 황소가 끄는 쟁기도 가지고 있었다. 도시들이 세워져 최대 5만 명 정도의 사람들이 모여 살았으며, 도시를 홍수로부터 보호하기 위해 댐을 설치하고, 농경지에 물을 대기 위한 목적으로 운하를 건설했다. 그런 큰 공사는 계획적이고 조직적으로 해내지 않으면 안 되었다. 또 그렇게 큰 공동체 안에서는 상품의 생산과 분배 역시 아무렇게나 할 수 있는 일이 아니었다. 그래서 수메르인들은 중요한 사항들을 기억 외의 다른 방식으로 간직

할 수 있는 가능성을 찾게 되었다. 처음에는 이를 위해 가령 남자나 여자·소·과일 바구니·곡식 자루 등을 나타내는 간단한 그림들을 사용했다. 이런 그림들이 점차 발전함에 따라 사건을 기록하고 메시지를 전달할 수 있는 기호 체계가 생겨났다. 수메르인들은 무른 점토판에다 쐐기 형태의 못으로 기호들을 새겨 넣은 다음 이 점토판을 불에 구워 새겨진 모양이 오래 유지될 수 있게 했다. 이제 구전만이 주변 세계나 후대에 지식을 전하는 유일한 길은 아니었다.

❖ — 인류가 남긴 가장 오래된 문서 가운데 하나. 흙판에 갈대 줄기 등으로 설형문자(쐐기문자)를 기록한 뒤 가마에서 구워 낸 것이다. 고대 오리엔트 문명에서 문서를 기록하는 중요한 방법이었다.

수메르인들은 수레와 이른바 '설형문자楔形文字'의 발명으로 인류 역사에 커다란 진보를 가져왔다. 물론 다른 많은 분야에서도 그들의 공헌은 획기적이었다. 12진법 혹은 60진법으로 된 도량형 체계가 이때 고안되었다. 60초가 일 분이고 60분이 한 시간이 되는 시간 단위는 이 체계에서 유래한 것이다. 오늘날에도 한 다스는 열두 개다.

수메르인들의 도시는 이미 작은 국가 형태로 건설되고 조직되었다. 이 도시를 통치하는 군주는 통치권의 근거를 자신이 신들과 가까운 존재라는 데서 찾았다. 수메르인들은 여러 명의 신들을 숭배하는 다신교를 믿고 있었던 것이다.

도시 군주는 공동생활을 규율하는 법률을 공포하고, 모든 사람들이 바쳐야 하는 공납 액수를 정했다. 공납은 사제단과 관리에 대한 재정적 지원, 군대의 양성, 물의 안정적 공급, 위기에 대비한 식량 창고 건설 등의 목적을 위해 사용되었다. 현대식으로 말하면 수메르인들은 납세자였던 것이다. 그 외에도 수메르인들의 삶을 대단히 현대적인 것으로 보이게 하는 요인이 또 하나 있다. 여러 도시 국가들 사이의 잦은 분쟁이 그것이다. 이때 쟁점이 된 것은 소유권, 특히 토지 소유권과 권력의 문제였다. 분쟁은 흔히 전쟁으로 이어졌고 이러한 전쟁은 저마다의 신들의 이름으로 치러졌다.

수메르 문명은 대략 1,500년 동안 전성기를 구가했으며, 기원전 2000년경에는 대부분의 중동 지역에 퍼져 있었다. 그 후 수메르인들이 갑자기 인류 역사에서 사라지게 된 이유는 불분명하다. 그러나 그들의 발명품과 문화는 계속 살아남았다.

5

세계 최초의 기적

사막 한가운데 거대한 피라미드를 세웠던 이집트인들은 어떤 사람들이었을까?

역사에 대해 아무리 관심이 없는 사람이라도 아주 옛날 이집트에 피라미드가 건축되었고 이 피라미드를 세운 왕들이 파라오라고 불렸다는 사실은 알고 있을 것이다. 이 오래된 4,500년 전의 건축물 앞에서 우리는 여전히 감탄을 금치 못한다.

나일강가에서 수렵과 채집으로 살아가던 사람들은 기원전 5000년경 정주定住 형태로 생활 방식을 전환하기 시작했다. 그들은 나일강과 더불어 살아가는 방법을 터득하게 되었는데, 그것은 물론 처음부터 쉬운 일은 아니었다. 여름마다 홍수가 나서 거대한 나일강이 범람했기 때문이다. 홍수가 대단히 위협적이기는 했지만, 가을에 물이 빠지고 나면 그 자리에 진흙이 남았고, 이 진흙은 최상의 비료가 되어 땅을 아주 비옥하게 만들었다. 사람들은 나일강에 감사했고 마치 신처럼 나일강을 섬겼다. "오, 나일강이여, 그대를 찬미하노라. 땅에서 솟아나와 이집트에 양분을 선사하는 나일강이여. 들판을 적셔 모든 가축들에게 생명을 주고, 물에서 멀리 떨어진 사막을 적시며, 보리와 밀을 자라게 하는 나일강이여. 창고를 가득 채우고 광을 늘려 가난한 사람들을 돕는 나일강이여. 그대를 위해 하프를 연주하고 노래하노라." 이집트인들은 이런 노래로 나일강에 대한 감사의 마음을 표현했다.

또 나일강은 생존에 절대적인 중요성을 지니고 있었기 때문에 주의 깊은 관찰의 대상이 되었다. 오랜 관찰을 통해 나일강의 범람이 평균 365일마다 반복된다는 사실을 알게 되었다. 이집트인들은 나일강의 범람 주기에 따라 일 년을 365일로 정하고 열두 개의 달로 나누었다. 한 달이 30일이었으므로 5일이 남았는데, 그것은 한 해와 다음 해 사이에 끼워 넣었다. 이렇게 기원전 3000년경의 이집트인들은 오늘날까지도 거의 큰 변화 없이 전 세계에서 사용되는 달력을 창조했다.

당시 나일강 유역에는 두 개의 왕국, 즉 나일강 상류 끝의 상이집트와 나일강 하구 지역의 하이집트가 주도권을 다투고 있었다. 전하는 바에 따르면 상이집트의 왕 메네스는 기원전 3100년경에 군대를 이끌고 하이집트를 점령하여 수도 멤피스를 세우고 이집트 전체의 최고 군주가 되었다. 그는 '파라오'로서 단순한 왕이 아니라 신처럼 떠받들어졌고, 다른 신들과 동일한 경배의 대상이 되었다. 그

❖ — '이집트 사자의 서'가 적혀 있는 파피루스. 인간이 죽음을 맞은 뒤 전생의 죄과에 따라 각각의 영혼이 향하는 길을 적어 놓았다.

는 무제한의 권력을 지녔으며, 그의 뜻은 곧 법이었다. 이 법은 재상을 선두로 하는 관리들에 의해 집행되었다. 재상은 일종의 정부 수반이자 최고 재판관이었으며 이집트에서 파라오 다음으로 강력한 권한을 행사했다.

이집트의 관리들은 약 100만 명의 인구를 가진 거대한 왕국을 다스리고 생활필수품이나 재화의 생산과 분배를 체계화하기 위해 수메르인들에게서 문자를 도입했고, 이를 토대로 고유한 문자 체계를 개발했다. 그림과 기호가 합쳐져 만들어진 이 문자는 나중에 상형문자象形文字라고 불리게 되었는데, 이 단어의 본래 뜻은 '성스러운 기호'였다. 이집트인들은 처음에는 돌 위에 문자를 새기다가, 나중에는 갈대와 유사한 파피루스 풀로 원시적 형태의 종이를 제작해 관형管形, 기다랗고 속이 빈 모양 펜대와 잉크로 기록을 할 수 있게 되었다.

이집트에서 글을 읽고, 쓰고, 계산을 할 수 있는 사람은 상류 계층에 속했다. 국가의 서열 구조 속에서 재상 밑의 고위층은 고위 관리와 사제였고, 그 아래 서기書記들이 있었는데, 이들은 그래도 상인과 수공업자보다는 더 높은 지위를 누렸다. 이 서열에서 가장 말단을 이루는 계층은 전 국민의 85퍼센트를 차지하는 농부와 노동자들로서, 이들의 노동력으로 왕궁, 신전, 파라오 묘가 세워질 수 있었다.

피라미드는 그 안에 묻힌 파라오의 위대함을 나타내는 상징물이었다. 점점 더 높고 거대한 피라미드가 경쟁적으로 세워진 것은 이 때문이다.

가장 거대한 피라미드를 건축하게 한 파라오 케옵스가 재위한 시기는 기원전 2500년경이었다. 그는 아직 젊은 나이였음에도 왕위에 오르자마자 벌써 자신의 무덤을 설계하게 했다. 무덤이 세워질 장소로 정해진 기자Giza에는 사막의 모래밖에 없었기 때문에 필요한 돌은 멀리 떨어진 채석장에서 실어 날라야 했다. 무게가 최대 3톤까지 나가는 돌덩이 200만 개 정도를 채석장에서 나일강변까지 끌어다가 배에 싣고 기자로 운반했다. 배에서 내려진 돌덩이들을 강변에서 피라미드가 세워질 장소까지 운반하려면 우선 도로를 놓아야 했는데, 이 도로 공사에만도 10년 가까운 시간이 걸렸다. 피라미드를 짓는 것 자체는 23년이 걸렸다. 나중에 발견된 수공업자 단지의 유적은 케옵스의 피라미드를 짓기 위해 약 4,000명의 남자들이

❖ — 기자(이집트 북부 나일강 서쪽 지역에 있다)의 피라미드군은 세계 7대 불가사의 가운데 하나로 꼽힌다. 기자의 3대 피라미드라고 불리는 뒤편의 피라미드들은 오른쪽부터 쿠푸왕, 카프레왕, 멘카우레왕의 묘이다. 사진의 앞부분에 있는 작은 피라미드들은 왕비와 공주를 위해 세워진 것이다.

상시적으로 일하고 있었음을 말해 준다. 나일강이 범람하는 몇 달 동안은 5만 명에서 10만 명의 농민들이 이에 가세했다. 그들은 오로지 체력과 지레, 밧줄, 기중기에만 의지해 피라미드의 높이가 145미터가 될 때까지 무거운 돌덩이들을 차곡차곡 쌓아 올렸다. 피라미드 바닥의 넓이는 203제곱미터로서, 이는 축구장 열 개가 들어설 수 있는 크기이다.

피라미드 내부에 있는 파라오의 방은 사후에 닥칠지 모르는 온갖 위험으로부터 파라오를 보호해 주는 구실을 해야 했다. 그러한 방은 내세에 대한 믿음을 가지고 있던 이집트인들로서는 필수불가결한 것이었다. 사후의 삶에도 육체가 있어야 했다. 따라서 육체가 그대로 보존되도록, 파라오 시체를 엄청난 공을 들여 방부 처리하고 송진에 적신 아마포 붕대로 감쌌다. 또 파라오가 내세에서도 편안함을 느끼도록 생전에 소유했던 보물 일부분을 그 방에 두었고, 음식물과 음료수도 물론 함께 넣었다.

오늘날의 관점에서는 이 모든 것이 엄청난 낭비로 보인다. 하지만 그 당시 사람들은 파라오가 죽은 다음 내세에서도 계속 이집트인들을 보살펴 줄 거라는 믿음을 가지고 있었기 때문에 이 모든 노력과 비용은 헛된 것이 아니었다.

수메르인과 이집트인의 문명은 인류 역사상 최초의 고등 문명이라고 할 수 있다. 이집트 문명은 다른 어떤 문명보다도 더 오래 존속했다. 3000년 이상 계속되었던 이집트 문명은 기원전 332년 마케도니아의 알렉산드로스왕의 군대에 의해 정복됨으로써 그 최후를 맞았다.

6

인더스강의 고등 문명

수천 년 전에 목욕탕과 실내 수영장을 사용할 만큼 뛰어난 기술을 자랑했던 인더스 문명의 실체는?

나일강, 유프라테스강, 티그리스강 동쪽으로는 고대 아시아의 두 고등 문명이 비옥한 강기슭 지역에서 생겨났다. 기원전 2600년 경부터는 오늘날의 파키스탄 지역에서 인더스 문명이, 그리고 대략 1,000년쯤 뒤에는 황허 유역에서 고대 중국 문명이 발전하기 시작한 것이다.

인더스 문명에 관해서는 알려진 것이 많지 않다. 문자가 오늘날까지도 해독되지 않아서 인더스 문명에 관한 연구가 발굴에만 의존하고 있기 때문이다. 발굴된 두 도시 하라파와 모헨조다로는 정치 · 경제 · 종교의 중심지였던 것으로 보인다. 이 도시들은 엄격한 규칙에 따라 건설되었다. 이들은 하수 시설을 갖춘 최초의 도시였으며,

❖ — 인더스 문명 최대의 도시 유적지인 모헨조다로의 수영장 시설. 기원전 3000년에서 2000년 사이에 조성된 것으로 보이며, 당시 인더스 문명 사람들이 높은 수준의 문화를 누렸음을 알 수 있다.

주요 도로들은 남북 방향으로 평행하게 뻗어 있었다. 욕실과 화장실이 있는 집도 있었다. 수도관을 통해 물이 공급되었고 하수는 도시 밑의 배수로로 흘러 나갔다. 인공적으로 만든 높은 지대 위에 세워진 성채가 도시 전체의 모습을 결정했다. 성벽의 안쪽에는 도시 공공시설들이 건설되었는데, 그 가운데는 가로 54미터, 세로 32미터 크기에 난방 시설까지 갖춘 '실내 수영장'도 있었다. 인더스 문명이 정점에 이른 기원전 2000년경 하라파와 모헨조다로의 두 도시에 살았던 인구는 4만 명에 육박했다. 그들은 수메르인과 교류했고, 그

밖에 메소포타미아 지방의 다른 민족들과도 교역 활동을 했다. 주요 수출품은 인더스강 계곡에서 최초로 재배, 가공된 면화였다.

인더스 문명은 기원전 1500년경에 몰락했는데, 그 이유는 분명하지 않다. 학자들은 환경상의 요인이 작용하지 않았을까 추측하고 있다. 인더스 문명은 나무를 많이 사용했고 엄청난 산림의 벌채는 이미 당시에도 적잖은 부작용을 초래했던 것이다. 무서운 홍수가 일어나 사람들은 도시를 떠나지 않을 수 없었다. 또 고대 인더스 문명에 치명타를 날린 것은 아마도 아시아와 유럽의 경계 지역에서 침입해 온 이주민들일 것이다. 이른바 아리안족이라고 불리는 이들 이주민은 수세기에 걸쳐 남쪽으로 이동한 끝에 기원전 1400년경에는 인도 북부에 도달해 원주민들을 복속시켰다. 그 후 1,000년 동안 새로운 인도 문화와 생활 양식이 발전했으며, 그 자취는 현재 인도의 모습 속에서도 발견된다.

아리안족은 부족 사회의 형태를 이루고 살았다. 이 사회에서 가장 높은 지위를 누린 계급은 사제였고, 그 다음이 전사였으며, 그 아래 농민이 있었다. 정복된 원주민들은 처음에는 아리안족의 부족 집단에 속하지 않았지만 곧 농민 속에 섞이게 되었다. 이 다양한 신분 집단은 나중에 '카스트'라고 불렸다. 카스트 제도는 시간이 지나면서 점차 세분화되어 이를테면 수공업자와 같은 새로운 카스트가 추가되기도 했다. 하지만 카스트 사이의 경계는 엄격히 지켜졌다. 사람들은 평생 동안 자기가 속한 카스트를 벗어날 수 없었다. 전사는 죽을 때까지 전사로, 농민은 죽을 때까지 농민으로 살았으며, 이 신분은 자식들에게 세습되었다. 또 이들은 다른 카스트 출신과는 결혼할 수도, 친분을 맺을 수도 없었다. 인도의 많은 지역에서는 오늘날까지도 이런 관습이 변하지 않고 남아 있다.

이와 마찬가지로 오랜 과정을 거쳐서 아리안족과 원주민들이 가졌던 종교적 관념이 힌두교라는 하나의 종교로 발전하게 된다. 힌두교에서 브라마는 창조자이자 최고의 신이고, 비슈누는 보호자이며, 여섯 개의 팔을 가진 시바는 파괴자이다. 힌두교의 중심을 이루는 것은 '카르마', 즉 윤회 사상으로서, 이에 따르면 인간은 여러 번의 삶을 전전하며, 심지어 전생에서 동물로 살았을 수도 있다. 자신이 속하는 카스트 신분 내에서 모범적인 행동과 덕행을 쌓은 사람은 다음 삶에서는 더 높은 카스트로 태어날 수 있다. 이러한 믿음의 영향으로 대부분의 인도인들은 자신의 삶에 만족하지 않는 경우에도 카스트 제도에 반기를 들 생각을 하지 않았다.

뜻밖에도 힌두교에 대한 비판은 왕자로서 호화로운 궁전에서 사치스러운 삶을 누리며 성장한 싯다르타 고타마에 의해 제기되었다. 기원전 560년에 태어난 싯다르타는 삶의 어두운 면을 경험할 이유가 전혀 없었다. 그건 왕자의 생활과는 어울리지 않는 것이었다. 그는 결혼을 하고 아들을 얻고 나서야 비로소 병들고 늙고 쇠약한 인간들을 보게 되었다. 그는 난생 처음 죽음을 대면했고, 너무나 큰 충격 속에서 자기에게 주어진 풍족한 삶을 포기하기로 결심했다. "아직도 한창 시절, 검은 머리, 빛나는 얼굴, 행복한 유년을 누리고 이제 막 성인이 된 나이에 나는 머리와 수염을 박박 깎고 빛바랜 옷을 걸쳐 입은 채, 통곡하며 우는 부모의 만류를 뒤로하고 집을 나서 정처 없는 떠돌이 생활을 시작했다."

❖ — 2~3세기경 인도 서북부 지역의 쿠샨 왕조 시대에 만들어진 불상

싯다르타는 6년 동안 속세를 떠나 은둔 생활을 하면서 삶의 모든 즐거움을 포기한 채 신과 인간, 삶과 죽음에 대해 생각했다. 그러던 어느 날 그는 마침내 깨달음에 이르렀다. 인간의 고통은 자기가 욕망하는 것을 얻지 못하는 데서 온다. 욕망 때문에 번민하지 않기 위해서는 스스로 욕망을 다스릴 줄 알아야 하며 아무런 욕망 없이 만족스러운 상태에 도달할 때까지 점점 욕망을 줄여 가야 한다. 더 이상 아무런 욕망도 품지 않을 수 있게 된 사람은 죽은 후에 환생하지 않는다. 그의 영혼은 '열반' 속에서, 즉 '무로 소멸'하는 가운데 영원한 안식을 찾는다.

한때 왕자였던 싯다르타는 이제 '부처', 즉 깨달은 자로서 사람들 앞에 나서서 자신의 새로운 가르침을 전파했다. 싯다르타의 가르침인 불교는 오늘날 힌두교와 더불어 세계의 위대한 종교 중 하나가 되었다.

7

동아시아 문화의 뿌리 –중국

동아시아 여러 지역에 영향을 끼친 중국 문명의 핵심은 무엇인가?

우주 비행사들에 따르면 피라미드·궁전·교회·탑·마천루, 그 어떤 것도 보이지 않는 우주 공간에서 지상 최대 건축물인 중국의 만리장성만은 알아볼 수 있다(우주에서 만리장성을 육안으로 확인할 수 있다는 이야기는 칼 세이건의 책 『코스모스』의 내용이 와전된 것이다. 칼 세이건은 만리장성과 피라미드를 두고 '지구를 선회하는 인공위성에서 식별할 수 있는 지구의 유일한 거대 지형지물'이라고 적었다. 이는 당시 우주로 쏘아올린 인공위성에 탑재된 카메라로 확인할 수 있었음을 뜻한다. 한때 중국을 비롯한 여러 나라의 교과서에는 만리장성이 '우주에서 눈으로 볼 수 있는 유일한 건물'이라고 소개했으나, 지금은 중국에서도 이러한 내용을 교과서에서 삭제했다. NASA 역시 우주에서 인간의 눈으로 만리장성을 확인할 수 없다고 공식 발표했다. 참고로 우주는 지상으로부터 100킬로미터부터 시작된다. 이 경계선을 헝가리 출신 미국의 물리학자 이름을 따 '카르만 선'이

❖ — 만리장성. 춘추 시대 때 북방 민족의 침입을 막기 위해 진시황의 명으로 축조되었으며 명나라 때에 이르러 지금과 같은 모양으로 완성되었다. 진시황 때의 만리장성은 말이 뛰어넘지 못할 정도의 높이를 가진, 나무와 토벽으로 만들어진 울타리였다고 한다. 지도상의 길이는 약 2700킬로미터이지만 중복된 부분까지 합치면 두 배 가까이 된다.

라고 부른다). 만리장성은 거대한 나라 중국이 안고 있던 주요 문제점이 무엇인가를 분명히 보여 준다. 외부로부터의 침입을 차단하고 내부의 통일을 이루는 것이 바로 만리장성의 목적이었다.

유목 생활에서 정주 생활로의 이행은 중국 내에서 지역에 따라 커다란 시차를 두고 일어났다. 황허 유역의 중국인들은 이미 기원전 4000년경부터 마을이나 작은 도시를 이루고 정착 생활을 했지만, 내륙 지방에는 여전히 약탈을 일삼는 유목민들이 있었고, 이들은 수시로 황허 유역으로 몰려와 마을과 도시 주민들을 습격했다. 중국은 평화로운 때가 거의 없었다. 수많은 군소 도시 국가들 사이에서는 전쟁이 끊이지 않았다. 기원전 1500년경 상나라가 오랜 전쟁 끝에 중국 최초의 통일 제국을 세웠을 때에도 기대했던 평화는 오지 않았다. 독자적으로 군대를 거느렸던 지방과 도시의 중소 군주들에게 멀리 떨어져 있는 왕의 명령은 아무 힘도 발휘하지 못했다. 왕에게는 이 거대한 제국에서 자신의 의지를 관철할 수 있는 방법이 없었다. 그 후 1천 년이 지나도록 상황은 별로 달라지지 않았다.

당시 중국인들은 대부분 외진 마을에서 가난한 농민으로 살아갔다. 그들은 개나 돼지, 염소, 양, 닭을 길렀고, 돌이나 나무로 된 간단한 연장을 사용했다. 기후가 특히 유리하거나 유랑하는 유목민들이 별다른 피해를 끼치지 않는 경우에는 생계를 유지할 수 있었고, 그렇지 않은 경우에는 기아와 빈곤에 시달려야 했다.

반면 도시 생활은 이와 아주 달랐다. 도시에서는 부유한 시민들이 목조 저택에서 아마나 양모, 심지어 비단으로 된 옷을 입고 지냈으며, 청동으로 만든 작은 무기나 장신구도 소유하고 있었다. 도시에서는 오늘날까지도 본질적으로 바뀌지 않고 사용되고 있는 한자漢字가 생겨났다.

중국인들은 신과 조상에 대한 숭배를 매우 중요시했는데, 이는 인간의 영혼이 사후에도 계속 살아 있다는 믿음 때문이었다. 그들은 신에게 잘 보이면 내세에서도 남은 가족들을 잘 보살필 수 있으리라고 믿었고 이런 이유에서 신에게 제물을 바쳐야 했다. 이때 주로 가축이 제물로 바쳐졌지만, 드물게는 인간을 제물로 바치는 경우도 있었다.

인도와 마찬가지로 중국에서도 기원전 500년경에 당대의 정치

❖ — 1974년에 고고학자들이 기원전 200년경에 만들어진 진시황의 무덤 근처에서 '병마용갱'을 발견했다. 길이 230미터, 너비 62미터의 지하 공간에 군사 8000여 명과 말 500여 필, 전차 130대가 열한 줄로 늘어선 전투 대형을 이루고 있다. 군사들의 얼굴은 실제로 진시황이 거느렸던 사람들을 한 사람씩 그대로 본떠 만들었다고 추정될 만큼 생생하다. 2000년이 넘도록 썩지 않는 쇠붙이 무기들은 녹슬지 않도록 표면이 크롬 산화물로 처리되어 있는 것으로 확인되었다.

상황을 비판하는 사람이 나타났으니, 그가 바로 공자였다. 공자는 싯다르타처럼 왕자는 아니었지만, 그래도 상당히 높은 직책을 가진 관리의 아들이었고, 그 자신도 관리로서 일을 했다. 그는 서른다섯 살의 나이에 관직에서 물러나야 했는데, 나라의 질서가 잘못되어 있다는 견해를 너무 공공연하게 발설했기 때문이다. 정치에 비판적 생각을 가진 사람은 이미 2,500년 전에도 고위층에게는 눈엣가시 같은 존재였다. 그러나 공자의 말은 자기 나라를 위하는 마음에서 나온 것이었다. 그는 서로간의 전쟁이나 갈등 없이 하나의 강력한 중앙 권력 아래 통일된 제국을 이루기를 소망했다. 이 제국 안에서 모든 사람들은 평화로운 공동생활을 위해 협력해야 한다. 어록의 형태로 전수된 그의 가르침에서 핵심을 이루는 것은 이러한 우호적이고 평화로운 공동생활이다. 공자의 기본 주장 가운데 하나는 다른 사람이 자기를 잘 대해 주기를 바란다면 스스로도 모든 사람들을 그렇게 대해야 한다는 것이다.

공자의 사상은 인간의 본성을 선한 것으로 보는 성선설을 바탕으로 하고 있다. 인간은 이 선한 본성을 유지하기 위해 노력하기만 하면 되는 것이다. 우선 가족 내에서의 생활 환경을 개선하는 것이 중요하다. 가족은 아이들이 서로 존중하고 아끼면서 지내는 법을 배우는 곳이기 때문이다. 공자에게 있어 가족은 '인간성의 뿌리'를 이루는 것이었다. 마치 아버지가 가족에게 모범을 보이듯이, 제후들도 자기 백성들에게 유덕한 삶의 모범을 보여야 한다.

신과 조상들에 대해서는 어떤 자세를 가지는 것이 좋은지 묻는 한 제자에게 공자는 신이나 조상보다는 이웃을 돌보는 것이 더 중요하다고 대답했다.

공자의 가르침이 중국의 문화와 생활양식 전반에 커다란 영향을 미치게 된 것은 중국 한나라(기원전 206~서기 220) 때부터라고 할 수 있다. 한나라의 첫 번째 황제는 오늘날까지 보존되어 있는 공자의 무덤을 순례하고 공자의 고향에 그를 기리는 사당을 세웠다. 이때부터 공자는 성인聖人처럼 숭배되었다.

공자의 유교 사상은 중국에서 아시아 전역으로 확산되었다. 오늘날까지도 아시아에서 유교는 중요한 사상 가운데 하나로 남아 있다.

8

고대 그리스인들이 남긴 위대한 유산

고대 아테네의 민주주의와 오늘날의 민주주의는 무엇이 다를까?

민주주의·철학·김나지움·도서관·극장·음악·건축·수학·생물학·의사 등은 우리가 그 어원에 대해 깊이 생각하지 않고 너무나 자연스럽게 사용하는 단어들이다. 그런데 이 단어들은 모두 고대 그리스에서 유래한 것으로서, '고대 그리스인들'이 우리에게 남겨 놓은 유산에 대해 생각하게 한다. 이미 그 당시에 정치와 학문, 예술과 문학의 토대가 형성되었던 것이다.

고대 그리스라는 말이 통일된 하나의 나라를 지칭하는 것은 아니다. 기원선 700년경, 그리스는 산맥의 기슭이나 해변 또는 섬의 비옥한 평지에 형성된 수많은 소국가들로 쪼개져 있었다. 이들 소국가는 각각 하나의 도시를 중심으로 이루어져 있었기 때문에 도

❖ — 프랑스 화가 에드가 드가의 「운동하는 스파르타 젊은이들」

시 국가라고 불렸고, 그리스인들 자신은 폴리스라는 명칭을 사용했다. 모든 폴리스는 다른 폴리스에 대항해 독립과 자유를 지켜 나가야 했다. 이를 위해 폴리스마다 군대가 조직되었고, 전쟁도 빈번하게 일어났다.

그 가운데 가장 주도적인 도시 국가로 발전한 것은 아테네와 스파르타였다. 하지만 두 국가의 발전 경로는 서로 달랐다. 펠로폰네소스반도 남쪽에서는 스파르타가 잘 훈련된 군대의 힘으로 다른 도시들을 차례차례 정복하면서 스파르타인이 아닌 사람들을 노예로 만들었다. 하지만 이들은 노예 생활을 순순히 받아들이지 않았고, 이 때문에 소요와 봉기가 그치지 않았다. 수적으로 압도적인 노예들을 통제하기 위해서는 거의 모든 스파르타 남자들이 군인이 되어야 했다.

폭동을 일으킨 노예들이 진압되고 난 다음에도 스파르타인들은 경계심을 늦추지 않고 계속 군인으로 살아갔다. 남자는 어렸을 때부터 전투를 위한 교육을 받았다. 사내아이는 일곱 살이 되면 부모를 떠나 훈련을 받기 시작했는데, 이때 신발은 신는 것이 금지되었고 가벼운 옷차림만 허용될 뿐이었다. 그들은 험난한 조건 속에서 단련되었다. 음식도 조금씩밖에 배급되지 않았다. 비상시에 적은 양만으로 견딜 수 있게 하기 위해서였다. 음식이 모자라는 사람은 마치 전시의 군인처럼 필요한 양을 스스로 조달해야 했다. 음식을 도둑질하다가 들키면 처벌을 받았지만 그런 경우만 아니면 괜찮았다. 군인이 되기 전의 훈련 과정에는 담력 시험과 다양한 경기도 포함되어 있었다. 가령 채찍을 맞으면서 비명을 지르지 않고 끝까지 잘 견디는 소년이 승자가 되는 시합이 벌어지기도 했다.

이런 군인들을 보유한 스파르타는 그리스에서 가장 막강한 군사 강국이 되었다. 그러나 문화적인 면에서는 이렇다 할 업적을 남기지 못했다.

아티케반도의 아테네에서도 사회적 혼란과 소요가 있었다. 토지를 소유한 부유한 귀족이 농민을 억압하고 착취했기 때문이다. 아테네 시민들은 사회의 불만 세력을 스파르타인들처럼 무자비하게 탄압하는 것은 원하지 않았다. 하지만 스파르타에서 일어난 것과 같은 폭동을 피하기 위해서는 분명 무슨 조치가 있어야 했다. 아테네인들은 귀족과 농민 모두가 동의하는 인물에게 중재자의 직책을 맡기기

❖ — 그리스의 일곱 현인 중 한 사람인 솔론. 배타적이고 강압적인 귀족 정치를 종식시키고 민주주의의 기틀을 세웠다.

로 했다. 현자 솔론(기원전 640년경~561년경)은 이 자리에 꼭 적합한 인물이었다. 솔론은 부유한 귀족들이 점점 더 많은 땅을 사들이는 것을 막기 위해 토지 소유의 한계를 정했다. 노예로 몰락한 빈농들은 해방되었다. 부채를 진 시민을 노예로 매매하는 것이 금지되었을 뿐만 아니라 부채 탕감 조치도 취해졌다. 전임자인 드라콘(그의 이름에서 '가혹한 형벌'이라는 뜻인 '드라콘의 형벌'이라는 말이 유래한다)이 공포했던 엄격한 형법은 폐기되었다.

솔론의 개혁 입법 가운데서도 이후 역사에 가장 큰 영향을 미친 것은 더 이상 '신적인' 왕이나 소수 귀족 집단이 아니라 시민들이 직접 결정권을 행사해야 한다는 규정이었다. 시민들은 적어도 일 년에 40차례 민회를 열어 폴리스의 모든 주요 사항을 토론하고 법률 제정이나 전쟁과 평화에 대한 중요한 결정을 내렸다. 상시적인 정부 업무를 담당하는 위원회도 설치되었는데, 그 위원으로는 명망 있는 시민들이 선출되었다. 또 독자적인 국민 재판소가 법률의 이행을 감시했다. 이로써 솔론은 완전히 새로운 지배 형태를 만들어 냈다. 이것이 국민에 의한 지배, 즉 민주주의다.

오늘날의 관점에서 볼 때 아테네의 민주주의는 아직 불완전한 것이었다. 아테네 사람 가운데 실제로 지배권을 행사할 수 있었던 것은 남자 자유 시민이라는 소수 집단뿐이었기 때문이다. 아테네의 시민이라는 말은 바로 그들만을 가리키는 것이다. 여자들은 (남자들의) 지배적인 견해에 따르면 공적인 생활에 참여할 수 있는 능력이 결여되어 있고 가정에 속해 있는 존재이기 때문에 정치적 권리를 누리지 못했다. 노예와 타지에서 이주해 온 사람들도 마찬가지로 배제되었다. 그럼에도 이런 정치 체제는 당시로서는 놀랄 만큼 진보적이었다. 20세기 초까지도 이보다 더 진전된 체제를 갖춘 나라는 거의 없었던 것이다.

솔론과 그의 후계자인 클레이스테네스와 페리클레스가 이룬 개혁은 지배 형태만 새롭게 바꾼 것이 아니라 생활방식도 변화시켰다. 적어도 아테네 시민들에게는 분명히 그랬다. 그들의 삶을 이끌어가는 원칙은 더 이상 명령과 복종이 아니라 찬반 토론이었다. 타인을 설득하려는 사람은 좋은 논거와 이를 요령 있게 전달할 기술이 필요했다. 어떤 한 가지 문제를 모든 각도에서 조명해 주는 공적인 사유와 토론이 발전하면서 아테네인들은 자연스럽게 철학의 발명자가 되었다. 인간의 사유는 종교적인 제약에서 해방되어 독자적으로 발전했고, 인간과 신, 하늘과 땅에 대한 새로운 사상이 생겨났다. 그리하여 오늘날까지 서양 사상의 기본 틀을 결정지은 세 명의 철학자가 기원전 470년에서 320년에 이르는 시기에 아테네에서 배출되었다. 소크라테스, 플라톤, 아리스토텔레스가 그들이다.

예술과 건축 부문에서도 아테네는 새로운 척도를 제시했다. 아크로폴리스의 신전, 이 신전 내부와 아테네의 여러 광장에 세워진 조각상들은 서양 건축과 조각의 전형이 되었다. 또 최초의 세계 문학이 그리스 시인들에 의해 창작되었다. 호메로스의 영웅 서사시 『일리아스』와 『오디세이아』는 세계 문학의 고전 중의 고전이고, 매년 봄 디오니소스 제전 때 상연된 아이스킬로스, 소포클레스, 에우리피데스의 비극과 희극 작품들은 오늘날까지도 세계 곳곳에서 연극 무대 위에 올려진다.

아테네의 남자 어린이들은 현대적 의미의 학교를 다닌 최초의 학생이라고 할 수 있다. 이들은 일곱 살에서 열네 살까지 학교에 다니며 읽기와 쓰기, 셈하기를 배웠고, 음악도 중요한 과목 가운데 하나였다. 모든 소년들이 플루트나 리라(작은 하프)를 연주할 수 있어야 했다. 그들은 성장하면서 말하는 기술, 즉 수사학 수업을 받았고, 그리스 문학, 특히 호메로스의 영웅 서사시를 공부했으며, 그 가운데 중요한 대목은 암기했다. 열네 살 이후부터는 체육이 교육의 중심에 놓이게 되는데, '김나지온gymnasion'이라는 일종의 체육 학교에서 체조와 씨름·권투·검투·달리기·원반던지기·창던지기 등을 가르쳤다. 신체 단련은 한편으로 군사적인 목적을 위한 것이었다. 아테네의 모든 시민들은 폴리스를 방위할 의무를 지니고 있었기 때문이다.

다른 한편으로 김나지온은 운동에 재능이 있는 소년들을 양성했다. 김나지온에서 우수성을 인정받고 졸업 후에도 훈련을 게을리하지 않은 사람들에게는 기원전 776년 이후 4년마다 열리는 올림픽 경기에 참가할 기회가 주어졌다. 올림픽에 출전한다는 것은 그리스 시민이 누릴 수 있는 최대의 영광이었다. 올림픽 경기가 진행되는

❖ — '높은 곳에 있는 도시'라는 뜻의 아크로폴리스는 해발 156미터의 언덕 위에 있으며 동서 270미터, 남북 150미터까지 뻗어 있다. 가운데의 큰 건물인 '파르테논 신전'은 페르시아 전쟁이 승리로 끝난 뒤 페리클레스가 아테네의 영광을 기리면서 아테네 여신에게 바치는 뜻에서 건설했다고 한다.

동안에는 폴리스 간의 전쟁이 금지되었다. 그리스 전역에서 모여든 최고의 선수들이 실력을 겨루기 위해서는 평화가 유지되어야 했기 때문이다. 승자는 찬미의 대상이 되었고, 고향에서는 영웅처럼 환영받았다. 폴리스는 세금을 면제해 주고 평생의 생계를 보장해 주며 극장에서 귀빈석을 제공하는 것으로 고국의 영예를 높인 영웅들에게 보답했다. 이처럼 운동선수의 뛰어난 업적은 그 당시도 이미 상당한 보상과 결부되어 있었다.

9

모든 길은 로마로 통한다

지중해의 작은 도시 로마가 세계 제일의 도시가 되기까지,
그들은 어떤 성공과 좌절의 순간을 겪었을까?

로마의 상징물은 두 사내아이에게 젖을 물리고 있는 어미 늑대의 조상彫像이다. 이 모습은 갓난아이였을 때 버려져 늑대의 젖을 먹고 성장한 쌍둥이 형제 로물루스와 레무스가 기원전 753년에 로마를 건국했다는 신화에서 유래한다. 하지만 실제로 로마가 형성된 과정은 그렇게 극적이지는 않았던 것 같다. 오늘날 학자들은 농부와 양치기, 어부들이 기원전 800년경부터 티베리스강 유역의 언덕에서 작은 촌락들을 이루고 살았던 것으로 추정하고 있다. 이렇게 소박하게 탄생한 로마는 그 후 300년을 거치는 동안 부유한 대도시로 성장했으며, 이탈리아 최초의 문화 민족인 에트루리아인들이 북부 이탈리아 전 지역과 로마 역시 지배하게 되었다.

기원전 510년에 로마인들은 반란을 일으켜 증오의 대상이던 에트루리아 왕을 쫓아냈다. 아테네인들과 마찬가지로 로마인들도 더 이상 한 명의 왕에 의한 통치를 원하지 않았다. 하지만 그렇다고 해서 민주제가 적합한 것처럼 보이지도 않았다. 로마인들은 결국 중간적인 방법을 택했는데, 선거를 통해 두 명의 집정관이 이끄는 시 정부를 구성한 것이다. 집정관의 임기는 일 년에 그쳤고, 집정관 한 명이 다른 집정관의 동의 없이 단독으로 사안을 결정할 수 없었다. 이는 한 사람의 권력이 너무 비대해지는 것을 막기 위한 장치였다. 그러나 어차피 핵심적인 권력은 부유하고 명망 있는 세습 귀족 가문 출신의 남자들이 종신회원으로 소속되어 있는 원로원이 쥐고 있었다. 물론 평민 남자들도 민회에서 발언하거나 법안 표결과 시 정부 선거에 참여할 권리가 있었다. 하지만 로마에서는 모든 표가 같은 가치를 가지는 것이 아니었다. 선거 제도는 항상 부유층의 목소리가 다수가 되도록 교묘하게 짜여 있었고, 모든 결정이 그들의 뜻과 의지에 맞게 내려졌다.

❖ — 늑대의 젖을 먹고 있는 로물루스와 레무스를 형상화한 조각. 로마의 전승에 따르면 부모에게 버려진 이 쌍둥이 형제가 신화적인 성장 과정을 거친 뒤 로마를 건국했다.

따라서 로마의 '국무', 즉, '국민 전체의 공동 사안'은 차라리 부유층을 위한 부유층의 문제였다고 해야 할 것이다. 평민 계층은 이러한 상황에 동의하지 않았기 때문에, 사회적 갈등이 끊이지 않았다. 시간이 흐르면서 평민 계층에게 더 많은 권리가 주어지기는 했지만, 권력 관계에 있어 근본적인 변화는 없었다.

그럼에도 로마의 평민들은 공화국에 자부심을 가지고 있었다. 아마도 기원전 450년경 열두 개의 동판에 새겨져 광장에 공시된 진보적인 로마법(12표법)이 이러한 자부심의 원천이었을 것이다. 이 법은 시민들을 권력의 횡포로부터 보호해 주었고, 법적 안전을 보장해 주었다. 정당한 법적 절차와 증거 제시 없이는 그 누구도 처벌할 수 없었다. 이는 오늘날의 우리에게는 당연해 보이지만 당시의 기준으로 볼 때는 가히 혁명적이라고 할 만한 것이었다. 로마의 법제는 훗날 전 세계 법질서의 본보기가 되었다.

로마의 새로운 지배자들은 얼마 지나지 않아 로마가 단지 여러 도시들 중 하나라는 사실에 만족할 수 없었다. 로마는 이탈리아 최고의 도시가 되어야 했다. 그들은 이 목표를 위해 강력한 군대를 동원해 전쟁을 거듭하며 영토를 넓혀 나갔다. 마침내 기원전 270년경에 로마는 인구 약 300만 명의 이탈리아를 대부분 통치하게 되었다. 점령된 도시들은 보통 내정에 있어서는 자치권을 가지고 있었고, 고유한 관습과 종교를 계속 유지할 수도 있었다. 이들의 의무는 로마에 세금을 내고 전시에 군대를 제공하는 것이었다. 로마인들은 이런 '느슨한 점령'을 통해 반란을 미연에 방지할 수 있었다. 게다가 피정복민들이 로마의 법률과 효과적인 행정 아래서 이전보다 더 나은 생활을 누리는 경우도 적잖았다.

로마인들은 이탈리아의 남쪽 끝까지 정복하고 나서 시칠리아도 공격했다. 이로써 로마는 당시 지중해 서부 지역 최대의 해상 제국이자 무역 강국이었던 북아프리카의 카르타고와 충돌하기에 이르렀다. 오랜 세월에 걸쳐 엄청난 피해를 일으킨 일련의 전쟁이 기원전 264년에 처음으로 시작되었다. '포에니 전쟁'이라 불리는 이 전쟁으로 인해 결국 카르타고는 완전히 멸망했다(기원전 146). 이제 시칠리아와 카르타고에 속했던 모든 영토, 즉 사르데냐, 코르시카, 스페인, 북부 아프리카의 일부가 로마의 관할이 되었다. 하지만 로마는 여전히 만족하지 않았다. 로마인들은 그리스뿐 아니라 지중해 동쪽의 다른 나라들도 지배하려 했고, 20년이 채 못 되어 그들의 꿈은 이루어졌다. 이때부터 로마인들은 지중해를 '마레 노스트룸', 즉 '우리 바다'라고 불렀다.

끊임없는 정복 전쟁에서 이익을 얻은 것은 누구보다도 로마의 세습 귀족이었다. 그들은 전리품을 자기들끼리 나눠 가졌고 전쟁 포로를 자기 집안의 노예로 삼거나 다른 사람에게 팔아넘겼다. 로마의 역사가 살루스티우스는 이 세습 귀족들의 '끝없는 탐욕'을 비판하면서, "그들은 모두 원하는 것을 마구 빼앗고 약탈했다"고 기록했다. 그 결과 부자들은 점점 더 부유해졌지만, 여러 전쟁에서 고역을 거의 전담해야 했던 평민들은 아무 소득도 없이 고향에 돌아왔고 심지어 농민처럼 더 가난해지는 경우도 있었다. 평민들은 병사로서 끊임없이 전쟁에 동원되었다. 이들 중 상당수가 병들고 부상당하거나 불구가 되었고, 더 이상 집으로 돌아오지 못하는 경우도 많았다. 많

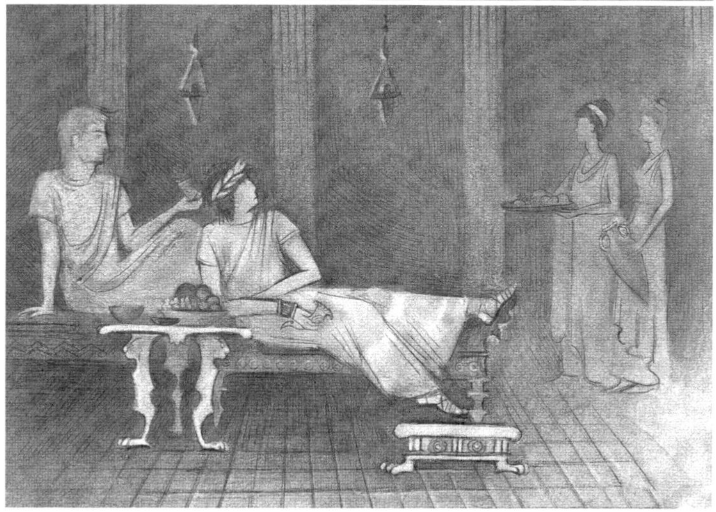

❖ — 로마가 세력을 확장하며 본토와 식민지를 연결하기 위해 아피아 가도를 설치했다. 이 도로를 따라 수많은 문물과 다양한 민족이 오가며 교류가 확대되었다(위). 로마의 귀족들은 신분이 세습되었고, 이들은 수많은 하인과 노예를 거느리고 대농장을 운영하면서 막대한 부를 쌓았다(아래).

은 농가가 황폐화되거나 빚을 진 탓에 대지주들에게 헐값으로 넘어 갔다. 그리고 설사 귀향한 농민들이 전쟁이 없는 기간에 다시 농지를 경영할 수 있다고 해도 그들에게는 더 이상 경쟁 능력이 없었다. 노예들이 투입된 대단위 농장에서 농산물을 대량으로 값싸게 생산했기 때문에, 농민들은 시장에서 살아남을 수 없었다. 많은 사람들이 더 나은 생활을 기대하며 도시로 이주했다. 그러나 수공업자나 상인들은 임금을 줄 필요가 없는 노예들을 부릴 수 있었으므로, 일자리는 거의 없었다. 예전의 농민들은 이제 직업 없는 프롤레타리아(가진 것 없는 사람)로서 그날그날 생존을 부지하기 위해 분투해야 했고, 역사상 최초의 도시 무산자 계급이 되었다.

일부 세습 귀족조차 이러한 사회 변동에 대해 우려하기 시작했다. 유명한 그라쿠스 형제도 그러한 귀족에 속했다. 그들은 개인의 토지 소유와 재산 소유를 제한하고, 몰락한 농민과 그 가족들이 다시 생계를 이어 갈 수 있도록 토지 개혁을 실시해야 한다고 주장했다. 그러나 로마의 원로원은 어떤 종류의 개혁에도 반대했다. 원로원은 그라쿠스 형제를 국가 질서를 위협하는 민중 선동가로 간주했다. 기원전 133년 티베리우스 셈프로니우스 그라쿠스는 민회에서 연설을 하다가 맞아 죽었고, 300명의 추종자도 그와 함께 죽음을 당했다. 12년 뒤에는 그의 동생인 가이우스 역시 죽어야 했고, 그의 휘하에 있던 3000명이 넘는 사람들도 처형당했다. 그럼에도 원로원은 로마 시민들 사이의 균열을 막을 수 없었다. 이후 70년간 폭력과 내전이 로마 정치의 일상사가 되었다. 역사가 살루스티우스는

"모든 것이 두 파로 쪼개졌고 공화국은 갈라진 두 세력 사이에서 멸망해 갔다"고 썼다.

❖ — 카이사르의 조각상. 그는 공화국 단계의 로마가 배출한 사실상 최초의 군주였다. 공식적인 최초의 로마 황제는 아우구스투스이지만, '황제'를 뜻하는 '카이저'라는 호칭이 카이사르의 이름에서 유래했다는 사실에서 이를 알 수 있다.

명장 가이우스 율리우스 카이사르(기원전 100~44)는 기원전 45년 어느 내전의 승자로서 급부상했다. 원로원은 카이사르를 10년 임기의 집정관으로 임명했고 곧이어 그의 임기는 종신으로 연장되었다. 로마는 형식적으로 여전히 공화국이었으나 카이사르라는 사실상의 전제 군주에 의해 통치되었다. 하지만 그것도 오래 계속되지는 않았는데, 불과 일 년 뒤에 그는 원로원 회의 도중 원로원 의원들에 의해 암살되었기 때문이다.

카이사르가 죽은 뒤 후계 문제와 앞으로의 정치 체제 향방을 둘러싸고 다시 수년 동안 분쟁과 대립이 있었다. 결국 카이사르의 양자였던 옥타비아누스가 패권을 잡았고, 기원전 27년에 원로원은 그를 '국가 제1시민'으로 임명했다. 그에게는 군의 최고 사령관을 뜻하는 '임페라토르Imperator'라는 칭호가 주어졌고, 여기에 '신성한 자(아우구스투스)'라는 명예 칭호도 덧붙여졌다. 또 그는 카이사르의 후계자였기 때문에 이 이름도 부여받았다. 황제를 뜻하는 단어 '카이저'는 카이사르라는 이름에서 유래한 것이다.

아우구스투스는 카이사르의 최후를 교훈으로 삼아, 권력을 과시하는 대신 원로원과 민회의 구성원들이 '로마의 미래를 좌우하는 것은 바로 자신들이며 그 때문에 공화국이 다시 제대로 돌아간다'는 확신을 갖고 일을 하도록 유도했다. 그러나 로마군과 국가 재정을 장악하고 있는 아우구스투스의 뜻에 반反하여 결정되는 것은 아무것도 없었다. 로마 '공화국'은 모든 권력이 황제에게 집중된 군주제 국가가 되었다.

아우구스투스는 오랜 통치 기간에 이러한 절대 권력을 이용해 정치뿐만 아니라 문화에도 막대한 영향력을 행사했다. 특히 문학에 관심이 많았던 그는 시인들을 궁전으로 불러들여 걱정 없이 살 수 있도록 배려했다. 베르길리우스, 호라티우스, 오비디우스가 활동한 1세기에 로마 문학은 전성기를 구가했다. 당시의 최고 철학자로는 세네카를 꼽을 수 있고, 리비우스와 타키투스가 그 후로도 오랫동안 역사가의 전범이 될 만한 업적을 남겼다.

로마 제국의 영토가 가장 컸던 시기는 120년이었다. 지중해를 둘러싼 모든 나라와 갈리아 지방(지금의 프랑스) 전역, 라인강 서쪽의 게르마니아, 브리타니아(영국) 대부분과 발칸반도, 소아시아 지방을 포함한 흑해 주위가 모두 로마 제국에 속했다. 적어도 현명한 황제들은 이런 거대한 제국을 단지 무력만으로 다스릴 수 없다는 사실을 알고 있었다. 그래서 다양한 민족들이 고유한 관습과 풍속을 계속 유지하며 로마 제국의 테두리 안에서 살 수 있었다. 물론 로마 제국 전역에서 로마의 법과 화폐가 통용되었고, 로마의 신들이 숭배되어야 했다. 그러나 로마 신의 숭배 문제에 관해서는 통제가 그리 심하지 않았다. 라틴어와 그리스어가 주요 언어로서 어디서나 사용되었으며, 이 때문에 교역이 더욱 쉽게 이루어졌다. 로마는 가능한 한 신속한 군대 이동을 목적으로 이미 일찍부터 튼튼한 도로를 건설했는데, 이러한 도로망은 교역의 발달에 좋은 조건을 제공했다. 또 선박과 항구 시설도 이제 평화적인 목적으로 개조되고 확장되어 역시 교역에 기여하게 되었다.

이상하게 들릴지 모르지만 로마의 점령은 점령 지역에 엄청난 혜택과 전례 없는 발전을 가져다 주었다. 도시들이 건설되고 확장되었다. 도시 중심에는 포럼(건물로 둘러싸인 큰 광장)이 있었는데, 이곳에서 정치 집회나 재판이 열렸다. 작업장, 상점, 숙박업소, 공공 목욕 시설 등도 전형적인 도시의 모습을 이루는 요소들이었다. 오늘날까지 남아 있는 수많은 건축물과 수도관은 당시 로마인들의 탁월한 건축 기술을 보여 준다.

권력과 재산을 가진 사람들은 최고 시설을 갖춘 대저택에 살았는데 이런 집들은 공공 상하수도 시설과 연결되어 있었고, 심지어 목욕탕과 바닥 난방 시설을 갖추기도 했다. 그들은 노예의 시중을 받으며 삶을 만끽했다. 평범한 민중들에게는 삶을 즐길 수 있는 기회가 거의 없었다. 농민과 노동자 계층은 겨우 연명하기 위해서 고되게 일하지 않으면 안 되었다. 도시의 집값은 때때로 너무 비싸서, 병영을 방불케 하는 거대한 임대 단지에 단 한 칸의 방을 겨우 빌려 사는 가정이 많았다. 그럼에도 사람들은 대체로 만족하며 살았다. 적어도 제정이 시작된 뒤 처음 250년 동안에는 그전 세기에서 볼 수 있었던 큰 소요나 폭동, 내전은 일어나지 않았다. 아우구스투스 이후 로마 황제들은 아주 드문 예외를 제외하고는 더 이상 정복 전쟁을 벌이지 않았기 때문에, 200년간 평화로운 시대가 계속되었다. '팍스 로마나(로마의 평화)'라는 말은 이때 생겨난 것이다.

하지만 이런 평화로운 시대도 영원히 지속될 수는 없었다. 무기력한 황제들의 등극, 내부의 여러 가지 문제점, 외부로부터의 침입으로 인해 로마 제국은 서서히 몰락의 길로 접어들었다. 예수가 설파한 교리가 근동 지방에서 지중해 지방으로 확산되면서 로마 제국 내에 신도들이 점점 더 늘어난 것도 몰락의 한 가지 요인이 되었다. 특히 권력도 돈도 없는 민중에게 현세에서 위안을 제공하고 더 나은 내세의 삶을 약속하는 이 새로운 복음은 대단히 매력적인 것이었다. 그러나 로마 제국은 전통적인 로마의 신들 때문에 새로 등장한 유일신을 인정하지 않았고 그리스도 교도들을 박해했다.

서기 284년에 황제 디오클레티아누스는 로마 제국을 4구역으로 분할하고 각 구역마다 한 명의 통치자를 두었다. 이러한 조치는 제국을 더 효과적으로 다스리고 방어하기 위한 것이었다. 그러나 각자 군대를 소유하게 된 4인의 통치자들은 곧이어 서로 싸우기 시작했고 이로 인해 제국 전체는 더욱 약해질 수밖에 없었다. 콘스탄티누스 대제에 이르러서야 4구역으로 분열되어 있던 로마가 다시 통합되었다. 그는 313년에 로마 제국의 안정을 위해 "종교의 자유를 억압해서는 안 된다"고 선포하고 그리스도 교도들에게 종교의 자유를 허용했다. 콘스탄티누스 대제의 이러한 조치는 그리스도교 세

❖ — 콘스탄티누스 대제의 동상. 그는 그리스도교를 공인함으로써 서양이 기독교 세계가 되는 길을 열었다. 뿐만 아니라 로마의 수도를 오늘날의 터키 지역으로 옮김으로써 동서 문화가 융합하는 데에도 큰 역할을 했다.

력을 자기편으로 끌어들이기 위한 것이었으며, 실제로 그리스도교는 그의 보호 아래 로마의 주요 종교가 되었다. 이어서 그는 또 하나의 중대한 결정을 내렸다. 즉 324년 비잔티움(지금의 이스탄불)을 콘스탄티노플로 개명하고 이곳에 로마 제국의 새 수도를 건설한 것이다. 전략적으로 유리한 보스포루스 해협에 위치한 이 도시는 동쪽과 서쪽을 연결하는 다리 역할을 했다. 콘스탄티누스 대제는 이 도시에 화려한 건축물과 시설을 세우고 로마의 지배 질서에 그리스도교 교리, 그리스 및 동방의 문화를 접목시켰다. 콘스탄티노플은 로마 제국의 가장 중요한 도시가 되었고, 제국의 동방 지역은 곧 경제적으로나 문화적으로 그 중요성에 있어서 서쪽을 능가하게 되었다. 그리스도교는 제국을 통합하는 연결 고리가 되어야 했으며, 황제는 그리스도교를 보호하는 후원자의 역할을 떠맡았다.

콘스탄티노플의 대주교는 황제에게 복종할 것을 다짐했으나 로마 주교는 이에 동의하지 않고, 신앙 문제에 관한 최종 결정권은 교회와 자신에게 있다고 주장했다. 그는 사도 베드로의 권위에 의지해 이 주장을 정당화했다. 베드로는 예수 그리스도의 대행자로서 로마에 교회를 세웠고 로마 교회의 후계자들에게 그리스도교 세계의 통솔권을 넘겨 주었다는 것이다. 로마에서 멀리 떨어져 있던 콘스탄티노플의 황제는 로마 주교를 크게 간섭할 수 없는 입장이었다. 결국 로마 주교는 점차 서방 교회의 지도자로서 널리 인정을 받게 되었고, 훗날 '교황(아버지)'이라는 칭호를 얻기에 이른다. 제국 수도로서의 역할과 중요성을 상실한 로마는 이제 그리스도교의 수도로 발돋움하기 시작했다. 제국의 동쪽에서는 그리스 정교가 독자적인 발전의 길을 걸었다. 그리스 정교의 수장은 황제였다. 황제는 신의 대리인으로 간주되었고 초상화 속에서는 머리 위에 후광을 가지고 있는 것으로 묘사되었다.

갓 태어난 그리스도교가 분열된 것처럼, 로마 제국도 395년에 동서로 분할되었다. 제국의 서부는 게르만족의 지속적인 침략 속에서 약해질 대로 약해져 도저히 회생할 길이 없는 지경에까지 이르렀다. 476년에 마지막 황제가 물러나면서 서로마 제국은 마침내 역사의 뒤안길로 사라졌다. 동로마 제국, 즉 비잔티움 제국은 숱한 외부의 공격을 받으며 약화되었음에도 불구하고 그 후 1,000년을 더 존속할 수 있었다. 비잔티움 제국의 예술가와 학자들은 서쪽에서 점차 잊혀간 고대의 유산들을 보존하는 데 크게 기여했다.

10

새로운 두 종교 – 그리스도교와 이슬람교

오늘날에도 끊임없이 충돌하는 유대교·그리스도교·이슬람교의 역사적 배경은?

"이 무렵에 로마 황제 아우구스투스는 전국에 인구 조사를 하라는 칙령을 내렸다." 베들레헴의 마구간에서 태어난 한 아기에 관한 이야기는 이렇게 시작된다. 로마 황제는 자신이 다스리는 신민의 숫자를 알아보기 위해 인구 조사를 실시하라고 명했다. 이 조사는 로마의 속주였던 유대인들이 살고 있는 팔레스타인에서도 시행되었다. 모든 사람들은 인구 조사를 위해 본적지에서 등록을 해야 했으므로, 다윗의 자손인 요셉 역시 등록을 위해 임신한 아내 마리아를 데리고 다윗 왕의 고향인 베들레헴으로 찾아온다.

당시 유대인들은 로마의 지배에 반발했고, 로마인들이 믿는 다

신교를 혐오했다. 그들은 유일신을 믿는 최초의 민족으로서 자기들이 믿는 신을 야훼라고 불렀다. 그들은 이 유일신이 '메시아'를 보내 이스라엘 민족, 즉 유대 민족을 구원하고 로마의 지배에서 해방시켜 주기를 바라고 있었다.

성서가 전하는 이야기에 따르면 마구간에서 태어난 나자렛의 예수는 이미 어려서부터 종교적인 물음에 관심을 보였다. 성서는 "대단히 지혜로웠고, 신의 은총을 입고 있었다"고 기록하고 있다. 예수는 열두 살 때부터 벌써 신전에서 율법 교사들과 토론을 벌였는데, 이때 사람들은 그의 슬기로운 대답에 경탄했다고 한다. 예수는 서른 살이 되었을 때 세례 요한의 설교를 들었고 곧이어 스스로 설교를 하기 시작했다. 그는 모든 인간들이 신의 자식이며 하늘에 계신 아버지는 어떤 인간이든, 또 그가 어떤 행동을 했든 상관없이 모두 똑같이 사랑한다는 것을 가르쳤다. 신의 사랑은 무한하며, 자신의 죄를 참회하는 자는 누구든지 용서받을 수 있다고 했다. 유대교의 사제나 율법학자들과는 달리 예수는 어렵고 복잡한 말 대신 단순한 민중의 언어로 이야기했다. 또 신의 계명을 농부와 어부, 순종하지 않는 아들과 잃어버린 양들에 대한 이야기를 통해 표현했으므로 그의 말은 아이들조차 쉽게 이해할 수 있었다. 성서에 따르면 얼마 지나지 않아 예수의 추종자들이 많이 생겨났는데, 특히 가난하고 힘없는 사람들 중에서 예수를 따르는 이가 많았다. 그들은 곧 도래할 신의 왕국에 대한 예수의 가르침을 열성적으로 받아들였다. 그에 따르면 이 왕국에서는 평화와 정의가 지배하고, 모든 인간들은 형제와

❖ — 십자가형을 받는 예수를 표현한 십자고상. 기독교(가톨릭, 개신교)는 예수를 인간의 몸으로 온 신으로 보고 있다. 반면에 유대교는 예수를 예언자로 본다. 유대교와 기독교, 이슬람교는 같은 뿌리에서 시작되었지만, 각기 다른 방향으로 가고 있다.

자매처럼 서로 사랑하며 살아가게 된다.

예수가 세상에 알려지고 그의 가르침이 확산되자 유대교 사제들은 위기를 느꼈다. 또 로마 정부 당국의 입장에서도 예수는 불편한 존재였다. 결국 예수는 자신의 신념을 펼친 대가로 모욕과 멸시 속에서 처형되었다. 로마의 총독 폰티우스 필라투스(빌라도)가 예수에게 내린 판결은 십자가형이었다. 예수를 따르는 사람들, 그중에서도 그의 제자인 열두 사도들은 훗날 예수가 부활해서 하늘로 승천했다고 주장했다. 그들에게 예수는 신의 아들이었고 오랫동안 기다려 왔던 메시아, 즉 크리스투스(구세주)였다. 그들은 예수의 복음을 계속 전파했고, 수많은 적대 세력의 공격과 박해에도 굴하지 않고 그리스도교를 세계 종교의 하나로 만들었다.

유대 민족은 예수를 인정하지 않았고, 모세교라고도 불리는 그들의 전통적 종교를 고수했다. 그럼에도 유대교와 그리스도교의 뿌리는 하나이며, 두 종교는 『구약 성서』라는 경전을 공유하고 있다.

예수가 태어난 지 570년쯤 지났을 때, 아라비아의 사막 촌락 지역인 메카에서 한 사내아이가 태어났다. 그 아이의 이름은 무함마드였다. 그는 일찍 부모를 여읜 후 아랍 상인들 밑에서 일하면서 대상들과 함께 여러 곳을 떠돌아 다녔다. 그러는 가운데 다양한 종교와 믿음을 가진 이방의 도시와 사람들을 알게 되었는데, 이때 유대교 교도와 그리스도교 교도들이 들려준 유일신에 관한 이야기가 젊은 무함마드에게 가장 깊은 인상을 남겼다. 그는 오랫동안 생각에 생각을 거듭한 끝에 참된 신은 실제로 단 한 명밖에 존재할 수 없다는 확신에 이르렀고, 이 신을 알라라고 불렀다. 무함마드는 서른 살부터 마흔 살이 될 때까지 명상을 위해 자주 메카 근처의 산중 동굴에 칩거했다. 그러던 어느 날 아침, 천사 가브리엘이 나타나 그가 유일하고 참된 신 알라의 뜻을 세상에 알릴 사람으로 선택되었다는 계시를 전해 주었다고 한다. 이 최초의 계시에 또 다른 계시가 계속 이어지자, 처음에는 회의를 품었던 무함마드도 메카 사람들에게 자신이 받은 복음을 전파하기 시작했다. 그는 사람들에게 이 세계에는 단 한 명의 신, 즉 알라만이 있다고 가르쳤고 자신이 바로 그 신이 보낸 예언자라고 했다.

처음에는 아주 소수의 사람들만이 이 새로운 복음을 받아들였다. 무함마드는 박해 때문에 목숨의 위험을 느꼈고, 결국 622년에는 추종자들과 함께 메디나로 피신했다. 아랍어로 '헤지라'라고 불리는 무함마드의 피난은 이슬람교의 원년을 이룬다. 메디나에서는 얼마 지나지 않아 그의 주위에 많은 추종자들이 모여들었다. 무함마드는 이제 종교 지도자에 그치지 않고 '이맘', 즉 정치 지도자로 부상하기에 이른다. 메카 방향을 향해 드리는 이슬람의 종교적 관습은 무함마드에 의해 이때 생겨난 것이다. 그는 피난한 지 7년 만에 다시 메카로 진군할 수 있을 정도의 많은 세력을 얻었고, 이곳에 예언자로서 당당히 입성했다.

무함마드는 죽기 전까지(632) 아라비아의 모든 종족들을 자신의 교리 아래 끌어들일 수 있었다. 『쿠란』에 기록된 이 교리는 이슬람이라고 불리는데, 이슬람은 '신의 뜻에 복종함' 또는 '신에의 헌신'을 뜻하는 말이다. 『쿠란』은 이슬람의 '성서'로서, 신도들의 생활 지침을 일상적인 영역에 이르기까지 아주 세세하고 정확하게 규정하고 있다. 기도문은 물론이고 기도의 횟수와 방식도 정해져 있고, 음식은 무엇을 먹고 무엇을 먹지 않아야 하는지, 단식은 언제 어떻게 하는지, 어떤 행동을 해서는 안 되는지, 그런 행동을 했을 때 어떤 처벌을 받게 되는지 등등 이 모든 내용들이 『쿠란』에 적혀 있다.

유대교·그리스도교·이슬람교 사이에는 많은 공통점이 있다. 다만 이슬람교는 세속 국가 안에 존재하는 하나의 종교적 공동체에 머무르지 않고 그 이상이 되고자 한다는 점에서 나머지 두 종교와

❖ — 유대교, 그리스도교, 이슬람교의 성지인 예루살렘. 서로에 대한 관용과 평화의 상징이 될 수도 있을 예루살렘에서는 예나 지금이나 격렬한 종교 충돌이 벌어지고 있다. 서남아시아 팔레스타인 내륙에 위치한다. '통곡의 벽(유대교)', '성모교회(기독교)', '바위돔(이슬람교)'이 유명하다.

결정적으로 다르다. 『쿠란』은 종교 생활만이 아니라 인간 생활 전체를 규정하며, 그 속에서 종교와 정치, 교회와 국가, 종교적인 삶과 세속적인 삶은 분리할 수 없는 하나의 전체로 간주한다. 오늘날까지도 이슬람 사회와 국가의 특징은 이러한 교리가 얼마나 철저하게 지켜지는가에 따라 결정된다. 이슬람 사회는 역사상 종종 그랬듯이 개방적일 수도 있지만, 때로는 권위적이고 폐쇄적일 수도 있다.

무함마드가 죽은 후에는 '칼리프'가 그의 대리인으로서 이슬람 세계를 통치했다. 아랍인들은 그 후 수백 년 동안 중동 지역을 정복하고, 이집트와 북아프리카를 거쳐 스페인, 포르투갈, 프랑스까지 세력을 확장했다. 그들의 우월한 힘은 자신들의 종교를 전파하고자 하는 강력한 의지와, 이 목적을 위한 전투에서 전사하면 곧 천국에 이른다는 믿음에서 나왔다.

아랍인들이 세력을 확장함에 따라 그들 고유의 문화는 그리스, 페르시아, 인도 문화와 접촉하게 되었다. 이를 계기로 흔히 '아침의 나라'로 불리는 동방 세계에 문화적 전성기가 찾아왔다. 중요한 문학 작품과 학술 저서들이 아랍어로 번역되었고 다른 문화권, 특히 그리스 문화에서 축적된 지식이 수용되어 새로운 지식의 발전으로 이어졌다. 가령 우리가 오늘날 사용하는 십진법과 숫자 표기법은 인도에서 만들어져 아랍 상인들에게 전해졌고, 그 숫자를 통해 편리하게 계산하는 것을 본 유럽인들의 눈에 띄어 전파되었다. 사유를 통해 세계를 설명하고자 했던 고대 그리스인들과는 달리, 아랍 학자들은 주로 실제 실험을 중시했으며, 그 결과 물리학과 화학 분야에서 많은 새로운 지식을 얻을 수 있었다. 그들은 태양·달·행성들의 궤도를 이미 꽤 정확히 계산해 냈고, 지구가 원판이 아니라 구체球體임을 증명했다. 이러한 발견은 항해술과 관련해 중요한 의미를 지니는 것이었다. 아랍인들은 의술 분야에서도 선도적인 업적을 남겼다. 여러 식물들의 약효를 밝혀내 의약품을 개발했고 다양한 수술을 시도했으며, 이를 위해 세계 최초로 도시에 병원을 세웠다. 또 아랍 문화는 세상에서 가장 아름다운 책 가운데 하나를 인류에게 선사했다. 세헤라자데가 목숨을 구하기 위해 술탄에게 '1천 일 밤' 동안 이야기해 준 환상적인 동화와 이야기들, 즉 『천일야화』가 바로 그 책이다.

오늘날 이슬람교는 10억이 넘는 인구가 믿는 세계의 주요 종교 중 하나이다.

11

프랑크 왕국이 탄생하다

오늘날의 유럽은 언제, 어떻게 생겨났을까?

5세기에 서로마 제국이 붕괴되고 난 후 유럽의 대부분은 게르만족의 차지가 되었다. 게르만의 여러 종족들은 결코 좋은 사이가 아니었기 때문에 전쟁이 자주 일어날 수밖에 없었다. 이때 프랑크족의 교활하고 무자비한 군주 클로비스는 군사력으로 영토를 점점 더 확장해 갔고, 결국 500년경에는 대 프랑크 왕국의 왕이 되었다. 프랑크 왕국으로부터 훗날 프랑스, 독일, 베네룩스 3국(벨기에, 네덜란드, 룩셈부르크)이 갈라져 나온다. 클로비스는 그리스도교 신앙을 받아들여 세례를 받았고 신하들에게도 그리스도교로 개종할 것을 요구했다. 이로써 그리스도교는 프랑크 왕국의 공식 종교가 되긴 했지만, 이교적 관습과 풍속이 바로 폐지되지는 않았다. 그 후로도 200년 이상 이교적 전통은 그리스도교와 나란히 존속했다. 최종적인 그리스도교 개종은 8세기 초에 수도승 보니파티우스에 의해 이루어진 것으로 알려져 있다. 그는 훗날 주교가 되었다.

당시 프랑크 왕국의 왕좌에는 메로빙거 왕조 출신, 그러니까 클로비스의 후손이 앉아 있었다. 그는 사람들이 미리 머릿속에 주입한 내용도 겨우 말할 수 있을까 말까 하는 정도의 인물이었기 때문에, 실제로는 왕국의 최고위 관리인 '궁재(宮宰, 궁정의 최고 관리)' 카를 마르텔이 국정을 담당했다. 그는 732년 여름에 대규모의 아랍 군대가 피레네산맥을 넘어 프랑크 왕국에 진입했다는 소식을 접하고 즉시 군대를 이끌고 출정하여, 732년 가을에 투르와 푸아티에 전투에서 승리를 거두고 아랍인들을 다시 피레네산맥 너머로 후퇴시켰다. 이로써 계속되던 이슬람 세력의 팽창은 저지되었고, 이슬람교는 동방의 종교로 남게 되었다. 이런 이유에서 카를 마르텔은 '서양 세계의 구원자'라고도 불린다.

카를 마르텔의 아들 피핀은 이제 왕 대신 국정을 이끌어 가는 사람이 직접 왕좌에 올라야 한다고 주장했다. 그는 교황의 동의를 얻어 메로빙거 왕조의 마지막 왕인 힐데리히 2세를 수도원으로 추방하고 귀족들로 하여금 자신을 새로운 왕으로 추대하게 함으로써 카롤링거 왕조의 시대를 열었다. 또 카롤링거 왕조의 지배 체제를 더욱 공고히 하기 위해 로마 교황의 지지를 얻어 내고 프랑크 왕국의 주교들에게 성유聖油로 축성을 받았다. 이로써 피핀은 프랑크 왕국 역사상 처음으로 정치·종교·교회를 한데 결합시켰는데, 이러한 결합 방식은 20세기에 이르기까지 유럽의 왕과 황제들에게 본보기가 되었다. 피핀 이후 왕과 황제들은 자신들이 신으로부터 통치권을 부여받았으며, 신의 법에 따라 행동하고 있는 것이라고 주장했다.

771년에 피핀의 아들 샤를마뉴(재위 768~814)는 함께 나라를 다스리던 동생 카를로만이 죽은 뒤 프랑크 왕국의 유일한 군주가 되었다. 그의 목적은 처음부터 모든 게르만족을 아우르는 하나의 통일 왕국을 세우는 것이었다. 바이에른과 북이탈리아의 롬바르드족이 정복된 후 남은 것은 이교도인 작센족뿐이었다. 그들은 32년 동안 모든 방법을 동원해 저항했지만 결국 굴복하고 그리스도교 신앙을 받아들여야 했다. 이로써 샤를마뉴는 자신의 목적을 달성했다. 그가 800년의 성탄절에 로마 교황으로부터 '로마 황제'의 관을 받음으로써 '서로마' 제국은 수백 년 만에 부활하게 되었다. 샤를마뉴는 스스로를 위대한 로마 황제들의 후계자이자 그리스도교 세계의 세속적 지도자로 간주했다. 곧이어 그는 '대제'라고 불리게 되었는데, 이는 결코 과분한 칭호가 아니었다. 왜냐하면 그는 전쟁을 승리로 이끄는 뛰어난 지휘관이었을 뿐 아니라 학문·예술·문학을 장려한 위대한 후원자이기도 했기 때문이다. 각지에 흩어져 있는 샤를마뉴 대제의 여러 궁성에는 유명한 학자와 신학자, 시인과 건축가들이 모여들었다.

궁성뿐 아니라 수도원도 종교적·정신적 삶의 중심으로 자리 잡았다. 서양에서 그리스도교 수도원의 역사는, 6세기 초 누르시아의 성 베네딕투스가 오직 신앙을 위해 살고자 하는 남자들로 이루어진 공동체를 결성한 데서 시작된다. 샤를마뉴 대제는 수도원을 후원했으며, 수도원 학교와 대성당 부속 학교를 설립하고 여기서 자영농과 수공업자의 자녀들이 종교와 읽기, 쓰기, 산수 등을 공부할 수 있도록 했다. 말하자면, 그는 진보적인 교육 정책을 폈던 것이다. 또 그는 당시 가난하게 사는 일반 민중들의 근심과 곤경에 대해서 그 어느 왕보다도 더 큰 관심을 쏟았다.

❖ — 1512년에 독일 르네상스의 대표적인 화가 알브레히트 뒤러가 그린 샤를마뉴 대제의 화려한 초상화. 카를루스 대제라고도 불리는 이 왕은 로마 교황권과 결합해 서유럽의 종교적 통일을 이루었으며 봉건 제도를 적극 활용함으로써 중세 유럽 세계의 기틀을 마련했다.

샤를마뉴 대제가 814년에 평소 즐겨 가던 아헨의 궁성에서 서거했을 때 그의 제국은 동로마 제국과 대등한 유럽 최강의 국가였으며 그 어떤 세력도 두려울 것이 없는 상태였다. 하지만 아버지와 견줄 만한 그릇이 못 되었던 경건왕 루트비히는 도저히 대제국의 결속을 유지할 수 없었다. 이미 루트비히 생전에 그의 세 아들은 상속을 둘러싸고 분쟁을 일으켰다. 큰 아들인 로타르는 심지어 아버지 루트비히의 퇴위를 선언하고 스스로 황제가 되려고 했고, 이에 불만을 품은 나머지 두 형제는 로타르에 맞서기 위해 동맹을 맺었다. 경건왕 루트비히의 서거 후 세 아들은 제국을 각각 3분의 1씩 물려받았다. 초기에는 그들 모두 제국의 통일성을 유지하겠다고 했지만 실제로 이러한 분할 상속은 카롤링거 왕국의 종말을 의미하는 것이었다. 로타르가 자손을 남기지 못하고 세상을 떠나자 그의 영토는 대부분 서프랑크 왕국과 동프랑크 왕국으로 넘어갔다. 이 두 프랑크 왕국의 국경선은 유럽의 중심 지역을 양분하는 경계가 되었다. 동프랑크 왕국의 제후들은 936년에 작센가家의 오토 1세를 왕으로 선출했는데, 이것이 독일 역사의 시작이었다. 서프랑크 왕국은 훗날 프랑스가 되었다.

12

봉건제

봉건제가 중세 유럽에 끼친 영향과 의미는 무엇일까?

수천 년의 인류 역사 속에서 수많은 대제국들이 흥망성쇠를 거듭해 왔다. 어떤 제국은 비교적 오래 버텼지만, 어떤 제국은 생겨난지 얼마 되지 않아 멸망해 버리기도 했다. 이는 정복 전쟁을 통해 하나의 거대한 제국을 만들어 내는 것보다 이 제국을 유지하고 관리하는 것이 훨씬 더 어려운 일임을 말해 준다. 따라서 통일된 제국을 오래 유지하려는 의지를 가진 통치자는 그에 상응하는 어떤 해결책을 마련해야 했다. 이미 살펴본 바와 같이 이집트의 파라오에서부터 로마의 황제에 이르기까지 아주 다양한 방안들이 시도되었다.

샤를마뉴 대제는 이러한 문제에 있어서도 독자적인 길을 개척했다. 즉 게르만 전통을 토대로 중세 전체의 방향을 결정하게 될 새로운 지배 구조와 사회 형태를 창조해 냈던 것이다.

황제는 제국의 방위와 효율적인 행정을 위해 협력을 필요로 했으므로, '가신'이라 불리는 충성스런 신하들을 뽑아 제국에 봉사하게 하고 이에 대해 보상을 제공했다. 가신들이 황제에 대한 충성의 대가로 받은 것은 금전이 아니라 토지와 그 토지에 딸린 농민들이었다. 하지만 '봉토'라고 불리는 이런 토지는 황제가 하사한 것이 아니라 일시적으로 빌려준 것에 지나지 않았다. 즉 가신들은 황제에게서 땅을 임차한 봉신(封臣, 왕이 내린 봉토를 받은 신하)이었다. 중세 초기에는 아직도 모든 땅이 황제에게 속하는 것으로 여겨졌기 때문에, 황제는 봉토를 후하게 나누어 줄 수 있었다. 가신들은 자기 아래 가신들에게 다시 봉토를 나누어 줄 수 있을 정도로 넓은 봉토를 받는 경우도 많았다. 그리고 이 가신의 가신들 역시 가신을 거느리기도 했다.

시간이 흐름에 따라 봉건 영주나 가신의 자격 조건, 그들이 져야 할 의무와 권리를 확정하는 봉토에 관한 규정이 만들어졌다. 양쪽 모두 서로에 대해 충성을 맹세하는 서약을 했다.

"너의 적은 곧 나의 적이고 너의 친구는 곧 나의 친구다. 나는 너에게 언제나 변함없는 신의를 지킬 것이다. 그리고 네가 나를 필요로 할 때면 언제나 같이할 것이다."

원래 봉토는 가신 개인에게 속한 것이어서 가신이 죽으면 다시 봉건 영주에게 반납하는 것이 원칙이었다. 그러나 동프랑크 제국에서는 봉토를 장자에게 물려주는 관습이 점점 확산되었고, 결국 이 관습은 공식적인 법적 효력을 가지게 되었다. 이렇게 해서 봉토는 상속 재산이 되었고 황제의 처분권은 유명무실해지고 말았다. 이 과정은 장기적으로 볼 때 황제의 권력을 약화시키고 제국 내의 세속 영주와 교회 주교들의 입지를 강화시키는 결과를 가져왔다. 이것은 독일 제국에서 제후들이 누린 막강한 권력의 기반이었으며, 독일이 강력한 중앙 권력을 가진 국가로 발전해 나가는 것을 가로막은 요인 가운데 하나였다. 이 때문에 독일은 '지체된 국가'라고 불리기도 한다.

유럽 대부분의 지역에서 중세 질서는 봉건제에 기반을 두고 있었다(봉건제를 뜻하는 영어 feudalism는 봉토를 뜻하는 라틴어 feudum에서 유래했다). 봉건 질서는 여러 '신분들'이 피라미드 형태로 층층이 쌓여 있는 위계적 구조를 이루고 있었다. 피라미드의 정점에는 황제가 있고, 그 아래로는 황제로부터 직접 봉토를 받은 제국 제후들이 있었다. 이들이 그 밖의 귀족·주교·수도원장과 함께 사회의 최상 계층을 형성했다. 그 다음에 오는 것은 기사, 관리, 부유한 시민, 수공업자였다. 맨 아래 자리를 차지한 것은 농노와 예농이었다. 농노는 토지에 딸려 있는 존재였으므로 이주의 자유가 없었다. 또 봉건 영주라 해도 이들을 임의로 장원에서 쫓아내거나 팔아넘길 수 없었다. 농노는 영주의 소유물이 아니었기 때문이다. 예농의 경우는 이와 달랐다. 그들은 마치 노예처럼 인격체가 아니라 일종의 물건으로 취급되었으며 짐승과 다름없이 다루어졌다. "농부와 그의 소, 똑같이 거친 짐승."

❖ — 관리인의 감시 아래에 수확을 하는 농노들의 모습을 묘사한 중세 유럽의 그림. 중세의 농노는 영주에게 예속된 존재로, 독일에서는 '뿔 없는 소'로 불릴 만큼 노동력을 착취당했다.

"농부는 황소 대용, 다만 뿔이 없다네." 다른 계급은 이런 식의 말로 농민을 조롱했다. 그러나 결국은 모두가 농민의 노동 덕택에 그럭저럭 먹고 사는 셈이었다. 농민은 영주에게 수확의 일부를 바치고 고기와 치즈, 우유, 계란, 채소 등을 정기적으로 공급해야 했다. 게다가 부역의 의무도 있었다. 즉 영주 소유의 들판이나 밭, 삼림지에서 무보수로 일을 해야 했던 것이다. 농민은 길을 내고 다리를 놓고 성이나 궁전을 짓는 일에도 동원되었다. 하지만 농민들 자신은 목재와 나뭇가지, 점토로 지은 소박한 오두막에서 살았다. 주거 공간과 마구간이 분리되어 있긴 했지만 대부분 한 지붕 아래 있었다. 수프·죽·치즈·빵이 농민들이 주로 먹는 음식이었다.

아이들의 생활은 어른들의 생활과 별 차이가 없었다. 오늘날과 같은 형태의 유년기는 존재하지 않았다. 어려서부터 아이들도 집 안과 농장에서 일을 해야 했다. 결혼 시기도 아주 일러서 딸은 빠르면 열세 살에, 아들은 열여덟 살에서 스무 살 사이에 혼인을 시키는 것이 일반적이었다. 한 부부는 평균 여섯 명 내지 여덟 명의 아이들을 낳았지만 그 가운데 두 명 이상 살아남는 경우도 흔치 않았다. 여자들은 아이를 낳다가 생명을 잃는 일이 많았고, 설사 그런 불행을 피했다 하더라도 오래 살지는 못했다. 잦은 임신과 힘든 노동으로 허약해진 몸은 질병을 견뎌 내기 힘들었던 것이다.

대부분의 사람들은 가난과 무지 속에서 힘겨운 삶을 살아갔다. 몇 세기가 지나도록 이 점에서는 거의 달라진 것이 없었다. 1620년에 발표된 그림멜스하우젠(독일의 바로크 문학 작가. 『모험가 짐플리치시무스』라는 작품으로 유명하다.)의 작품 속에서 열세 살짜리 소년 '짐플리치시무스'는 자기가 더 어렸을 때는 하늘에 있는 신에 대해서도 들어 보지 못했고, 농가 뒤에 어떤 다른 세계가 있다는 것도 알지 못했다고 고백한다. 그는 처음에 이 세상에는 부모와 집 안의 일꾼들만 살고 있는 줄 알았다. "나는 내가 드나드는 집 외에 다른 어떤 집도, 다른 어떤 사람도 몰랐기 때문이다. 나는 겉모습은 사람이고 그리스도교식 세례명을 가지고 있었지만, 실은 짐승과 다를 바 없었다."

13

서기 1000년의 세계

서기 1000년, 지구촌의 모습은?

1999년에서 2000년으로 해가 바뀔 때 마치 이제부터 새로운 시대가 열리기라도 한다는 듯 새로운 천 년의 시작을 기념하는 축제가 세계 곳곳에서 열렸다. 그러나 연수年數에 맞추어 세계사적으로 중요한 사건이 일어나거나 새로운 시대가 개막되는 것은 아니다. 물론 그런 숫자의 변화가 사람들에게 적어도 잠시 멈춰 서서 지금까지를 결산하고 새로운 다짐을 하게 하는 좋은 기회가 되는 것은 사실이다. 대부분은 그러고 나서도 결국 전과 다름없는 생활을 계속하겠지만 말이다. 999년 연말에는 사람들이 이와 유사한 소동을 벌였을 것 같지는 않다. 아마 대부분의 사람들은 1000년으로 바뀐다는 것도 몰랐을 수 있다. 그러나 마법의 숫자 1000을 이용해 그 당시 세계의 모습이 어땠는지 한번 전체적으로 살펴보는 것도 나쁘지는 않을 것이다.

당시 지구 인구는 대략 2억 6,000명이었고 그 중 6,500만 정도가 중국인이었다. 이 거대한 동방의 나라는 기술과 문화에 있어서 이미 큰 진보를 이루었다. 중국인들은 비단과 도자기를 만들 줄 알았고, 인쇄 기술을 가지고 있었으며, 최초의 계산기라고 할 수 있는 주판을 사용했다. 또 수력을 이용해 기계를 작동시켰고, 화약을 발명했다. 아시아를 가로질러 팔레스타인까지 이르는 실크로드를 통해 상품의 교역이 이루어졌다. 무역뿐 아니라 정신적 교류도 활발해졌다. 중국 동쪽의 작은 나라 일본은 정치·행정·예술·문화에서 전적으로 '큰형'의 나라인 중국을 모범으로 삼았다.

인도는 인구가 8,000만 명으로, 당시 지구상에 이보다 인구가 더 많은 나라는 없었다. 중국과 마찬가지로, 인도 역시 그 많은 사람들을 어떻게 먹여 살리느냐가 나라의 큰 골칫거리였다. 2모작(같은 땅에서 일 년에 두 번 곡식을 수확하는 토지 이용법. 여름에는 벼, 겨울에는 보리·밀 등을 경작한다)이 도입된 뒤에야 비로소 모든 사람에게 충분한 쌀이 생산되었다. 1000년경 인도 사람들의 삶은 부처가 살았던 때와 별로 다르지 않았다. 하지만 아랍인들이 이슬람의 세력 범위를 북부 인도까지 확장하고 불교를 거의 몰아내면서 상황은 달라졌다. 그 후 인도에서는 이슬람교와 힌두교가 세력 다툼을 벌였고, 이러한 갈등이 훗날 나라의 분열과 파키스탄의 독립으로 이어졌다.

거대한 이슬람 제국은 곧 칼리프에 의한 결속과 통제가 불가능해질 정도로 커져 버렸다. 제국은 점차 붕괴해 갔지만 이슬람교 자

❖ — 욱스말(멕시코 유카탄반도의 북부에 위치한 마야 문명 후기의 유적지)의 마야 신전. 이 지역에는 서로 다른 시기에 만들어진 다섯 개의 건조물이 있다. 가장 높이 치솟은 피라미드를 '마술사의 신전'이라 부르는데, 약 27미터의 높이에 성부 중앙에 신상이 놓여 있다.

체는 이로 인해 어떤 타격도 입지 않았다. 다만 이슬람 세계의 주도권이 아랍인에게서 투르크인에게로 넘어가게 된다. 비잔티움 제국 역시 투르크족의 압력 아래 점점 약해지다가, 결국 콘스탄티노플을 중심으로 한 지역으로 축소되었다.

당시 문명화된 세계에서 서유럽은 가장 보잘것없는 지역이었다. 로마 제국은 멸망했고, 그에 견줄 만한 강대한 세력은 나타나지 않았다. 서유럽은 이제 겨우 동방의 옛 문화와 제국의 그림자에서 벗어나는 중이었다.

아메리카 대륙은 어땠을까? 대륙 중부에는 3,000년 이상의 역사를 가진 마야·잉카·아스텍 문명이 있었다. 그들은 장대한 건축물을 세웠고 고도의 천문학과 수학을 알고 있었으며, 대단히 정확한 달력도 가지고 있었다. 그러나 아시아와 유럽의 민족들이 보여 준 그런 빠르고 역동적인 발전은 그들에게서 찾아볼 수 없다. 유럽이나 아시아 사람과는 다른 방식으로 살고 다른 생각을 하게 되었을 것이다. 유럽인들이 아메리카 대륙을 발견함으로써 비로소 상황은 변화하게 된다. 하지만 이 변화는 지독하게 끔찍한 것이었다.

1000년으로 넘어가는 전환기의 북아메리카와 남아메리카 사람들은 신석기 말기와 거의 비슷한 생활을 하고 있었다. 오스트레일리아와 아프리카 남부의 원주민들도 사정은 비슷했다. 이에 반해 이슬람 세력이 지배했던 북부 아프리카는 문화·정치·경제에 있어서 지중해 동쪽의 국가들과 큰 차이가 없었다.

14

교황과 황제의 대결

교황과 황제의 갈등,
과연 최후의 승자는 누구일까?

샤를마뉴 대제는 수도원을 후원해 일종의 교육 기관으로 만들었다. 그러나 수도원들은 너무나 '세속화'되었기 때문에 11세기에 이르러 이에 반대하는 운동이 일어났다. 그 발원지는 부르고뉴에 있던 베네딕투스 수도회 소속 클뤼니 수도원이었다. 이곳의 수도사들은 '기도하고 일하라'고 요구한 성 베네딕투스의 가르침으로 돌아가자고 주장했다. 그러나 달라져야 할 것은 비단 수도원 생활만이 아니었다. 클뤼니 수도사들의 비판은 세속적 삶과 너무 밀착되어 있는 교회 전반을 겨냥한 것이기도 했다. 실제로 교회 권력과 세속 권력의 관계는 샤를마뉴 시대 이후 점점 더 긴밀해졌다. 이제 교회 권력과 세속 권력의 관계를 어떻게 조절하느냐 하는 문제를 두고 기나

긴 대결의 역사가 시작되었다.

카롤링거 왕조 이후 '신성 로마 제국'의 황제는 오토 가문과 잘리어 가문에서 나왔다. 그들은 이 세상의 지배자로서 아주 자연스럽게 수도원장과 주교의 임명권을 행사했다. 1039년에서 1056년까지 재위했던 하인리히 3세는 한 술 더 떠서 자신이 동의하지 않는 교황들을 퇴위시키기까지 했다. 이러한 처사는 많은 성직자들을 격분케 했다.

하인리히 3세가 서른아홉 살의 나이로 세상을 떠나고 그의 어린 아들 하인리히 4세가 왕위에 오르자, 성직자들은 이때를 반격의 기회로 삼았다. 그들은 황제의 간섭을 배제하고 일곱 명의 추기경에 의한 교황 선출 제도를 관철시켰다. 1075년, 새 교황 그레고리우스 7세는 더 많은 것을 요구했다. 주교를 임명할 수 있는 권한을 교황이 독점한다는 것이었다. 그러나 하인리히 4세는 주교를 임명할 수 있는 권리, 즉 서임권을 포기하지 않으려 했다. 황제의 지위가 약화될 것을 우려했기 때문이다. 그는 측근들과의 숙의 끝에 교황의 폐위를 선포했다. 그러자 교황은 하인리히 4세를 파문하고 신하들이 황제에게 한 충성 서약을 무효화했다. 이런 전례 없는 사태에 대해 사람들은 큰 충격을 받았다. 황제가 마치 범죄자처럼 취급당한 것이다.

얼마 지나지 않아 하인리히 4세의 파문은 곧 그 효과를 나타냈다. 스스로 추방당할 위협에 내몰린 많은 제후들이 교황의 편으로 넘어갔다. 게다가 제후들은 황제의 힘이 약화된 틈을 타 자기들 권력을 강화하고자 했다. 하인리히 4세는 점점 더 심한 압박을 느낀

❖ — 카노사의 굴욕을 묘사한 그림. 하인리히 4세와 그의 가족이 맨발인 채로 교황의 용서를 구하고 있다.

끝에 교황과 화해하기 위해 이탈리아로 찾아가기에 이르렀다. 그는 카노사의 성에서 참회복을 입고 교황 앞에 나아가 용서를 구했다. 자비로운 그리스도 교도였던 그레고리우스 교황은 참회하는 죄인을 다시 교회의 품 안으로 받아들이는 수밖에 없었다. 황제 하인리히 4세의 힘겨운, 하지만 현명한 선택은 '카노사의 굴욕'이라는 이름으로 역사책에 기록되고 있다.

이 일로 교황은 황제와의 대결에서 승리를 거둔 것처럼 보였다. 하지만 그것도 잠시, 하인리히 4세는 유리한 기회가 오기를 기다렸다가 군대를 이끌고 로마로 진군했고, 그레고리우스에게 대항하는 다른 교황을 내세웠다. 그리고 이 교황에 의해 베드로 대성당에서 황제로 추대되었다.

이미 그 당시 사람들도 이런 방식으로는 '주교 서임권 논쟁'이 매듭지어질 수 없다는 것을 분명히 알고 있었다. 하지만 해결을 위한 양측의 노력이 시작되기까지는 수십 년의 세월이 더 흘러야 했다. 처음에는 영국과 프랑스에서, 나중에는 '신성 로마 제국'에서 협상의 움직임이 일어났다. 교황과 황제는 결국 1122년에 '보름스 종교 협약'으로 불리는 조약을 통해 일정한 타협에 도달하게 된다. 이 조약은 종교 권력과 세속 권력의 관할 영역과 권리를 확정했고, 훗날 정교 분리라고 불리게 될 원칙의 확립을 향한 중요한 일보가 되었다. 이 조약은 동시에 교황에게 그리스도교 최고 수장의 지위를 확실히 보장해 주었다.

15

십자군 원정

유럽인들은 이슬람을 상대로 일으킨 십자군 전쟁에서 무엇을 얻었을까?

중세 사람들에게 삶의 중심은 종교와 신앙이었다. 그것은 무엇보다도 천국에 가면 현세의 삶에서 겪은 고통을 보상받을 수 있다고 기대했기 때문이다. 사람들은 이를 위해 종교적인 규율에 따라 생활해야 했다. 그리고 이를 지키지 못할 경우에는 자신이 지은 죄에 대해 용서를 구하고 참회했다. 많은 그리스도 교도들이 예수가 살고 고난을 겪었던 팔레스타인과 예루살렘으로 성지 순례를 떠났다. 이곳에 거주하던 아랍인들은 순례자들의 통행을 허용했다. 그러나 1071년 투르크족의 일파인 셀주크족이 이 지역을 점령하면서 사정은 달라졌다. 그들은 순례자들을 약탈하고 살해했다. 시간이 흐르면서 셀주크족은 가뜩이나 세력이 약화된 비잔티움 제국까지 위

❖ — 중세 유럽의 기독교 광신도인 '은둔자 피에르'가 이슬람 세력과 전쟁을 치를 것을 외치는 모습을 묘사한 그림이다. 당시의 교황 우르바누스 2세는 그를 교묘히 선동하여 결국 십자군 원정의 뜻을 이룰 수 있었다.

협하기에 이르렀다. 위기에 처한 비잔티움 제국의 황제는 교황에게 도움을 청했다. 1095년에 교황은 선동적인 말로 모든 그리스도 교도들에게 투르크족에 맞서 싸울 것을 촉구했다. "저주받을 민족, 신을 모르는 타락한 민족이 그리스도 교도의 땅을 습격하여 약탈하고 불태웠다. (…) 우리는 다음과 같이 선포한다. 믿음이 없는 자들에 대항하여 무기를 드는 사람은 모든 죄의 형벌에서 완전히 면제되며 성스러운 투쟁에서 전사하는 사람은 영원한 삶을 보장받을 것이다."

교황의 호소는 엄청난 반향을 불러일으켰다. 그것은 본래 귀족이나 기사 계급을 향한 것이었으나 이들뿐 아니라 농부와 수공업자들, 심지어 여자들까지도 열렬히 호응했다. 하지만 '성스러운 전사들'의 동기는 아마도 힘겨운 삶으로부터 무작정 탈출하고 싶은 심리, 전리품을 한몫 단단히 챙길 수 있으리라는 기대, 그리고 구원에 대한 진정한 믿음에 이르기까지 각양각색이었을 것이다. 유럽 전역에서 병력이 모여들었고, 1096년 8월, 십자군의 깃발 아래 팔레스타인으로의 행군이 시작되었다. 혹독한 3년이 지나 최초의 십자군이 목적지에 도달했다. 십자군은 예루살렘을 점령한 뒤 그곳에 거주하고 있던 이슬람교도들과 유대인들을 끔찍하게 학살했다. 투르크족은 성지에서 추방당했고, 고향으로 돌아가지 않은 십자군들은 그리스도교 공동체를 건설하거나 심지어 작은 독립 국가들을 세우기도 했다. 이들은 주위의 이슬람 세력으로부터 위협을 느꼈으므로 계속 서방 세계의 지원을 요구했다. 그 결과 십자군 원정이 꼬리에 꼬리를 물고 이어졌다. 그러한 십자군의 노력에도 예루살렘과 성지는 1300년에 끝내 이슬람 세력권으로 돌아가고 말았다.

십자군 원정은 비록 군사적으로는 실패로 돌아갔으나 서양의 그리스도교 세계에 미친 영향이 적잖았다. 서유럽인들은 수백 년 만에 처음으로 우월한 문화와 접촉하게 되었다. 십자군 원정대에 속한 대부분의 사람들은 시골 지역 출신이었다. 그런 사람들에게 장식이 호화로운 다층 건물, 공공 목욕 시설, 병원과 약국, 화려한 이슬람 사원과 도서관, 학교 등이 늘어선 이슬람 세계의 도시는 무척 인상적이었을 것이다. 또 그들은 벨벳과 비단, 도자기와 유리 제품, 동양의 향료들을 알게 되었다. 동양과 서양 사이의 무역은 십자군 전쟁 때 이미 눈에 띄게 증가하기 시작했다. 베네치아·피사·제노바 같은 이탈리아의 항구 도시들은 교역의 중심지로서 부와 권력을 키워 나갔다.

많은 상품들 외에 의학과 자연과학에 관련된 지식, 아라비아 숫자 체계, 그리고 무엇보다도 아랍인들에 의해 보존되고 전승된 고대의 유산들이 서유럽으로 넘어왔다. 조금 과장해서 말하면, 십자군 원정은 원래 의도와 정반대되는 결과를 가져왔다고 할 수 있다. 그리스도 교도들은 미개한 이교도들의 손아귀에서 성지를 해방시키기 위해 전쟁에 나섰다. 그러나 막상 이곳에 도착하자 미개한 이교도들이 자기들보다 훨씬 더 발전된 문명을 가지고 있다는 것을 인정해야 했다. 그리스도 교도가 이슬람교도에게 배울 것은 있었지만 그 반대는 아니었다. 결과적으로 서양은 십자군 원정으로 인해 많은 이득을 보았다고 할 수 있다.

16

도시의 발달

과학과 경제 분야에서 커다란 진보가 있었음에도 중세가 '암흑의 시대'로 기억되는 이유는 무엇일까?

유럽 전역에 남아 있는 많은 성이나 성터들은 이미 오래전에 사라진 기사 시대를 상기시킨다. 기사들은 원래 중무장을 하고 군주와 함께 전장에 나가는 기병이었다. 이들은 특히 십자군 원정에 참가해 주도적인 역할을 했고, 이로 인해 자기 계급에 대한 강한 자부심을 가지게 되었다. 아주 독특한 기사 계급 고유의 생활방식이 생겨났고 여기에는 엄격한 규칙의 준수가 요구되었다. 기사는 자신의 이익을 위해서가 아니라 오로지 신앙과 정의를 수호하기 위해 싸워야 했다. 약한 자나 가난한 사람들을 돕고, 도덕적 흠결이 없으며, 믿음·의리·고결함·너그러움·용기 등의 덕목을 갖춘 사람이라야 진정한 기사라 할 수 있었다. 이론상으로는 모두 좋은 얘기임에 틀림

없지만, 기사들이 성인聖人은 아니었기 때문에 모두 그런 식으로 살 수 없었고 또 그렇게 살려고도 하지 않았다. 심지어 약탈을 일삼는 강도 기사도 있었던 것이다.

성에서의 생활은 불편할 뿐만 아니라 아주 따분했다. 특히 겨울이면 더욱 그랬다. 그나마 여흥을 위해 마상 무술 경기나 축제가 열렸고 가인歌人들은 음악을 연주하며 시나 이야기를 읊었다. 당시까지 중세 문학을 지배한 종교 시인들이 교양어인 라틴어를 사용한 데 반해, 기사들은 민중의 언어로 된 문학 작품을 창조했다. 이렇게 해서 프랑스에서는 아더왕과 원탁의 기사들에 관한 소설이, 그리고 독일에서는 「니벨룽의 노래」(독일의 영웅 서사시로 독일 기사 문학의 최대 걸작으로 꼽힌다)가 생겨났다.

기사 시대의 전성기는 13세기에 막을 내렸고, 바로 이 시기에 도시가 번창하고 시민 계급이 부상하기 시작했다. 이러한 변화의 결정적인 요인은 급격하게 증가한 교역이었다. 중요한 통상로가 교차하는 요충지, 하구와 항구, 성이나 수도원 인근 지역 등 도처에서 시장市場을 중심으로 새로운 도시들이 형성되었다. 상인·수공업자·농민들은 도시로 와서 자기 물건을 팔았다. 물론 마음대로 팔 수 있는 것은 아니었고, 그전에 미리 도시의 권력자인 성직자나 제후에게 시장 사용료를 지불해야 했다. 그것은 도시의 새로운 수입원이 되었는데, 도시를 다스리는 군주들의 큰 관심사는 계속 풍족한 수입을 얻기 위해 가능한 한 많은 상인과 수공업자들을 자기 도시로 끌어들이는 것이었다. 상인과 수공업자들은 당연히 장사가 잘 될 만한 곳으로, 즉 고객이 많은 곳으로 모여들게 마련이었다. 도시 군주들은 인구 증가를 위한 조치를 취해야 했다. 새로 이주한 시민들에게는 적어도 일정 기간 세금이 면제되었고, 직업과 거주지 선택의 자유, 원하는 사람과 결혼할 수 있는 자유가 주어졌다. "도시의 공기는 자유를 준다." 이 구호는 무수히 많은 사람들을 도시로 끌어들였다. 수공업과 교역이 번창했고, 얼마 가지 않아 부유한 장인과 상인들이 도시의 생활과 정치를 좌우하게 되었다. 그들이 고대 로마 귀족과 동일한 명칭인 파트리치어patrizier로 불린 것도 우연한 일은 아니었다.

하지만 도시의 자유로운 분위기도 빈부의 차이를 없애지는 못했다. 도시에는 생계에 필요한 최소한의 것 외에 아무것도 가진 것이 없는 사람들—이를테면 하녀, 노예, 걸인들—이 많이 있었다. 따지고 보면 그들이 농노보다 특별히 더 자유로울 것도 없었다. 도시의 공기가 자유를 준다는 말이 해당되지 않는 집단을 또 하나 꼽는다면, 유대인을 들 수 있을 것이다. 유대인들은 1세기와 2세기 사이에 로마인에 의해 고향에서 쫓겨난 후 세계 여러 곳에 흩어져 소수 민족으로 살고 있었다. 그들은 고유의 신앙·관습·풍속을 통해 강력한 공동체를 이루고 있었지만, 바로 그것이 사회의 주류에게 따돌림을 당하는 이유가 되었다. 중세 도시에서 그들은 '게토'라고 불리는 폐쇄적인 주거 지역에 모여 살았다. 1215년에는 심지어 유대인을 알아볼 수 있게 하는 복장 규정이 생겨나기도 했다. 이 규정에 따라 유대인들은 끝이 뾰족한 모자를 쓰고 옷에는 노란 점무늬를 기워 넣어야 했다. 이미 중세 시대부터 유대인들에 대한 폭력·살인·박해 행

❖ — 유대인 성전인 시너고그에서 기도하는 유대인들. 유대인은 자신들의 종교와 전통을 고수함으로써 유럽의 다른 민족들로부터 따돌림을 당해야 했다. 그리고 십자군 원정으로 인해 유대인이 이교도라는 사실이 재인식되면서 그들은 온갖 핍박과 차별을 당해야 했다.

위가 빈번히 발생했다.

이 시대에 가장 큰 성공을 거둔 집단은 상인 계층, 그중에서도 특히 원거리 무역에 종사한 상인들이었다. 이들은 많은 재산을 축적하고 소규모의 공장(매뉴팩처)을 세웠다. 또 14세기에 벌써 이자를 받고 돈을 빌려주는 최초의 은행이 이들에 의해 설립되었다. 이탈리아의 메디치 가문이나 독일의 푸거 가문 같은 초창기 '자본가'들은 황실이나 교황청에까지 돈을 꾸어 줄 정도로 많은 재산을 가지고 있었고 이로 인해 정치에 막대한 영향력을 행사할 수 있었다.

중세에 건축술이 발전하고 최초의 대학들이 설립된 것도 도시의 번영과 밀접한 연관이 있다. 이때 세워진 대성당이나 사원들은 오늘날까지도 시장市場 옆의 화려한 시청 건물과 함께 유럽 도시의 인상을 결정짓는 중요한 상징물로 남아 있다. 또 12세기와 14세기 사이에 볼로냐·파리·케임브리지·프라하·빈·하이델베르크·쾰른에 생겨난 초창기 대학들도 중요한 의미를 지닌다. 이곳에서는 신앙만이 아니라 과학적인 사고도 전수되었다. 중세는 후세 사람들이 생각하는 것처럼 그렇게 어둡기만 한 시대는 아니었다.

사람들이 중세를 암흑의 시대로 보게 된 중요한 이유 가운데 하나는 빈번히 발생하여 계속 새로운 빈곤과 고통을 가져다준 전쟁이라고 할 수 있다. 예를 들어 영국과 프랑스는 1338년에서 1453년까지 이른바 백년전쟁을 치렀다. 백년전쟁은 유럽 역사상 가장 길고 가장 무의미했던 전쟁으로 간주된다. 물론 이 전쟁도 땅과 권력을 두고 일어난 것이었지만 곧 원래 이유가 무엇인지 아무도 알지 못하게 되었고, 그러면서도 싸움은 계속되었던 것이다. 백년전쟁은 특히 전설적인 인물의 등장으로 인해 유럽 역사의 기억 속에 깊이 각인되었다. 열일곱 살의 시골 처녀 잔 다르크(1412~1431)는, 영국인들이 이미 프랑스 깊숙이 진입해서 오를레앙의 왕궁을 함락시키기 직전 국왕 앞에 나와 신이 자신에게 프랑스의 구원을 명했다고 주장했다. 그녀는 처음에는 비웃음을 샀으나 결국은 프랑스인들에게 용기를 불어넣고 병사들의 사기를 높이는 데 성공했다.

❖ ― 화형대 위의 잔 다르크. 백년전쟁에서 프랑스에 해방을 안겨준 잔 다르크는 영국 군대에 사로잡힌 뒤 이단으로 몰려 화형을 당했다. 교회의 중개 없이 신을 직접 만났다는 점과 몸무게 미달이 그녀가 마녀로 몰린 이유였다.

"전에는 500명의 프랑스군이 200명의 영국군 앞에서 도망쳤다. 하지만 그녀가 등장한 후에는 200명의 프랑스군이 500명의 영국군을 쫓아냈다." 어느 연대기 서술자는 이렇게 전하고 있다. 결국 프랑스군은 영국군을 프랑스 땅에서 몰아내는 데 성공했다. 하지만 잔 다르크 자신은 영국인들의 손에 잡혔고, 1431년 5월 30일 영국인들은 그녀를 이단죄로 몰아 화형대 위에 올렸다. 이 시대에는 수많은 여자들이 악마와 결탁한 마녀라는 죄명으로 고문당하고 화형당했는데, 잔 다르크는 그 가운데서도 가장 비범한 인물이었을 것이다.

전쟁과 혹독한 가난, 십자군 원정, 마녀 사냥에 이어 흑사병까지 덮쳤다. 그것은 최악의 재앙으로서, 14세기에 흑사병으로 인해 사망한 사람은 유럽 인구의 약 3분의 1에 달했다. 지나간 시대를 암흑의 시대라고 명명한 중세 말과 근세 초기의 사람들은 마음속에 이 모든 끔찍한 현실을 그리고 있었던 것이다.

17

르네상스

왜 르네상스 시대의 사람들은 그리스와 로마의 문화를 동경했을까?

대부분의 사람들이 아직도 인간의 운명과 세상사란 신에 의해 정해진 숙명이라고 여기고 있었던 15세기에, 이런 전통적인 세계관을 탈피하려는 노력이 학자와 예술가들에 의해 이루어지기 시작했다. 이들은 막연하나마 더 나은 시대에 대한 예감을 가지고 있었다. 하지만 그들은 미래를 전망하기보다는 일단 과거, 즉 현재의 세계보다 더 밝아 보이는 고대 그리스와 로마를 돌아보며 이를 모범으로 삼았다. 새로운 시대가 르네상스(부활 혹은 재생)라고 불리게 된 것은 이런 연유에서였다. 인간의 삶이란 내세를 위한 준비에 지나지 않는다는 중세의 그리스도교적 인간관은 이제 그 효력을 상실했다. 현세가 중시되고 인간 자체가 학문과 예술의 중심적인 관심사가 되었다. 이

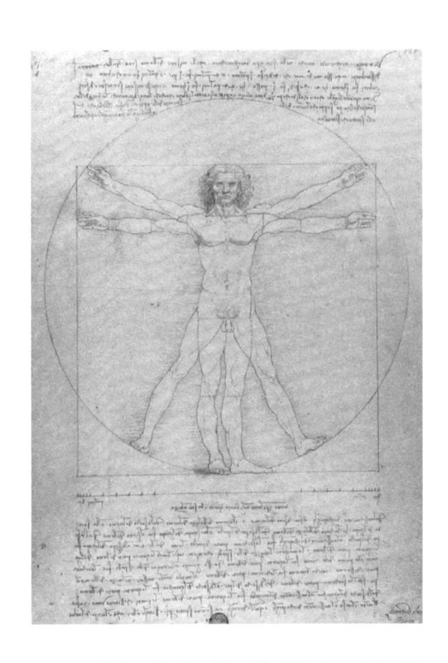

❖ — 르네상스를 대표하는 천재적 지성 레오나르도 다 빈치는 펜으로 그린 이 스케치에 '인간'이라는 제목을 붙였다. 인간 육체의 이상적 비례를 나타낸 그림이다.

시대의 지식인들은 고대 사상의 바탕 위에서 인간이란 단순히 전체의 일부분이 아니라 그 스스로가 하나의 목적인 '존재'라는 관점에 도달했다. 이에 따르면 인간은 자기 자신과 자신의 삶에 대한 결정권을 지니며, 자신의 능력을 완전히 계발하고 발전시킬 수 있어야 했다. 이를 위한 필수 조건으로 요구된 것은 고대를 모범으로 한 포괄적인 교양 교육이었다. 이 새로운 사상은 당시 유럽 문화가 가장 융성했던 피렌체와 베네치아에서 태동했으며, 그 중심에 놓인 것은 인간이었기 때문에 '인문주의Humanism'라는 이름으로 불리게 되었다.

인문주의자들이 획득한 인간에 대한 새로운 인식은 성서가 아니라 인간과 자연에 대한 세밀한 관찰과 연구에서 나왔다. 그러한 탐구 정신은 새로운 르네상스적 인간상의 전형으로 꼽히는 이탈리아의 레오나르도 다 빈치(1452~1519)에게서도 나타난다. 그는 「모나리자」, 「최후의 만찬」과 같은 유명한 그림을 그린 화가였을 뿐 아니라 조각가 · 과학자 · 건축가 · 기술자 · 발명가이기도 했다. 심지어 그가 그린 비행기 설계도도 있다. 또 그는 인간의 신체 구조와 기능을 이해하기 위해 시체를 직접 해부했고 이때 관찰한 것을 그림으로 남겼다. 만능 천재 레오나르도 다 빈치가 가졌던 과학자와 발명가로서의 책임감은 다른 모든 과학자들에게 귀감이 될 만큼 투철한 것이었다. 레오나르도 다 빈치는 다음과 같이 썼다. "나는 사람이 물속에 머무르며 아무것도 먹지 않고 오래 견딜 수 있는 방법을 안다. 그러나 나는 이것을 공개하지도, 그 누구에게 설명하지도 않을 것이다. 왜냐하면 인간은 사악해서, 바다 밑에서 살인을 저지르기 위해 이 기술을 사용할 수도 있기 때문이다. 그들은 배의 바닥에 구멍을 내어 배와 그 안에 탄 모든 사람들을 침몰시킬지도 모른다."

인류 역사가 낳은 위대한 인물들의 명단을 시대별로 정리하여 수적으로 비교한다면 아마도 르네상스 시대가 단연 1위를 차지할 것이다. 레오나르도 다 빈치와 같은 이탈리아인이며 화가이자 조각인 미켈란젤로, 위대한 인문주의자이자 철학자인 로테르담의 에라스무스, 지구가 하나의 행성이며 다른 행성들과 마찬가지로 태양의 주위를 돈다는 것을 발견한 니콜라우스 코페르니쿠스 등등 이들 모두가 르네상스 시대의 인물들인 것이다.

그런데 이들의 새로운 사상과 인식이 그 어느 때보다 신속히 확산된 것은 르네상스 시대의 가장 중요한 발명품인 인쇄술 덕분이었다. 독일 마인츠 사람인 요하네스 구텐베르크(1397~1468)는 1450년에 금속 활자를 이용해 책을 인쇄하는 데 성공했다. 사람들은 이 기술을 통해 필사나 목판 인쇄를 할 때보다 훨씬 더 빠르고 저렴하게 책을 제작할 수 있게 되었다. 또 인쇄 부수를 아무리 늘리더라도 인쇄의 질에 변함이 없었다. 구텐베르크의 인쇄술이 과학과 문화의 발전에 기여한 바를 생각하면, 훗날 프랑스의 시인 빅토르 위고가 구텐베르크의 인쇄술을 가리켜 '세계 역사상 가장 위대한 발명품'이라고 한 것도 지나친 말은 아니었다.

18

'신대륙'의 '발견'

세계 지도를 새롭게 그린 '신대륙'의 '발견', 그런데 왜 그들은 '신대륙'의 사람들과 문명을 살육하고 파괴했을까?

르네상스는 학자와 예술가의 시대이기도 했지만, 탐험가와 항해자들의 시대이기도 했다. 중세까지만 해도 항해자들은 대개 알려진 해안을 벗어나려 하지 않았다. 잘못하다가 혹시 '세상의 끝'에 가서 얼어 죽거나 불에 타 버리거나 폭풍에 휩쓸리거나 바다의 괴물에 잡아먹힐지도 모른다는 두려움 때문이었다. 이런 불안감은 15세기에도 있었으나 모든 것이 새롭게 시작되는 듯한 르네상스 시대의 들뜬 분위기는 항해자들의 사기를 북돋웠다. 그들은 탐구욕과 모험 정신으로 가득 차 있었다. 물론 새로운 항로와 지역을 개척하는 데 따른 확실한 경제적인 이익도 중요한 동기가 되었다.

1453년, 비잔티움 제국을 완전히 무너뜨린 투르크족은 콘스탄티노플의 이름을 이스탄불로 바꾸고 새로운 오스만투르크 제국의 수도로 정했다. 이후 그들은 지중해 전 지역을 장악하고 유럽과 아시아 사이의 모든 주요 통상로를 통제하면서 상인들에게서 상당한 액수의 통행세를 징수했다. 인도와 중국에서 서양으로 들어오는 귀한 물건들의 가격은 더욱 비싸졌다. 이제 사람들은 오스만투르크 제국을 통과하지 않고 동아시아와 거래할 수 있는 방법을 모색하기 시작했는데, 바다만이 그 유일한 가능성으로 나타났다.

유럽의 서쪽 맨 끝에 위치한 작은 나라 포르투갈은 새로운 항로를 개척하려는 항해자들의 출발점이 되었다. 여기서 출발해 아프리카를 돌아 인도에 도달하는 것이 그들의 목표였다. 그들은 해를 거듭하며 아프리카의 서쪽 해안을 따라 계속 남쪽으로 내려갔다. 1487년에야 배 한 척이 아프리카 대륙의 최남단에 도달할 수 있었다. 아프리카는 사람들이 그때까지 짐작했던 것보다 훨씬 더 컸던 것이다.

이때 한 이탈리아 항해자에게 단순하고도 기발한 생각이 떠올랐다. 만약 지구가 아리스토텔레스가 생각한 대로 둥글다면, 계속 서쪽으로 항해할 경우 언젠가는 극동 지역에 도달하게 된다는 것이었다. 중국에서 들여온 나침반은 이런 대담한 모험을 가능하게 해 줄 중요한 항법 도구였다. 하지만 선구적인 생각을 한 사람들이 늘 그렇듯이 크리스토퍼 콜럼버스(1451~1506) 역시 주변 사람들의 조롱과 비웃음을 샀다. 그는 몇 년에 걸쳐 포르투갈 왕에게 인도의 보물을 약속하며 원정에 필요한 자금을 요청했다. 그러나 그의 청원은 끝내 받아들여지지 않았다. 콜럼버스가 다음으로 발길을 돌린 곳은 스페인이었다. 스페인이라고 그의 생각에 호의적인 것은 아니었지만, 결국 설득에 성공해 스페인의 여왕에게서 세 척의 범선을 갖추기 위한 자금을 얻어낼 수 있었다. 1492년 8월 3일, 콜럼버스는 120명의 선원을 데리고 스페인을 출발했다. 낯선 바다 위에서의 항해가 콜럼버스의 당초 예상보다 훨씬 더 길어지자, 선원들은 그를 의심하기 시작했다. 그들의 불안은 날로 심해져 갔고, 자연히 고향으로 다시 돌아가자는 목소리가 높아졌다. 그러나 콜럼버스는 조만간 인도 땅에 이를 것이라고 굳게 믿고 있었기 때문에 선원들을 독려해 항해를 계속했다. 1492년 10월 12일, 마침내 누군가가 외쳤다. "땅이 보인다!" 콜럼버스는 항해 일지에 다음과 같이 기록했다. "우리는 모든 돛을 내리고 보조 돛 없이 주 돛 하나만으로 배를 몰았다. 그 다음엔 배를 서서히 정지시키고 날이 밝기를 기다렸다. 인디언 말로 '구아나하니'라고 불리는 한 섬에 도착한 날은 금요일이었다."

콜럼버스는 '인디언 말'이라고 썼다. 당연하게도 그는 자신이 인도에 속하는 섬에 상륙한 것이라고 믿고 그곳의 원주민들을 '인디언'이라고 불렀던 것이다.

그 후 10년 동안 콜럼버스는 서쪽 방향으로 세 차례 더 항해를 했지만, 끝까지 자신이 아시아 지역에 간 것으로 믿었다. 사람들은 이 착오를 기념하는 뜻에서 그가 발견한 섬들을 서인도 제도라고 명명했다.

이후 다른 사람들도 서쪽을 향한 항해에 나섰는데, 그들은 곧 콜

❖ — 아메리카에 상륙한 콜럼버스. 그는 죽을 때까지도 자신이 도착한 땅을 인도로 알았다.

럼버스가 인도로 가는 새 항로를 발견한 것이 아니라 지금까지 알려지지 않은 새로운 대륙을 발견했다는 것을 알게 되었다. 그중 한 사람인 항해자 아메리고 베스푸치(1454~1512)의 이름에 따라 이 대륙은 '아메리카'라고 불리게 되었다.

발견자의 뒤를 이어 정복자들이 새로운 대륙으로 몰려가기 시작했다. 그리고 스페인과 포르투갈 사이에 '신대륙'의 소유권을 둘러싸고 분쟁이 일어났다. 결국 이 문제는 교황에게 넘겨졌다. 교황은 오래 고민하지 않고 신대륙의 지도를 가져오게 해서 북에서 남으로 선 하나를 긋고 이 선을 기준으로 서쪽 땅은 스페인에, 동쪽 땅은 포르투갈에 속한다고 선언했다. 이로써 분쟁은 적어도 당분간은 해결된 셈이었다.

정복자들은 오로지 엄청난 보물을 손에 넣을 수 있다는 꿈에 부풀어 아메리카로 몰려갔다. 특히 금에 대한 탐욕 때문에 그리스도교의 미덕을 모두 잊어버리고 무자비한 만행도 서슴지 않았다. 그중에서도 500명의 부대를 이끌고 간 스페인의 기사 에르난 코르테스가 저지른 짓은 특히 악질적인 것이었다. 인디언들에게 전설적인 아스텍 왕국에 관한 놀라운 이야기를 들은 그는 부하들을 데리고 이 왕국을 찾아 나섰다. 인디언들은 방어하려 했지만 스페인의 기병이 나타나거나 대포 한 방만 발사해도 기겁을 하고 달아났다. 인디언들은 그때까지 말을 본 적이 한 번도 없었으며 대포 소리도 들은 적이 없었기 때문이다. 그들에겐 막강한 힘을 가진 이방인들이 신으로 보였다. 1519년 11월, 아스텍 왕국의 수도에 도착한 스페인인들은 눈이 휘둥그레졌다.

> 거대한 도시 테노치티틀란은 염수호鹽水湖 내부에 위치해 있다. 주요 도로는 아주 넓고 곧게 뻗어 있는데, 반은 육로이고 나머지 반은 조각배가 다니는 운하로 이루어져 있다. (…) 도시에는 상설 시장이 열리는 광장이 여러 개 있으며, 이와는 별도로 주위가 주랑(柱廊, 기둥만 있고 벽이 없는 복도. 콜로네이드라고도 한다. 그리스 신전이나 로마의 투기장에서 볼 수 있다) 홀로 둘러싸여 있는 또 하나의 광장이 있는데, 이곳으로 날마다 6만 명 이상의 사람들이 모여들어 식료품·금은·양철·놋쇠·뼈·조개·가재 껍데기·깃

털 등으로 만든 장신구를 사고판다. 또 조제된 약품·음료·연고·반창고 등을 파는 약국도 있다. 돈을 내면 음식을 제공해 주는 곳도 있다. (…) 이 도시에는 아주 크고 좋은 집들이 많다. 최고급 주택들이 많은데 그 이유는 나라의 모든 고위 인사들과 몬테수마의 가신들이 도시에 집을 가지고 있고 한 해의 일정 기간을 거기서 거주하기 때문이다. 그러나 그에 못잖게 훌륭한 집을 소유하고 있는 부유한 시민들도 아주 많다. 이런 집들은 모두 방이 크고 아름다울 뿐만 아니라 아주 예쁜 화원도 딸려 있다. (…) 이 도시에 살고 있는 주민들은 옷차림이나 일하는 태도에 있어서 다른 지방이나 도시의 사람들보다 더 교양 있고 세련되어 있다. 그것은 군주인 몬테수마가 이 도시에 기거하고 있어서 그의 모든 신하들이 항상 이곳으로 나와야 하기 때문이다. 그래서 이곳은 모든 면에서 법도와 질서가 잘 잡혀 있다.

코르테스는 스페인 왕에게 이렇게 보고했다. 아스텍인들은 이방인들을 친절하게 대접했다. 하지만 스페인인들이 보물을 훔치고 폭력을 동원해 그리스도교로 개종하라고 강요하자 충돌이 일어났다. 코르테스는 몬테수마를 인질로 잡고 그에게 백성을 진정시킬 것을 요구했다. 그러나 몬테수마가 사람들 앞에서 이야기하는 중에 소요가 일어났고, 그는 군중이 던진 돌에 맞아 죽었다. 코르테스는 부하들 일부와 함께 달아나서 겨우 목숨을 건질 수 있었다. 일 년 후 강화된 병력을 이끌고 돌아온 그는 테노치티틀란을 정복하고 파괴했다. 폐허가 된 자리에는 스페인의 도시 '멕시코'가 새로 건설되었고 사원 광장에 거대한 교회가 세워졌다. 다른 도시들의 운명도 이보다 나을 것이 없었다. 결국 1522년에 아스텍 왕국은 멸망했고, 에르난 코르테스를 총독으로 하는 '신스페인 부왕국副王國'이 수립되었다.

❖ — 아스텍 왕국의 군주 몬테수마를 인질로 잡은 코르테스. 아스텍인들은 코르테스를 친절하게 대하며 손님으로 대접했다. 당시 아스텍 왕국의 군주 몬테수마는 코르테스를 그들이 오랫동안 기다려 온 구원의 신인 '케트살코아틀'로 여기고 코르테스와 그의 병사들을 신처럼 대했다고 한다.

이로부터 10년 뒤에 스페인인들은 과거 아스텍인보다 훨씬 더 부유한 민족이 있다는 소문을 듣게 되었다. 안데스산맥 고원 지대에 살고 있던 잉카인들은 실제로 매우 풍요로운 삶을 누리고 있었다. 그들의 부는 근면과 검소함, 엄격하게 조직화된 생활에서 나온 것이었다. 모든 재산은 국가에 속했다. 국가가 농업과 광업을 위한 계획을 구상하고 수공업을 관리하며 생산물의 분배를 결정했다. 노인이나 병들고 허약한 사람들도 국가로부터 생활에 필요한 모든 것들을 공급받았다. 이 국가를 현대적인 의미에서 사회주의적이라고 부를 수도 있을 것이다. 단지 차이가 있다면, 잉카 제국이 후에 사회주의 국가라고 불린 그 어느 나라보다도 더 효율적인 체제를 갖추고 있었다는 점일 것이다.

잉카인들은 제국의 수호와 확장을 위해 막강한 군대를 유지하고 있었으며, 이 군대의 전투력은 스페인의 침입자들을 능가하는 것이었다. 이 때문에 침입자들의 우두머리인 프란시스코 피사로는 간교한 술책을 꾸몄다. 피사로는 잉카 제국의 통치자를 비무장 우호 회담에 초대하여 그를 인질로 잡은 다음, 잉카인들에게 통치자를 살려내고 싶으면 커다란 방 하나를 금으로 가득 채우라고 요구했다. 잉카인들은 금으로 된 그릇과 예술품을 대량으로 가져왔다. 그러나 피사로는 약속을 지키지 않고 잉카의 통치자를 죽여 버렸다. '태양신'으로 숭상되던 왕의 죽음은 잉카인들의 저항의 기세를 꺾어 놓았고, 결국 잉카 제국은 스페인인들의 수중에 넘어가고 말았다.

곧이어 신대륙에서의 무자비한 착취가 시작되었다. 유럽인들은 코코아·옥수수·감자·토마토·파인애플·담배 같은 새로운 농산물을 거두어 갔다. 그들이 특히 눈독을 들인 것은 금과 은이었다. 이 때문에 인디언들은 광산에서 말할 수 없이 비인간적인 조건에서 일했고 이로 인해 많은 사람들이 비참하게 죽어 갔다. 유럽인들이 옮겨 온 전염병과 질병도 인디언들에게 치명적인 위험이 되었다. 추정에 따르면 신대륙 발견 이전에 중남미 지역에는 대략 7,500만 명의 사람들이 거주하고 있었다. 그 숫자가 1570년경에 이르면 800만에서 1,000만 명 정도로 감소된다. 이 숫자만 비교해 봐도 이곳에서 유럽인들이 어떤 만행을 저질렀는지 분명히 알 수 있다.

그러나 만행은 여기서 끝나지 않았다. 그들은 얼마 지나지 않아 농장이나 금광, 은광에서 일할 인디언들이 부족하게 되자 아프리카로 인간 사냥을 나갔다. 사로잡힌 아프리카인들은 아메리카 대륙으

❖ — 짐짝처럼 배에 실려 가는 아프리카인들. 아프리카 서안에서 유럽인에 의해 자행된 노예 사냥을 묘사하고 있다. 유럽인들은 아메리카 발견 이후 사금 채취와 탄광 작업 등에 필요한 노동력을 유럽인보다 값이 싸고 인디언보다 건강한 아프리카 노예들로 충당했다. 이들의 노동력을 바탕으로 플랜테이션(유럽의 근대적 기술과 자본이 현지인 혹은 노예의 값싼 노동력, 토지와 결합해 탄생한 대농장 체제)이 발달함에 따라 노예 무역이 본격화되었다.

로 끌려와 마치 짐승처럼 팔렸다.

유럽이 어두운 중세에서 밝은 근세로의 길을 걷고 있던 16세기에, 유럽의 정복자들은 남아메리카와 아프리카에서 세계사의 가장 어두운 기록을 남기고 있었다. 이 두 대륙은 오늘날까지도 그 여파로 고통받고 있다.

19

종교 개혁

루터와 칼뱅이 주도한 종교 개혁은 어떤 변화를 몰고 왔을까?

1500년경 서유럽의 그리스도교 교회는 로마 교황의 지배 아래 통일되어 있었다. 이 교회는 긴 세월을 거치면서 꾸준히 세속화의 길을 걸어 왔다. 이제 많은 성직자들의 관심은 예수의 가르침이나 인간 영혼의 구원보다는 돈과 사치, 권력에 쏠려 있었다. 교황청은 호화로운 생활을 유지하는 데 많은 돈을 필요로 했다. 16세기 초에 교황 레오 10세는 지금까지 그 누구도 본 적이 없는 호화로운 대성당을 건축하기 위해 추가 수입원을 만들어 내야 했다. 이때 떠오른 기발한 생각이 바로 '면벌부 판매'였다. 교황이 파견한 설교자들은 사람들에게 '면벌부'를 사기만 하면 죄를 용서받고 지옥의 불길에서 벗어날 수 있다고 주장했다.

❖ — 가톨릭교회의 부패에 저항해 마르틴 루터가 작성한 95개조 반박문. 루터의 반박문은 빠른 속도로 퍼져 나가며 대중들의 호응을 얻었는데, 여기에는 인쇄술의 발달이 큰 역할을 했다.

이런 반그리스도교적인 술수에 대해 가장 단호하게 반발한 사람은 독일의 수도사이자 신학 교수였던 마르틴 루터1483~1546였다. 1517년 10월 31일, 루터는 95개 조항을 작성해 발표했다. 여기서 그는 성서에 의거해, 면벌부를 팔러 다니는 설교자들은 착각에 빠져 있거나 아니면 고의로 사람들에게 거짓말을 하는 것이라고 논박했다. "자신의 죄를 진정으로 참회하고 고통스러워하는 그리스도 교도라면 누구나 면벌부를 사지 않고서도 오로지 신의 은총만으로 완전한 죄 사함을 받을 수 있다"고 루터는 적고 있다.

많은 사람들이 뜨거운 반응을 보였다. 마침내 누군가가 가톨릭교회의 폐단을 공개적이고 직설적으로, 그것도 모든 사람들이 이해할 수 있는 명확한 언어로 지적하고 나선 것이다. 얼마 지나지 않아 루터처럼 교회의 개혁을 원하는 많은 사람들이 그의 추종자가 되었고, 이 사태는 당연히 고위 성직자들의 비위를 건드렸다. 교황은 루터에게 '오류를 인정'하지 않으면 파문하겠다고 위협했다. 하지만 루터는 흔들리지 않았다. 루터에게는 자신을 '그리스도의 적'이라고까지 매도한 교황의 말보다 성서의 말이 더욱 중요했던 것이다.

교황은 루터에게 파문 경고장을 보냈고 루터는 이 문서를 추종자들이 환호하는 가운데 공개적으로 불태웠다. 교황이 보낸 대사는 다음과 같이 기록하고 있다. "독일 전역은 엄청난 소요의 물결 속에 싸여 있다. 군중의 10분의 9는 '루터'를 외치고 다닌다. 루터에게 별 관심이 없는 나머지 10분의 1도 '로마에서 보낸 전령을 죽여라' 하고 외친다."

1521년, 신성 로마 제국의 황제 카를 5세는 이 사건의 최종적인 해결을 위해 '고집불통 수도사' 루터를 보름스에서 소집된 독일 제국 회의에 소환했다. 루터는 고위 성직자와 제후들로부터 자신의 주장을 철회할 것을 요구받았으나, 이 자리에서도 그의 입장은 요지부동이었다. 운이 없었다면 그는 영락없이 이단자로 몰려 화형당하고 말았을 것이다. 하지만 작센의 선제후가 곤경에 빠진 루터에게 피신처를 제공했다.

이에 따라 다른 제후들도 가톨릭교회에 등을 돌리고 루터 편으로 넘어갔다. 두 진영은 서로 화해할 수 없는 적대 관계에 들어갔고, 이러한 긴장은 1546년에는 급기야 전쟁으로 이어졌다. 이 전쟁의 결과로 체결된 1555년의 '아우크스부르크 평화 협정'에서 루터의 교리와 새로운 교회, 즉 프로테스탄트 교회가 가톨릭교회와 동등한 권리를 인정받게 되었다. 이제부터 신성 로마 제국의 모든 제후는 자신이 통치하는 나라의 종교를 선택할 수 있게 되었다.

종교 개혁은 독일만의 얘기가 아니다. 스위스에서는 인문주의 교양을 쌓은 신부 울리히 츠빙글리1484~1531와 제네바에 거주하고 있던 프랑스인 장 칼뱅1509~1564이 종교 개혁의 불을 지폈다. 특히 칼뱅은 루터주의와 분명히 구별되는 독자적인 교리를 제시했다. 그는 인간의 삶이 신에 의해 미리 결정되어 있다는 '구원 예정설'을 주장했다. "인간은 모두 똑같은 조건 하에 태어난 것이 아니고 어떤 사람은 영생을 얻고, 어떤 사람은 영원히 지옥에 떨어지도록 미리 정해져 있는 것이다." 칼뱅주의에 따르면 어떤 사람이 신에 의해 선택되었는지 여부는 그가 살아 있는 동안 이미 분명히 드러난다. 근면과 절약으로 재산을 늘리는 데 성공한다면 그것은 영원한 구원이 가깝다는 증거가 된다. 반면 그러지 못하는 사람은 지옥에 떨어질 것이다. 이것이 칼뱅주의의 핵심 사상이다. 칼뱅이 추종자들에게 제시한 이윤 추구의 사고는 오늘날 근대 자본주의 형성의 중요한 원동력이 된 것으로 평가되고 있다.

칼뱅의 학설은 스위스에서 독일 남부 지방을 거쳐 네덜란드, 프랑스(이곳에서는 칼뱅주의자들이 위그노파라고 불렸다), 스코틀랜드와 영국까지 퍼져 나갔다. 스코틀랜드와 영국의 칼뱅주의자들은 스스로를 '청교도'라고 불렀는데, 이들 가운데 상당수가 훗날 아메리카로 이주해 미국의 발전 과정에 많은 영향을 끼치게 된다.

20

유럽의 종교 전쟁

수많은 사람들이 희생되었던 종교 전쟁의 명분은 무엇인가?

가톨릭교회는 프로테스탄티즘의 확산을 저지하기 위해 다양한 대책을 강구했다. 1554년에는 트렌토에서 공의회가 소집되어 18년간 가톨릭 교리를 개정하고 교회를 혁신하기 위한 작업이 이루어졌다. 트렌토 공의회에서는 신앙의 기본 원칙을 좀 더 명료하고 새롭게 표명함과 동시에, 그것이 '그릇된 교리'와 어떻게 다른지도 분명히 밝혔다. 또 교황과 주교, 사제들의 권리와 의무도 정확히 명시했는데, 이에 따르면 그들은 이제 권력욕을 채우거나 향락을 일삼는 지배자이기를 포기하고 가난한 이들을 구제하는 데 더 많은 노력을 기울여야 했다. 가톨릭교회는 사람들의 신뢰와 관심을 다시 회복하고자 했다. 스페인 출신 이그나티우스 데 로욜라가 1534년에 '예수회'를 창설한 것도 그러한 노력의 일환이었다.

'예수회 회원'들은 고립된 수도원이 아니라 사람들 속에 섞여 살면서 학교나 대학의 선생으로서, 제후의 조언자나 고해 신부로서, 또는 전도사로서 상당한 영향력을 획득하게 되었다. 가톨릭교회에서도 개혁이 일어났던 이 시기를 사람들은 반종교 개혁의 시대라고 부르는데, 이러한 개혁의 효과로 실제로 많은 사람들이 다시 가톨릭교회로 돌아왔다.

그러나 이 두 종교 사이에 평화가 다시 찾아오기까지는 아직도 오랜 세월을 기다려야 했다. 프로테스탄트와 가톨릭교도가 대립하고 있던 유럽의 모든 나라에서는 충돌이 끊이지 않았다. 프랑스에서 두 진영 사이의 갈등은 1572년 8월 24일 성 바르톨로메오 축일에 그 비극적 절정에 이르렀다. 이날 밤 광적인 가톨릭교도들이 약 2만 명의 위그노를 학살했던 것이다.

그러나 프랑스에서도 신교를 영속적으로 억압하는 것은 불가능했다. 나바라 왕국(프랑스와 스페인의 국경 지대에 있던 봉건 국가)의 왕인 앙리 4세는 1589년에 위그노파로서는 최초로 프랑스 왕이 되었다. 비록 그 자신은 가톨릭으로 개종해야 했지만 그가 1598년에 공포한 '낭트 칙령'으로 프랑스의 위그노들은 가톨릭교도와 동등한 권리를 인정받게 되었다.

당시 막강한 스페인의 통치자는 심지어 교황보다 더 열렬한 가톨릭교도라고 알려진 펠리페 2세였다. 그는 다른 종파 사람들을 모두 '이단자'로 몰아 체포했고 '그릇된 교의'를 버리겠다는 맹세

❖ — 성 바르톨로메오 축일 밤에 벌어진 끔찍한 학살을 묘사한 프랑수아 뒤부아의 그림. 프랑스의 칼뱅 계통 신교도인 위그노와 구교도의 대립이 끊이지 않은 가운데 수천 명의 위그노가 이날 희생되었다. 구교파의 수령이었던 기즈 공이 종교 전쟁 중 위그노에게 살해당한 후 그의 장남 앙리 드 기즈는 1572년 성 바르톨로메오의 학살을 감행했으며, 격앙되어 있던 파리 시민들이 이에 동조했다.

를 하지 않는 사람은 화형장으로 보내 버렸다. 펠리페는 당시 스페인에 속해 있던 네덜란드에서도 모든 수단을 동원해 프로테스탄트들을 몰아내고자 했다. 그러나 오라녜가家 윌리엄 공의 지휘 아래 10년 동안 스페인의 군대에 맞서 저항했던 북부 네덜란드의 프로테스탄트 교도들은 1581년에 결국 독립을 쟁취할 수 있었다. 그들은 자신들의 입장을 다음과 같이 천명했다. "군주를 위해 백성이 존재하는 것이 아니라 백성을 위해 군주가 존재한다. 왜냐하면 백성 없는 군주란 있을 수 없기 때문이다. 군주는 신민들을 정의롭고 공정하게 다스리기 위해 있는 것이다. 만약 군주가 이에 상응하는 행동을 하지 않고 신민을 마치 노예처럼 다룬다면 그는 더 이상 군주가 아니라 폭군일 뿐이다. 그래서 이제 우리는 스페인의 왕에게서 네덜란드에 대한 모든 통치 권리를 박탈한다. 우리는 모든 가신과 관리, 일반 백성들이 스페인 왕에게 바친 충성 서약도 해제하는 바다." 이로써 네덜란드인들은 저항의 권리를 처음으로 공식화했고, 이것은 훗날 많은 헌법에 영향을 끼쳤다.

그러나 펠리페 2세는 프로테스탄트와의 전쟁을 포기하지 않았다. 그는 당시 최강의 전력을 자랑하던 무적함대(아르마다)를 영국으로 진격하게 했다. 영국은 프로테스탄트인 엘리자베스 1세가 다스리고 있었으나, 스코틀랜드 여왕이자 가톨릭교도인 메리 스튜어트는 그녀의 권위를 인정하지 않았다. 결국 엘리자베스 여왕은 자신의 적수를 체포해 처형시켰고, 펠리페 2세는 이를 빌미로 영국에 군대를 파견했다. 게다가 엘리자베스는 그전에도 이미 스페인에 대항하는 네덜란드인들의 독립 전쟁을 후원하고 영국의 가톨릭교도들을 박해한 바 있었다. 이런 이유 때문에 펠리페 2세는 영국을 정복하고 엘리자베스를 권좌에서 몰아내고자 했던 것이다. 그러나 중무장한 거대한 스페인 전함은 작고 기동력이 뛰어난 영국의 전함을 당해낼 수 없었다. 게다가 폭풍우가 몰아치는 날씨도 영국에 유리하게 작용했다. 1588년에 스페인의 무적함대는 영국에 의해 전멸했다. 이로써 유럽에서 가톨릭의 지배권을 확립하려던 펠리페 2세의 계획은 수포로 돌아갔다. 반면 영국은 스페인과의 전쟁에서 승리함으로

❖ — 30년 전쟁 당시 한 농가를 습격한 병사들을 묘사한 그림이다. 30년 전쟁 당시 병사들에게 자비란 낯선 단어였다. 민간인도 무차별 공격의 대상이 되었다. 전쟁은 주로 독일의 도시와 공국에서 치러졌으며, 급료를 제대로 받지 못한 용병 신분의 군인들은 보급품을 충당하기 위해 민간인 약탈을 일삼아 마을을 폐허로 만들었다.

써 세계 제1의 해상 강국이자 식민 제국으로 떠올랐다.

독일에서도 17세기 초부터 가톨릭과 프로테스탄트의 대립이 첨예화되었고, 이 대립은 결국 1618년부터 시작된 '30년 전쟁'으로 이어졌다. '30년 전쟁'은 초기까지만 해도 종교 전쟁의 성격을 지니고 있었다. 그러나 발렌슈타인 장군이 지휘하는 가톨릭 진영의 황제 군대가 프로테스탄트 지방인 북부 독일을 점령하고 이곳의 교회 토지를 제국에 합병하려고 하자, 가톨릭을 믿는 영주들까지 황제에 대항해 들고 일어났다. 그들은 황제의 세력이 너무 강해지는 것을 내버려 둘 수 없었던 것이다. 권력이 걸린 상황에서는 신앙이란 부차적인 문제일 따름이었다.

이웃 나라들이 이 전쟁에 개입한 동기 역시 권력 문제에 있었다. 스웨덴 왕 구스타프 아돌프는 비록 프로테스탄트를 위해 싸우긴 했지만, 그의 목표는 무엇보다도 가톨릭 세력으로부터 북부 독일을 되찾아 발트해에서의 주도권을 확보하는 것이었다. 또 가톨릭 국가인 프랑스는 오히려 구스타프 아돌프를 지원했는데, 이는 오랜 전쟁으로 분열되고 약화된 독일을 대신해 유럽의 강대국이 되려는 야심 때문이었다.

'30년 전쟁'을 종결지은 1648년 10월의 '베스트팔렌 조약'은 1555년에 맺어진 아우크스부르크 평화 협정의 내용을 재확인함과 아울러, 여기에 한 가지 중요한 사항을 덧붙였다. 즉 백성에게 군주의 종교를 따라야 할 의무가 없다는 것이다. 이 협정을 통해 황제의 힘이 약화되는 대신 독일의 지방 제후들은 더욱 확고한 세력을 다지게 되었다. 독일은 프랑스와 스웨덴에 몇몇 지역들을 떼어 주어야 했고 스위스와 네덜란드는 독립 국가가 되었다. 전쟁 초기에 약 1,700만 명이었던 독일 제국의 인구는 전쟁 말기에는 1,000만 명 정도로 감소했다. 이 황폐화된 나라가 전쟁의 사회·경제적 피해에서 회복되기까지는 수십 년의 세월이 더 흘러야 했다.

21

중국과 일본의 쇄국 정책

두 나라가 쇄국 정책으로 얻은 것과 잃은 것은 무엇일까?

유럽의 정복자들은 동아시아 지역에서도 패권을 장악하려고 시도했다. 인도와 그 밖의 다른 작은 나라들에서는 이러한 시도가 성공을 거두었지만, 중국과 일본은 그리 호락호락하지 않았다.

지난 수백 년 동안 중국인의 삶에는 거의 변화가 없었다. 왕조가 때때로 바뀌었고, 허약한 황제가 강력한 황제로 교체되기도 했다. 어떤 황제는 강력한 군대를 양성해 영토를 넓히는 데 중점을 두었고, 어떤 황제는 경제와 무역에 더 큰 비중을 두었다. 강압과 폭력으로 다스린 황제도 있었고, 교육과 문화에 관심을 쏟은 황제들도 있었다.

중국은 다만 명나라1368~1644 때 잠시 서쪽에 관심을 둔 적이 있다. 확대 재편된 명나라의 함대는 1431년에 아프리카의 동쪽 해안에 도달했고, 계속해서 유럽을 향해 나아가고 있었다. 그런데 외교정책에 갑작스런 변화가 일어나 원정 활동은 중단되었다. 그 후 거의 500년 동안 중국인들은 문을 굳게 걸어 잠그고 서양 세계와 문명의 전파를 막았다. 1793년에 건륭 황제가 영국의 왕에게 보내는 서한은 이런 상황을 잘 보여 준다.

> 왕이여, 수많은 바다를 넘어 저 먼 곳에 살고 있는 그대가 우리 중국 문화의 혜택을 공유하려는 겸허한 소망에서 사절단을 보내어 그대의 서한을 정중하게 전달하였소. 비록 그대가 하늘 같은 우리 황실에 대한 존경심에서 우리의 문화를 습득하려는 소망을 품게 되었다고 하더라도, 우리의 풍속과 관습은 그대들의 것과는 전혀 다르고, 따라서 그것을 그대 나라의 토양에 옮겨심기란 불가능한 일이오. 비록 그대의 사절이 우리 문화의 기본 개념을 이해하고 습득할 수 있다고 하더라도 말이오. (…) 나는 그대 나라에서 온 물건을 쓸 데가 없소. 우리 천자의 나라에는 모든 물건이 넘쳐나고 나라 안에서 부족한 것이라고는 아무것도 없으니까 말이오. 따라서 이방 오랑캐의 물건을 우리 생산품과 바꿀 필요가 전혀 없소. 그러나 천자의 나라에서 생산되는 차·비단·도자기는 그대의 나라를 포함한 유럽의 여러 민족과 국가에 꼭 필요한 것이기에 지금처럼 광둥 지방에서 허용되어 온 제한된 범위의 무역은 계속될 것이오.

중국인들은 18세기까지도 자기 나라가 세계의 어떤 다른 나라와 비교하더라도 훨씬 우월하다고 믿었다. 포르투갈·네덜란드·영국은 중국에 진출해 그리스도교 교리를 전파하려고 여러 차례 시도했으나, 결국 아무런 성과도 거두지 못했다. 중국과 대유럽 관계는 도자기·비단·면·차의 수출에 한정되어 있었다.

일본에서는 그나마 사정이 좀 나았다. 1542년에 처음으로 포르투갈 상인들이 일본에 상륙했고, 7년 후에는 예수회 회원인 프란치스코 드 사비에가 그리스도교를 전파하기 위해 일본에 들어왔다. 사비에와 그가 이끌고 온 예수회 회원들은 적잖은 성과를 올렸다. 이때를 가리켜 일본 역사의 '그리스도교 세기'라고 말할 정도로 그리스도교는 상당히 널리 전파되었다. 이는 당시 지방 영주들이 세력 확장을 위한 전쟁에 몰두하느라 유럽 선교사들에게 신경을 쓸 겨를이 없었기 때문이다.

치열한 격전 끝에 도쿠가와 이에야스1542~1616가 최후의 승자가 되었다. 그는 1600년에 전국을 통일하고 천황에 의해 세습 직위인 쇼군에 임명되었다. 쇼군은 정부의 수반이자 총사령관으로서, 한마디로 나라의 최고 권력자였다. 도쿠가와는 쇼군의 자리에 오르자마자 유럽의 영향을 제거하기 위한 조치를 취했다. 유럽인들은 추방당했고, 그리스도 교도들은 박해를 받았다. 17세기 중반에 이르러 그리스도교는 완전히 소멸된 것이나 다름없었다. 외국인의 교역 활동은 서양의 물품을 일본에 조달하던 중국인들과 몇몇 네덜란드 상인들의 경우 외에는 전면 금지되었다. 1615년부터 1854년까지 도쿠가와 바쿠후(바쿠후란 막부의 일본식 발음이다)의 지배자는 나라를 외부 세계로부터 철저하게 차단시켰다. 이방인들이 들어올 수도 없었고 일본인들이 밖으로 나갈 수도 없었다. 사람들은 전통적인 가치를 모범으로 삼고 옛 풍속과 관습에 따라 생활했다. 일본은 이 250년 동안 평화와 경제적 번영을 누릴 수 있었다. 하지만 일본과 중국은 이러한 쇄국 정책의 결과로 몇 세기 동안 서양에서 진행된 경제와 과학의 발전에 관해 완전히 무지한 상태로 남아 있었다.

22

짐은 국가다!

절대주의 시대에 프랑스가 중상주의를 추진한 배경은?

왕이 남긴 경구들 가운데 '짐은 국가다!'라는 루이 14세의 말만큼 유명한 것도 없다. 루이 14세는 1643년에 다섯 살의 어린 나이로 왕위에 올라 72년간 프랑스를 통치했다. 재위 기록에 있어서도 그는 세계 최고라 할 만하다. 물론 어렸을 때부터 나라를 다스린 것은 아니었고, 후견인인 마자랭 추기경이 섭정으로서 권력을 대신 행사했다. 1661년에 추기경 마자랭이 죽자 루이 14세는 내각을 소집하고 다음과 같이 선언했다. "그대들을 여기 모이게 한 이유는 이제부터 내가 직접 나의 일을 관장하게 될 것임을 알리기 위해서요. 그대들은 내 곁에서 나의 자문에 응해 주시기 바라오." 한 성직자가 마자랭 추기경이 죽은 뒤 이제 누구에게 의지해야 할지를 묻자 루이 14세는 대답했다. "나에게 의지하시오, 대주교!"

❖ — 이 그림은 루이 14세의 예순 살 모습을 등신대(사람의 실제 키만한 크기)로 묘사한 것이다. 원래 스페인 왕에게 선사될 예정이었으나 자신의 모습이 대단히 잘 그려진 데 감탄한 루이 14세가 그림을 그냥 가져 버렸다. 역사상 가장 화려한 왕 중 한 명이었던 그는 주치의의 오진 때문에 이가 다 빠지고 위와 장에 심각한 병을 앓았다. 식사 중에 입 안의 음식물이 코를 통해 흘러나오는 일이 비일비재했던 그는 겉모습만큼이나 요란한 악취를 풍기면서 위엄을 과시했다고 한다.

루이 14세는 왕국의 권력을 독점하기 위해 자신에게 무조건 복종하는 사람들만을 주위에 불러 모았고, 고위 관직이 보장되어 있다고 믿었던 귀족들을 교묘하게 무력화시켰다. 그들은 공식적으로는 왕의 자문역이었으므로, 왕과 함께 궁정에 거처하게 되어 있었다. 하지만 이렇게 귀족들을 가까이 둔 진짜 의도는 그들을 더 잘 통제하기 위한 것이었다. 루이 14세가 그들에게 조언을 청하는 일은 거의 없었다.

루이 14세는 지방의 귀족들에게도 권력을 나누어 주지 않았다. 그는 모든 지방 관할 구역에 자기에게 충성하는 시민 계급 출신의 관리를 임용했다. 이들 중 의무를 제대로 이행하지 않는 사람은 언제라도 해임할 수 있었다.

모든 세금과 관세 수입은 국고로 들어갔고 이 돈이 어떻게 쓰일지는 루이 14세가 결정했다. 또 그는 법률 공포의 권한을 독점했고, 전쟁과 평화에 관한 결정도 혼자서 내렸다. 그는 자신의 왕국 안에서 완전한 절대 권력을 행사했다. 즉 그의 통치는 '절대주의적'이었다. 루이 14세는 스스로를 태양에 비유

했고 그래서 '태양왕'이라고 불리기도 한다. 실제로 그가 "짐은 국가다"라는 말을 했는지 여부는 확실치 않다. 어쨌든 그는 충분히 그런 말을 하고도 남을 사람이었다.

태양왕은 베르사유에 거대한 궁전을 세웠다. 이 궁전을 짓는 데 오늘날의 화폐로 환산해 대략 30~40조 원의 비용이 들었는데, 이는 당시의 전반적인 상황을 고려한다면 천문학적인 금액이다. 4,000명의 조신(朝臣, 조정에서 벼슬을 하는 신하)이 그곳에서 항상 왕을 보좌했다. 왕이 아침에 일어나 옷을 입을 때부터 저녁에 옷을 벗고 잠자리에 들 때까지 모든 것이 그를 중심으로 돌아갔으며, 이 때문에 궁전의 삶은 엄청나게 많은 엑스트라들과 한 명의 주인공이 등장하는 연극과도 흡사했다. 궁전 건설에 어마어마한 돈이 들어간 것만큼이나, 그 안에서 호화롭고 사치스러운 생활을 유지하는 데도 많은 비용이 필요했다. 게다가 평상시에 병영에 주둔하는 대규모의 상비군도 재정 지출의 큰 부분을 차지했다.

이 모든 것에 필요한 비용을 조달하는 책임은 콜베르에게 맡겨졌다. 국제 무역이 일종의 전쟁이라는 생각은 그에게서 나온 것이다. 그는 무역 전쟁에서 이기기 위해서는 가능한 한 수출을 장려하고 수입은 억제해야 한다고 주장했고, 이러한 경제적 구상에 가장 적합한 것은 공장의 초기 형태, 즉 매뉴팩처(공장제 수공업)라고 보았다. 이에 따라 국가는 대출 이자를 경감하고 세금 혜택을 줌으로써 매뉴팩처를 장려했다. 매뉴팩처들은 자체 내에 여러 개의 생산 공정이 서로 잘 조율되어 있어서, 이곳에 고용된 수백 명의 숙련 노동자

❖ ― 베르사유 궁전. 궁전은 3만 5,000명의 사람들이 동원되어 30년 만에 완공되었다. 루이 14세의 거실로 사용된 '거울의 방'은 한쪽 벽에 17개나 되는 거울이 배열되어 있어 화려함의 극치를 보여 준다. 루이 14세는 이전의 궁전과 정부 조직을 이곳으로 옮겼다.

와 보조 노동자들은 양질의 의류·양탄자·가구·마차, 그 외에 여러 가지 물품을 마치 컨베이어 벨트(각 작업의 시작과 완료, 운반이 동시에 이루어지는 체계)에서처럼 대량으로 생산할 수 있었다. 물건들의 신속한 판매를 위해 도로와 운하, 항구가 확장되거나 새로 건설되었다. 상품이 외국에서 싼값에 팔리도록 수출 관세는 낮게 책정되었다. 반면 수입품에는 높은 관세가 매겨졌으므로, 대다수의 프랑스 사람들은 외국 상품을 살 엄두도 낼 수 없었다. 이런 경제 정책을 '중상주의重商主義' 라고 한다. 중상주의의 목표는 가능한 한 국고에 많은 돈을 끌어들이는 것이었을 뿐이고, 국민이 무엇을 원하는지는 고려 대상이 되지 않았다.

1698년, 왕의 한 고문은 다음과 같이 기록했다.

> 최근 전 인구 가운데 열 명 중 한 명이 파산하여 거의 거지꼴이 되었고 실제로 구걸로 생계를 영위한다. 다섯 명은 거지에게 동냥을 줄 처지가 못 된다. 자신들도 이런 운명을 겨우 피해 살고 있기 때문이다. 세 명은 형편이 극도로 좋지 않으며 빚 때문에 재판을 받을 곤경에 처해 있다. 내가 받은 인상으로는 프랑스는 오랫동안 하층민의 생활에 충분한 관심을 쏟지 않았고 그들을 위해 한 일이 거의 없다. 그래서 하층민 대부분이 몰락하여 비참한 삶을 영위하고 있다. 그러나 이들은 수적인 면으로 보나 이들이 실제로 국가에 제공하는 노동력의 면으로 보나 국가의 가장 중요한 계층이라고 할 수 있다. 왕과 나라 전체의 부흥은 그들이 하는 노동과 상업 활동, 그리고 그들이 납부하는 세금 덕택이다.

1715년, 루이 14세가 죽었을 때 프랑스는 대외적으로는 아직 화려해 보이지만 내부적으로는 커다란 문제를 안고 있는 나라가 되어 있었다. 국가 재정은 엉망이었고, 유럽에서 프랑스가 가지고 있던 위세는 이미 사라져 가고 있었으며, 국민들은 비참한 상황에 놓여 있었다.

그렇지만 그 시대 유럽의 많은 군주들에게 루이 14세는 위대한 모범이 되었다. 그들은 루이 14세의 생활양식과 통치 방식, 그리고 정책을 모방했고, 작은 태양왕이라도 되어 보려고 했다. 이러한 군주들의 욕망으로 고통받은 것은 프랑스에서와 마찬가지로 평민들이었다. 지배자들은 특히 농민에게서 마지막 한 방울의 고혈까지 쥐어짜 냈다. 농민은 조세를 바칠 뿐만 아니라 관저·대수도원·교회나 시청 등의 건설에도 부역의 의무를 이행해야 했다. 우리는 이 시대에 지어진 화려한 건물들에 감탄할 경우에도 이 사실을 잊지 말아야 한다.

23

왕의 권력을 법으로 제한하다

영국의 명예혁명이 갖는 근대적 의의는 무엇일까?

영국에서는 1215년 이후로는 절대 군주가 더 이상 등장하지 않았다. 이때 선포된 유명한 '마그나 카르타(대헌장)'는 국왕이 제후와 주교, 귀족의 동의 없이는 세금을 징수할 수 없다는 점을 명시하고 있다. 그리고 귀족 회의가 이를 감시하는 역할을 맡았다. 시간이 흐르면서 귀족 회의는 중요한 사안이 있을 때마다 왕에게 조언을 제공하는 협의회로 발전했다. 14세기 이후에는 명망 있는 시민들이나 지방 기사들도 이 회의에 참여하게 되었다. 이로부터 양원으로 구성된 영국 의회의 기초가 마련되었다. 즉 귀족과 주교들은 '상원'을, 지방 기사와 시민들은 '하원'을 구성한 것이다.

17세기 초까지 모든 왕과 여왕은 의회에 협조적이었으므로, 양자 사이에 별다른 마찰은 일어나지 않았다. 하지만 1625년에 찰스

1세가 왕위에 오른 뒤부터 사정은 달라졌다. 그는 자신이 신에 의해 나라를 다스리도록 선택되었으며, 모든 결정은 자기 판단에 따라 이루어져야 한다고 주장했다. 이러한 주장은 저명한 학자들의 저서에 근거를 둔 것이었다. 그들은 오직 한 명의 통치자만이 국가의 중요 사안을 결정할 수 있고, 이 통치자에게 책임을 물을 수 있는 것은 신뿐이라고 생각했다. 물론 의회와 영국 국민들은 이러한 생각에 동의하지 않았다. 왕과 의회 사이의 갈등은 몇 년간 계속되었고, 1642년에는 결국 내전이 시작되었다. 스스로를 '신의 전사'라고 칭한 철저한 청교도주의자 올리버 크롬웰1599~1658이 이끄는 의회군은 두 번의 중요한 전투에서 승리를 거두었다. 이후 크롬웰은 자기와 함께 싸우기를 거부하고 왕과 협상하려 했던 사람들을 모두 의회에서 내쫓았다. 남은 사람들로 구성된 의회는 찰스 1세를 법정으로 보냈고, 이곳에서 사형 선고가 내려졌다. 1649년 1월 30일, 찰스 1세는 런던의 왕궁 앞에서 참수형을 당했다. 한 나라의 국왕이 신하들의 반란으로 목숨을 잃은 전대미문의 사건이 벌어진 것이다.

영국은 크롬웰을 정부 수뇌로 하는 공화정의 시대를 맞이했다. 크롬웰은 의회의 권한을 존중하지 않았고, 1653년에는 종신 직위인 호국경Lord Protector의 자리에 오른 뒤 군대의 힘을 빌려 마치 군부 독재자처럼 나라를 다스렸다. 그는 통치 방식에 있어서 처형된 왕이나 다를 바가 없었다. 크롬웰이 죽은 뒤 아들이 그의 직위를 승계했으나, 이 아들은 너무나 무능했으므로 일 년도 채 지나지 않아 자리에서 쫓겨나고 말았다. 어차피 크롬웰식 공화정에 넌덜머리가 나 있

❖ — 찰스 1세의 공개 처형 장면. 찰스 1세는 권리청원이 가결된 후 의회를 해산하고 11년이나 소집하지 않았다. 결국 그는 과도한 세금 징수와 청교도 탄압 정책으로 국민과 의회의 미움을 사게 되었다.

던 대부분의 영국인들은 왕정의 복귀를 희망했다. 단, 왕에 맞설 수 있는 강력한 의회의 존재가 왕정 복귀의 전제 조건이었다.

1660년 5월, 찰스 2세가 의회의 권한을 존중할 것을 서약하고 영국의 새 국왕으로 즉위했다. 그러나 얼마 지나지 않아 새 국왕 역시 절대주의적인 지배자가 되려 한다는 것이 분명해졌다. 게다가 가톨릭교회와 가까웠던 국왕이 가톨릭교도들을 관직에 중용하자, 의회는 모든 공직에서 가톨릭교도를 배제한다는 법률로 왕에게 저항했다. 의회는 한 술 더 떠서 앞으로는 가톨릭교도가 국왕이 되는 일이 없도록 공작을 폈다. 찰스의 딸 메리의 남편이 네덜란드의 오라녜가家 윌리엄 공이라는 사실은 좋은 기회가 되었다. 영국 의회는 그들에게 영국의 왕위를 약속하면서 그 대가로 가톨릭과의 싸움을 지원해 달라고 요청했다. 윌리엄 공 부부는 이 제안을 받아들여 1668년에 막강한 군대를 이끌고 영국에 상륙했다. 영국 국왕은 프랑스로 피신했다. 국왕의 군대는 싸우기도 전에 항복했고, 윌리엄 공은 피 한 방울 흘리지 않고 런던에 입성할 수 있었다. 그는 즉위하기 전에 '권리장전'이라 불리는 문서에 서명해야 했는데, 이 문서를 통해 영국의 의회와 시민들은 중요한 기본 권리를 보장받게 되었다. 그 주요 내용은 다음과 같다.

> 법률을 공포하거나 폐지할 때는 반드시 의회의 승인을 거쳐야 한다. 조세·관세 역시 의회의 승인에 의해서만 징수할 수 있다. 의회의 결정권은 어떤 강제나 방해도 없는 상태에서 행사되어야 한다. 의회의 의원은 자유롭게 발언할 수 있으며 면책 특권을 누린다. 즉 의원은 의회의 분명한 동의가 없는 한 형사 소추의 대상이 되지 않는다는 것이다. 의회의 동의 없이는 국왕은 평화시에 상비군을 양성할 수 없다. 독립적인 법원이 법질서의 유지를 책임진다. 법원의 판결 없이는 그 누구도 처형되거나 감금되지 않는다.

이렇게 기본 권리가 문서상으로 확정된 것은 1689년 당시로서는 혁명적인 사건이었다. 영국인들이 말하는 '명예혁명'은 이렇게 완결되었다.

유럽 각국의 군주들이 프랑스의 절대 왕정을 본보기로 삼아 통치하고 있던 시대에, 영국에서는 이처럼 의회가 정치의 주도권을 쟁취하고 근대적인 헌법으로 향하는 커다란 발걸음을 내디딘 것이다. 1734년, 프랑스의 철학자 볼테르는 『영국인들에 관한 서신』에서 다음과 같이 쓰고 있다. "영국 헌법은 완전한 형태에 도달했다. 그 완전함으로 인해서 모든 인간들은 군주 정치에 의해 빼앗긴 인간으로서의 자연적인 권리를 누릴 수 있게 된 것이다."

24

폭력으로 이룬 근대화

낙후되어 있던 러시아가 어떻게 유럽의 강대국으로 떠오를 수 있었을까?

16, 17세기에 유럽과 전 세계 대부분의 나라들이 내부 문제에 골몰하거나 세력 확장에 열을 올리고 있는 사이에, 러시아라고 하는 또 하나의 새로운 열강이 소리 소문 없이 역사 속으로 진입하고 있었다.

1453년에 콘스탄티노플이 이슬람교를 믿는 투르크족에게 넘어간 이후, 러시아 성직자들은 정통 그리스도교, 즉 '정교正教'의 유일한 적자로 자처하면서 모스크바야말로 진정한 그리스도교를 대표하는 '제3의 로마'라고 주장했다. 러시아는 서방 세계와 의도적으로 벽을 쌓았고, 모스크바의 대공들은 자신들이 비잔티움 제국의 계승자라고 믿었다. '공포왕' 이반 4세는 1547년에 러시아 통치자로서는 처음으로 차르(황제)의 칭호를 사용했다. 그는 대귀족들에게서 권력을 빼앗고 토지를 몰수했다. 또 자기 휘하에 직속 경찰을 두고 수많은 대귀족들과 정치적 반대자들을 탄압하고 살해했다. 이반 대제는 끔찍한 방법으로 절대주의적인 정치체제를 확립했으며, 러시아 제국 전체를 자신의 사유물로 여겼다.

비잔티움 제국에서처럼 러시아에서도 교회와 국가는 매우 밀접한 관계를 맺고 있었다. 교회는 통치자의 보호를 필요로 했고, 이러한 보호의 대가로 통치자와 그의 정책을 정당화했다. 다음은 어느 고위 성직자가 이반 4세에게 보내는 편지의 일부이다. "경건한 차르시여, 정통 그리스도교 신앙의 왕국들은 이제 단 하나의 나라, 당신의 제국으로 통합되었습니다. 이 세상 모든 그리스도 교도들의 황제는 오직 폐하뿐입니다. 두 개의 로마가 이미 무너졌지만 세 번째 로마는 건재합니다. 그리고 네 번째 로마란 존재하지 않을 것입니다." 차르는 신과 교회의 도움으로 신앙이 없는 나라들을 정복해 그곳 사람들에게 그리스도교를 전파했다. 러시아의 성직자들은 차르가 이러한 과업을 이행할 영도자로서 무제한의 권력을 지닌다는 점을 인정했다. "차르는 본성에 있어서는 다른 모든 인간과 유사하지만, 그가 지닌 권능이라는 면에서는 최고의 신에 가깝다."

러시아 교회는 이반이 일으킨 수많은 전쟁을 지지하고 후원했을 뿐만 아니라, 농민을 억압하는 데도 협조를 아끼지 않았다. 농민을 예속 상태에 묶어 두는 것은 토지 소유자의 지대한 관심사였다. 이 점에 있어서는 세속 영주도, 교회 성직자도 모두 마찬가지였다. 지주 계급의 압력 아래 농민은 점차 자유를 잃어 갔고 결국 1649년에는 농노의 신분으로 전락하고 말았다. 이로써 농민은 어떤 권리도 가지지 못한 채 지주의 전횡에 내맡겨졌고, 비참한 조건 속에서 겨우겨우 생존을 이어 가게 되었다.

표트르 1세(1672~1725)가 낙후되어 있는 나라를 개혁하기 시작했을 때에도 이러한 사정은 전혀 변함이 없었다. 표트르 1세가 추구한 러시아의 개혁이란 서유럽에 문호를 개방하고 그들로부터 배우는 것을 의미했다. 이 목적을 위해 그는 1697년에 어떤 통치자도 해 본 적이 없는 지극히 이례적인 여행에 나섰다. 즉 자신의 신분을 숨긴 채 250명의 외교 사절단과 함께 서유럽을 여행한 것이다. 그는 다양한 국가 제도, 경제 및 사회 체제에 대한 인상과 견문을 직접 얻고자 했다. 자신의 신분을 밝힌 것은 왕궁을 방문할 때뿐이었다. 하노버의 선제후비 조피는 표트르 대제를 만난 뒤 다음과 같이 썼다. "그는 뛰어난 자질을 많이 타고난 사람이지만, 촌스러운 행동은 좀 하지 않았으면 좋겠다."

사실 궁정 생활은 그의 전공이 아니었다. 그가 더 많은 관심을 보인 것은 기술과 경제 부문이었다. 그는 여행 중에 역학에 관한 강의를 들었고, 어깨 너머로 보고 배우기 위해 학자들의 실험실을 방문했다. 게다가 피요트르 미하일로프라는 가명으로 네덜란드와 영국의 조선소에서 열 달 동안이나 목공으로 일하기까지 하면서 좋은 배 만드는 법을 배웠다고 한다. 너무나 특이한 그의 행동은 몇몇 시인과 음악가들에게 작품의 영감을 제공하기도 했는데, 가령 알베르트 로르칭의 오페라 「차르와 목수」는 표트르 대제의 이야기를 소재로 하고 있다.

표트르 대제는 1698년에 새로운 지식과 여러 분야에서 모집한 약 1,000명의 전문가들과 함께 러시아로 돌아왔다. 이제 러시아 남자들은 유럽인처럼 보이기 위해 길렀던 수염을 깎고 전통 의상을 벗어던져야 했다. 표트르 대제가 그 다음으로 원했던 것은 새로운 서구 스타일의 도시였다. 이 도시는 제국의 수도이자 동시에 발트해 연안의 항구 도시로서의 역할을 담당해야 했다. 새로운 수도로 지정된 지역은 원래 홍수가 잦은 습지로서 전혀 적당한 장소가 아니었다. 그럼에도 표트르 대제는 수많은 농민과 노동자, 수공업자들을 동원해 건물들을 건설하기 위한 기초 공사로 늪지의 물을 빼고 나무 기둥을 땅에 박아 넣는 작업을 강행했다. 이 작업은 '영양실조와 전염병으로 사람들이 쓰러져 가는 열악한 조건 속에서' 이루어졌으며, 신뢰할 만한 추정에 따르면 이때 목숨을 잃은 사람이 12만 명에 이른다. 표트르 대제에게 새로운 수도 상트페테르부르크는 '서방을 향한 창문'이었다. 일설에 따르면 그는 이 도시를 '나의 천국'이라고 불렀다.

❖ — 표트르 대제와 수염 토큰. 표트르 대제는 러시아를 개혁하는 과정에서 러시아 남자들에게 수염을 깎으라고 명령했다. 이에 따르지 않는 사람은 고액의 수염세bread tax를 내야 했다. '수염 토큰'은 수염세를 냈음을 증명하는 것이었다.

이어서 그는 러시아의 국제적 위상을 강화하기 위해 서방을 모

❖ — 발트해 연안에 서서 상트페테르부르크를 구상하고 있는 표트르 대제의 모습을 그린 그림과 오늘날의 상트페테르부르크. 상트페테르부르크가 선 곳은 도시가 건설되기에는 적합하지 않은 저지대 습지인 데다 가을에는 강한 바람이 불어 강물이 역류하고 봄에는 홍수 피해가 잦은 곳이었다. 하지만 러시아로서는 유럽으로 진출하기 위해 반드시 필요한 지역이었다.

델로 한 상비군을 양성했다. 이에 따라 해마다 3만 명에서 4만 명의 젊은이들이 군에 징집되어 엄격한 전투 훈련을 받아야 했다. 함대도 계속 증강되어 러시아는 결국 발트해에서 가장 강력한 해군력을 자랑하게 되었다. 표트르 대제는 군대뿐 아니라 국가 행정 조직 역시 새로 편성했다. 러시아 제국은 8개 구역으로 나뉘었고, 각 구역의 지사들은 제국 정부의 감독을 받았으며, 제국 정부는 다시 차르의 감독 아래 놓였다. 표트르 대제는 모든 분야에서 자기 뜻대로 일이 추진되도록 세습 귀족 대신 공훈 귀족 제도를 도입했다. 이 새로운 서열 속에서는 출신 성분이 아니라 업적이 관리나 장교의 지위를 결정했다.

이런 모든 개혁도 노동자와 농민에게는 아무런 득이 되지 못했다. 오히려 부역과 조세 부담만이 점점 더 무거워질 뿐이었다. 러시아의 어느 연대기 저자는 다음과 같이 기록하고 있다. "상류 계급은 러시아의 풍습뿐 아니라 러시아의 민중들로부터도 멀어져 갔다. 그들은 외국식으로 살고, 외국식으로 입고, 외국식으로 말하기 시작했다. (…) 이렇게 하여 차르와 민중 사이의 전통적인 유대 관계는 해체되었다. 러시아의 황제는 폭군이 되었다. 자유로운 민중이란 말은 이제 자유가 없는 노예를 의미하게 되었다." 그러나 표트르 대제는 주위의 이런 평가는 아랑곳하지 않고 무자비하고도 단호하게 러시아의 근대화라는 목표만을 추진했다. 황태자인 알렉세이가 아버지의 서구화 정책을 저지하려는 옛 러시아 회복 운동에 가담하자 차르는 친아들의 암살을 명령했다.

표트르 대제는 1725년에 서거할 당시 대다수 러시아인들에게 증오의 대상이 되어 있었다. 하지만 그가 추구한 근대화 정책 덕택에 러시아는 이제부터 유럽 정치에서 중요한 역할을 담당하게 된다.

25

합스부르크 가문과 호엔촐레른 가문

보잘것없던 두 가문이 제국의 지배자로 부상할 수 있었던 이유는?

스위스 아르가우 출신의 합스부르크 백작 가문은 수세기가 지난 후 유럽에서 가장 유력한 가문의 하나로 성장했다. 합스부르크가의 부흥은 1273년에 이 가문의 루돌프 백작이 독일 제국의 '임시방편 황제'로 즉위한 데서 시작되었다. 대제후들은 대공위 시대大空位時代, 호엔슈타우펜 왕조 몰락 때부터 합스부르크가의 루돌프 1세가 즉위할 때까지 명목상의 국왕만 있을 뿐 실질적인 지배자가 존재하지 않던 시기에 누구도 황제로 나서려 하지 않았고, 결국 아무 힘도 없어 보이는 루돌프를 황제로 선출했다. 하지만 막상 황제에 즉위하자 루돌프는 현명한 정치가이자 가문의 수장으로서의 면모를 드러냈다. 그는 전설적인 수완을 발휘해 아홉 명의 자식들을 다른 유력한 가문으로 시집보내고 장가들게 하여 자기 집

안사람들을 제국의 요직에 하나하나 배치해 갔다. 이렇게 해서 합스부르크 가문의 유례없는 성공 스토리가 시작되었다.

카를 5세(재위 1519~1556) 당시 합스부르크가의 세력권은 동쪽으로는 헝가리, 서쪽으로는 스페인, 더 나아가 아메리카 대륙의 스페인 점령 지역까지 이르렀다. 그는 해가 지지 않는 제국의 지배자가 된 것이다. 그러나 아무리 유능한 통치자라도 이런 다민족 제국의 통합 상태를 장기적으로 유지하기는 어려웠다. 특히 제국 내의 수많은 제후들은 저마다 독자적인 정치 노선을 추구했으므로 황제의 권력은 한계가 있을 수밖에 없었다. 모든 제후들이 황제를 후원한 것은, 점점 세력을 넓혀 가던 오스만 제국이 빈의 문턱까지 위협해 왔을 때1683뿐이었다. 투르크족의 침공 앞에 서양 세계 전체의 운명이 오락가락하고 있었기 때문에 이때만은 모두 합심하지 않을 수 없었던 것이다. 1804년까지도 합스부르크가는 신성 로마 제국 황제의 관을 보유하고 있었으나 실제로 지배한 지역은 오스트리아·헝가리·보헤미아 지역에 국한되어 있었다.

17세기에는 합스부르크 왕가의 그늘 속에서 또 다른 유서 깊은 제후 가문이 아주 불리한 조건에도 중요한 세력으로 부상했다. 호엔촐레른가가 지배하고 있던 브란덴부르크-프로이센 공국은 심각하게 분열되어 있었고, 경제적으로도 보잘것없는 형편이었다. 그러나 선제후 프리드리히 빌헬름의 48년 통치 기간에 상황은 크게 변화했다. 그는 프랑스를 모델로 행정 조직, 경제, 그리고 군대를 근대화시키고 이로써 브란덴부르크-프로이센의 도약을 위한 기틀을 마련했다. 그의 아들 프리드리히는 선제후로 만족하지 않고 왕이 되고자 했다. 몇 년간의 공작 끝에 영향력 있는 제후들과 황제의 동의를 얻어 내는 데 성공한 프리드리히는 1701년 1월에 쾨니히스베르크(지금의 칼리닌그라드)에서 '프로이센의 왕'으로 즉위했다. 하지만 이 일은 합스부르크 궁정에서는 농담거리에 지나지 않았다. 합스부르크가의 사람들은 프로이센 초대 왕의 탄생을 진지하게 고려해야 할 문제로 느끼지 않았다. 게다가 프리드리히 1세의 개인적 면모를 보면, 이런 반응이 나온 것도 이해할 만한 일이다. 그는 정치적 중량감이 없는 문화 애호가에 지나지 않았으므로, 그의 등장에 특별히 주목할 이유는 없었던 것이다. 하지만 그의 아들 프리드리히 빌헬름 1세는 전혀 달랐다. 그는 왕위에 오른 지 얼마 지나지 않아 '군인왕'이라는 별칭을 얻었다. 강력한 군대와 국가 재정의 절약이야말로 이 나라와 국민에게 지속적인 행복을 보장해 줄 수 있는 기본 조건이라는 것이 성실하고 꼼꼼한 프리드리히 빌헬름 1세의 신념이었다. 그는 청년들의 입대를 독려하고 때로는 강제로 징집하기도 하면서, 병력을 8만 명까지 증강했다. 프로이센의 군인은 철저한 복종 정신으로 무장해야 했다. '프로이센식 훈련'은 그 혹독함으로 악명이 높았다.

책임의식·복종·규율·질서·근면은 군인왕 프리드리히 빌헬름 1세가 최고 가치를 둔 덕목이었으며, 이런 덕목들이 가장 잘 구현된 곳은 바로 군대였다. 따라서 나라 전체의 병영화가 바람직한 목표로서 추구되었다. '프로이센의 미덕'은 하나의 확고한 개념으로 자리잡았고, 시간이 지나면서 부정적인 의미를 지니게 되었다. 그러나 이런 국민적 덕목 없이 낙후된 작은 지방 국가가 짧은 시간 안에 유럽 강대국의 대열에 오를 수는 없었을 것이다.

프리드리히 빌헬름 1세의 만년에 프로이센은 유럽에서 세 번째로 강한 군대를 보유하고 있었고 채무는 더 이상 없었다. 또 1,000만 탈러Taler, 독일의 옛 화폐가 군비로 비축되어 있었다.

군인왕은 맏아들 프리드리히가 장차 자신과 같은 왕이 되기를 희망했다. 그러나 이 소원은 이루어지지 못했다. 왜 그럴 수 없었는지는 이 시대의 정신적인 조류와 전개 과정을 다루는 다음 장에서 분명히 드러날 것이다.

❖ — 프로이센의 2대 국왕 프리드리히 빌헬름 1세. 그는 국가의 재정을 아껴 군대를 육성하는 데 쏟아부었다. 그 결과 그가 통치하던 시절 프로이센의 군사력은 비약적으로 성장한다. 때문에 그를 '군인왕'이라고 부른다.

26

이성의 시대가 열리다

계몽주의는 무엇을 바꾸고 무엇을 이루려는 이념인가?

17세기 후반과 18세기는 '이성의 시대'라고 불린다. 이는 이 시대 사람들의 사고가 미신에서 벗어났을 뿐 아니라, 맹목적인 신앙에 대해서도 비판적인 거리를 취하게 되었음을 의미한다. 르네상스와 인문주의에서 시작된 발전 과정이 이제 그 본격적인 단계에 접어든 것이다. 무엇보다도 영국과 프랑스에서 새로운 정신적 사조가 생겨났다. 사람들은 당시까지 타당한 것으로 여겨진 종교·국가·사회·경제에 관한 모든 견해들에 의문을 제기하면서 엄격한 이성의 잣대로 이를 재검토했다. 이성에 따른 '합리적' 검증을 통과하지 못하는 관념은 마치 과학 실험에서처럼 파기되었다. 프랑스의 철학자 르네 데카르트1596~1650는 1637년에 쓴 「이성의 올바른 적용 방법에 관한 논문」에서 인간이 이성으로 인식할 수 있는 것만이 진리라고 주장했다.

인간은 더 이상 과거의 권위에 기댈 것이 아니라 독립적이고 이성적으로, 즉 계몽된 자세로 행동해야 했다. 잘 알려진 대로 독일의 철학자 이마누엘 칸트1724~1804는 계몽이라는 말을 다음과 같이 정의하고 있다. "계몽이란 인간이 스스로의 잘못으로 빠져든 미성숙 상태에서 벗어나는 것이다. 미성숙이란 다른 사람의 지도 없이는 이성을 사용하지 못하는 것을 의미한다. 만약 미성숙이 이성의 결핍이 아니라 다른 사람의 지도 없이 이성을 사용할 결단력과 용기의 부족에서 기인한다면, 이때 미성숙의 책임은 스스로에게 있다고 할 수 있다. 용기를 내어 너 자신의 이성을 활용하라! 바로 이것이 계몽주의의 표어다."

❖ — 이마누엘 칸트. 피히테에서 헤겔에 이르는 독일 관념론 철학의 선두 주자이자 그 모태로서 커다란 역할을 했다. 그러나 이 위대한 철학자도 "흑인들은 무척이나 허영심이 많다. 그들은 너무 수다스럽기 때문에 몽둥이질로 쫓아버려야 한다"라고 말했다는 점에서 볼 때 당시 유럽의 인종 차별 뿌리가 얼마나 깊었는지 알 수 있다.

계몽주의자들에 따르면 인간은 본래 모두 평등하며, 개개인은 다른 누구도, 심지어 황제라 해도 빼앗을 수 없는 권리와 존엄성을 가지고 있다. 영국의 철학자 존 로크는 1689년에 다음과 같이 쓰고 있다. "인간의 자연스러운 상태가 어떤 것인지 고찰해 본다면, 답은 자명하다. 완전한 자유의 상태다."

이로부터 약 70년이 지난 후 제네바의 철학자 장 자크 루소의 『사회계약론』은 다음과 같은 말로 시작한다. "인간은 자유롭게 태어난다. 그런데 도처에서 인간은 사슬에 묶여 있다." 바로 이러한 사슬을 루소·로크·칸트·몽테스키외·볼테르 등의 계몽주의자들은 깨뜨리고자 했다. 자유롭게 태어난 인간들은 마찬가지로 자유로운 의지에 따라 개인의 자연권을 보호해 주는 공동체를 결성해야 한다. 사람들은 계약을 통해 다스리는 자와 다스림을 받는 자 모두의 권리와 의무를 확정한다. 또 어느 한 사람이 지나친 권력을 휘두르지 못하도록 권력은 분산되어야 한다. 즉 법률을 제정하는 권력 기관과 이를 수행하는 기관은 분리되어야 하며, 모든 것이 올바로 집행되는지를 감시하는 기관도 따로 있어야 한다는 것이다.

이 사상에 따르면 통치자는 신이 아니라 국민에 의해 권한을 위임받는다. 통치자의 임무는 인간의 존엄성을 존중하고 자유를 수호하며 인간의 복지와 행복을 증진시키는 것이다. 통치자가 국민과 맺은 계약을 이행하지 않고 자신에게 주어진 신뢰를 오용할 경우에 국민은 그를 물러나게 할 권리가 있다. 이러한 혁명적이고 새로운 사상은 물론 당시 유럽을 지배하고 있던 절대주의와 대립되는 것이었고, 따라서 대부분의 제후들은 이를 거부했다. 단지 오스트리아의 요제프 2세, 러시아의 예카테리나 대제, 그리고 앞 장에서 잠시 언급된 프로이센의 왕자 프리드리히만 이 계몽주의 사상의 영향을 받았다.

27

프로이센왕이 된 철학자?

프로이센을 유럽의 강대국으로 만든 프리드리히 대제는 어떤 사람이었나?

프리드리히 2세1712~1786는 왕자로서는 보기 드물게 힘겨운 소년 시절을 보냈다. 아버지 군인왕은 아들을 자기와 꼭 같은 사람으로 만들고자 했다. 그는 "프리츠(프리드리히의 애칭)는 나같이 돼야 해!"라고 하면서 아들을 다섯 살 때부터 제복 속에 가두어 놓고 승마나 사냥, 사열, 군사 훈련 등에 함께 데리고 다녔다. 하지만 이 왕자는 군대도, '프로이센의 미덕'도 모두 몹시 싫어했다. 재주가 많고 감수성이 예민한 그는 궁정 생활과 미술을 좋아했고, 프랑스 문학에 특별한 애착을 가지고 있었다. 또 철학을 연구하고 시를 썼으며 남몰래 플루트도 연주했다. 그의 아버지는 회초리를 가지고 아들이 이런 쓸데없는 짓에 시간을 낭비하지 못하게 하려 했다.

프리드리히는 열여덟 살이 되었을 때 아버지의 억압에서 벗어나기 위해 친구와 함께 조국을 탈출하려고 했다. 그러나 그들은 국경에서 붙잡혔다. 국왕은 그들을 군법 회의에 회부해 사형 선고를 받게 했다. 왕자 자신은 사형이 집행되기 직전 사면을 받았으나 친구가 참수당하는 것을 지켜보아야 했다. 그 다음엔 아버지가 정한 기간 동안 감옥에 갇혀 지냈다. 청년 프리드리히는 이런 일들을 겪으면서 예전과는 상당히 다른 사람이 되어 있었다. 그는 아버지의 뜻에 따라 행정·경제·군사 분야에서 견습 생활을 두루 거쳤고, 아버지가 정해 준 사랑하지도 않는 공주와 결혼했다.

브란덴부르크의 라인스베르크 성에서 결혼 생활을 시작하면서 그는 드디어 방해받지 않고 음악과 문학, 그리고 철학에 몰두할 수 있었다. 그가 철학자 볼테르와 편지를 주고받고, 한 권의 책을 저술한 것도 이 성에서였다. 그의 저서에는 계몽주의 사상을 행동의 지침으로 삼는 책임의식이 강하고 평화를 사랑하는 통치자 상이 그려져 있다. 그는 이 책에서 국민의 안녕이 다른 무엇보다 우선되어야 하며 통치자 자신은 '국가의 첫 번째 종복'이라고 말하고 있다.

1740년에 프리드리히가 국왕에 즉위하자 많은 사람들은 프로이센의 왕이 된 이 철학자가 나라를 평화롭게 다스릴 것이라고 기대했다. 잠시 동안은 그렇게 보였다. 프리드리히는 즉위하자마자 고문 제도를 없앴고, 재판 절차에 국왕이 개입할 수 없도록 했으며, 법정에서는 모든 신분의 사람들이 똑같은 법의 적용을 받도록 했다. 또 종교와 신앙의 자유가 선포되었다. "내가 다스리는 나라에서는

❖ — 프리드리히 2세(프리드리히 대제)는 국민의 안녕을 추구하는 관대한 통치자였다. 플루트를 연주하고 시를 좋아하며 자신의 책을 펴내기도 했던 그는 대외적으로는 대담한 외교력과 전투력을 선보였다.

누구나 자기 나름의 방식대로 구원받을 수 있다." 이것은 그가 남긴 유명한 명언들 가운데 하나다.

당시 기준으로 볼 때 프리드리히는 실로 관대한 통치자였다. 그가 통치하는 프로이센에서는 프로이센 특유의 복종 정신과 구별되는 새로운 사상도 싹트고 발전할 수 있었다. 많은 저술과 극작품을 남긴 독일 계몽주의 시대의 작가 고트홀트 에프라임 레싱은 『현자 나탄』에서 모든 사람들 사이의 관계가 이성적이고 너그러우며 인간적인 것이 되어야 한다고 주장했다. 국왕을 포함해 프로이센의 그 누구도 레싱의 이러한 생각을 억누르려 하지 않았다.

그러나 프리드리히는 철학자일 뿐만 아니라 프로이센 최고의 군인이기도 했다. 사람들은 그가 그럴 수 있으리라고 상상도 하지 못했지만, 프로이센 최고의 군인 프리드리히는 합스부르크 왕가로부터 영토를 빼앗을 수 있는 최초의 기회를 재빠르게 포착했다. 이 기회가 주어진 것은 신성 로마 제국의 황제 카를 6세가 죽은 뒤 그의 맏딸 마리아 테레지아가 오스트리아에 대한 권리만 가질 것인지 아니면 제국 전체를 계승할 것인지 여부를 둘러싸고 논쟁이 일어났을 때였다. 프리드리히는 이로부터 생겨난 불안정한 상태를 틈타 오스트리아에 속하는 슐레지엔 지방을 공격했다. 마리아 테레지아는 두 차례에 걸쳐 벌어진 슐레지엔 전쟁에서 패배한 뒤 러시아·프랑스와 연합 전선을 구축했고, 그 후 프로이센과의 '7년 전쟁1756~1763'이 시작되었다.

객관적인 전력으로 볼 때 프로이센이 이 전쟁을 승리로 이끌기는 어려웠다. 그러나 프리드리히는 압도적인 적군에 맞서 총사령관으로서의 뛰어난 능력을 발휘했다. 또 프로이센 군대의 규율과 전투력도 그의 지도력을 뒷받침해 주었다. 하지만 이 모든 것도 전쟁에서 승리하는 데는 충분치 못했다. 그런데 프로이센이 이미 패한 것처럼 보였을 때 행운이 찾아왔다. 거의 기적이라고 말하는 사람들도 있다. 러시아의 여제 엘리자베타가 갑작스럽게 세상을 떠난 것이다. 엘리자베타의 뒤를 이은 표트르 3세는 그녀와는 달리 프리드리히를 대단히 숭배했기 때문에, 즉위한 즉시 프로이센 쪽으로 진영을 바꾸었다. 전쟁은 일 년 후 '후베르투스부르크 조약'으로 끝을 맺었다. 프리드리히는 이로써 프로이센을 유럽 강대국의 대열에 확실히 올려놓았고, 이때부터 프리드리히 대제로 불리게 되었다.

28

아메리카로!

미국이 오늘날 초강대국이 될 수 있었던
배경과 원동력은 무엇일까?

17, 18세기에 더 나은 삶에 대한 희망을 품고 아메리카로 이주한 유럽인들은 수만 명에 이른다. 어떤 사람들은 경제적인 이유에서 멀고 험한 길을 나섰고, 어떤 사람들은 정치적 견해 때문에 이민을 결심하기도 했다. 종교로 인해 박해를 받거나 불이익을 당해 고향을 등지게 된 경우도 상당수 있었다. 1620년에 북아메리카 동쪽 해안에 상륙한 영국 청교도들(필그림 파더스(Pilgrim Fathers), 17세기 초 메이플라워호를 타고 북아메리카로 건너간 최초의 뉴잉글랜드 이민자들. 순례 시조라고 한다)이 그 대표적인 예다. 이들 이주민들은 마을을 이루어 살면서, 숲을 개간하고 땅을 일구어 경작지로 만들었다. 물론 어디서나 토착민들이 이주민들의 활동을 수수방관하고 있었던 것은 아니다. 유럽인들이 인디

❖ — 영국에서 건너온 이주민들과 아메리카 원주민 사이에 조약을 맺는 장면. 하지만 이주민들이 정복자로서 토지를 약탈하는 경우가 더 일반적이었다. 아메리카의 원주민인 인디언은 토지와 재산에 대한 사유 개념 없이 공동생활을 했다. 유럽인들은 인디언들의 생활방식을 무시하고 자기들 것이라고 생각한 토지에 마음대로 울타리를 쳤으며, 이러한 토지에 대한 사고방식의 차이가 백인과 인디언 분쟁의 주요 원인이 되었다고 할 수 있다.

언들의 권리를 제대로 존중하지 않았기 때문에 종종 격렬한 충돌이 일어나곤 했다. 이주민들이 인디언들과 대화를 통해 평화적인 공존을 모색한 경우는 매우 드물었다. 유럽 출신 이주민들은 모두 고국의 정치적 영향력 아래 놓여 있었다.

식민지 북부 지역의 이주민들은 대부분 농업과 수공업, 고기잡이와 선박 제조 등의 일에 종사했다. 청교도 정신이 종교·정치·경제·문화를 아우르는 삶 전체를 지배했다. 아무것도 없던 불모지에 마을과 군락이 형성되기까지 칼뱅주의 교리는 상당히 긍정적인 영향을 미쳤다. 청교도적 근면성과 절약 정신이 빠른 성장과 번영의 기초가 되었던 것이다. 마을이 도시로 발전했고, 이미 1636년에 아메리카 최초의 대학이 설립되었다. 이것이 바로 미국 매사추세츠주 케임브리지에 있는 하버드 대학교다.

식민지 남쪽 지역은 북쪽과는 다른 발전 경로를 밟았다. 남부의 거대한 평야에서는 주로 쌀·담배·사탕수수·면화 등의 재배가 이루어졌다. 이들 대농장은 많은 사람들에게 일자리를 제공하긴 했지만 그들이 받는 보수는 아주 적었다. 노동력이 부족한 경우에 농장주들은 아프리카에서 끌어온 사람들을 노예로 부려먹었다. 노예들은 자자손손 농장에 묶인 채 주인의 온갖 횡포를 견뎌야 했다. 그 결과 얼마 지나지 않아 미국 남부는 문화적·정신적 토양도 북부와 달랐고, 근본적으로 후진 상태를 벗어나지 못하고 있었다. 미국이라는 나라는 이러한 남부와 북부의 격차 때문에 처음부터 심각한 갈등의 싹을 안고 있었고, 이는 훗날 내전으로 폭발하게 된다.

신대륙에서의 패권을 둘러싸고 영국과 프랑스 사이에 식민지 전쟁이 벌어졌다. 이 전쟁의 승자는 영국이었다. 1763년, 파리 평화조약에 따라 아메리카 대륙 동부 해안의 모든 땅과 북아메리카 대부분 지역이 대영제국에 속하게 되었다. 종전 직후 영국 정부는 식민지를 더욱 철저히 통제하고 관리하기로 결정했다. 전쟁에 많은 비용이 들었기 때문에 이제 식민지도 국가 채무를 줄이는 데 일익을 담당해야 했다. 하지만 영국 의회가 통과시킨 관세 및 조세에 관한 새 법안은 식민지에서 거센 반발을 불러일으켰다. 식민지 개척자들은 먼 곳의 런던 의회가 식민지에 조세를 부과할 권리가 없다고 단호히 주장했다. 의석 없는 곳에 조세도 없다는 것이 그들의 모토였다. 그들은 세금 납부를 거부하고 영국 상품 불매 운동을 벌였다.

이 때문에 영국 의회는 몇 가지 법안을 철회하기는 했지만, 그래도 갈등은 더욱 첨예화되었다. 마지막으로 남은 것은 차茶의 수입세에 대한 조례뿐이었다. 여기서 문제된 것은 경제적인 이해관계보다는 어떤 근본적인 원칙이었다. 즉 영국 의회는 차 조례를 통해 미국 식민지에서 법률을 공포하고 관세를 부과할 권한이 자신에게 있음을 분명히 하고자 했던 것이다. 1773년 12월 중순, 세 척의 영국 선박이 차를 싣고 보스턴 항구에 정박했을 때, 반反영국 단체 '자유의 아들들'은 거국적인 저항을 호소했다. 12월 16일에 보스턴 시민들은 인디언 차림으로 배를 습격해 차가 든 상자들을 바다 속으로 던져 버렸다. 역사에 '보스턴 티 파티'로 기록된 이 사건은 미국 독립 전쟁의 도화선이 되었다.

1774년, 식민지 대표들이 필라델피아에 모인 가운데 '제1차 대륙 회의'가 열렸다. 이때까지만 해도 다수는 영국의 조지 3세를 왕으로 인정할 의사를 가지고 있었다. 그러나 조지 3세가 식민지인들을 무차별하게 반역자로 몰아붙이자 분위기는 급변했고, 결국 영국 왕에게 충성하던 사람들까지 반란자 편에 가담하게 되었다. 1775년 5월에 '제2차 대륙 회의'가 소집되었다. 이 회의에서는 임시 정부가 구성되었으며, 조지 워싱턴1732~1799이 대륙군 총사령관으로

❖ — 존 트럼벌의 유명한 그림. 토머스 제퍼슨이 13개 식민지의 대표자들에게 독립 선언문의 초안을 전달하고 있다. 독립 후 미국에서는 민주정이 발달했으며, 명령과 관습이 지배하던 풍토에서 성문 헌법이 지배하는 풍토로 변화했다. 봉건제에서 누렸던 영주의 특권이 폐지되었으며, 가난한 사람에게 토지를 지급하고 일정 기간 일을 하면 토지 소유권을 지급하는 '계약 노동자' 제도가 실시되었다.

임명되었다. 전쟁이 아직 끝나지 않은 상태에서 식민지의 13개 주들은 이미 독립을 선포했고, 1776년 7월 4일에 미국 독립 선언문에 공식 서명했다. 세계사적인 의미를 지닌 이 문서에는 계몽주의자들, 특히 존 로크의 기본 사상과 주장이 담겨 있다. 이 선언문을 기초한 토머스 제퍼슨1743~1826은 이를 통해 '미국의 정신' 역시 표현하고자 했다.

> 우리는 다음의 진리들을 당연한 것으로 간주한다. 모든 인간은 평등하게 태어났다. 모든 인간은 양도할 수 없는 몇 가지 권리를 신으로부터 부여받았다. 생명과 자유, 행복 추구권이 여기에 속한다. 정부의 설립은 인간의 이런 권리를 보장하기 위한 것이고 정부의 합법적 권력은 피통치자의 동의로부터 유래한다. 국민은 만약 어떤 형태의 정부가 이 목적을 침해하는 것으로 드러날 경우에 그것을 개혁하거나 폐지하고 위에 제시된 기본 원칙에 입각해 새로운 정부를 설치하며 정부의 권력을 인간의 안전과 행복을 보장하는 데 적합한 형태로 편성할 권리를 가진다.
>
> 현 영국 국왕은 지금까지 미국에 전제 정치 체제를 확립하기 위해 갖은 불법과 권리 침해를 자행해 왔다. (…)
>
> 따라서 여기 소집된 총회에 모인 우리 미합중국의 대표자들은 우리 의도의 합법성을 세계 최고의 재판관에게 호소하며, 정당한 식민지 주민의 권위와 이름으로 다음의 내용을 공식적으로 선언한다. 식민지 연합은 자유롭고 독립적인 국가이며, 이 선언은 법적인 효력을 가진다. 식민지 연합은 영국 왕실에 대해 어떤 충성의 의무도 지지 않는다. 대영제국과의 정치적 관계는 이제 완전히 끊어졌다.

많은 미국인들에게 독립은 영국의 지배에서 해방되는 것 이상의 의미를 지니고 있었다. 그들은 전 세계에서 자행되는 폭정과의 투쟁에서 선봉대 역할을 자임했다. 벤저민 프랭클린1706~1790은 이렇게 썼다. "우리는 인류의 존엄성과 행복을 위해 투쟁한다. 미국은 영예롭게도 하늘의 섭리에 따라 이런 고귀한 임무를 맡게 되었다." 오늘날까지도 미국인들의 자화상의 근저에는 이 같은 소명 의식이 깔려 있다.

미국의 독립 선언에 대해 영국은 파병 부대의 증강으로 대응했다. 영국군은 훨씬 우세한 병력에도 불구하고 미국에 결정적인 타격을 입히지 못했다. 미국인들의 강한 의지와 투쟁 정신은 조지 워싱턴의 현명한 지도력과 함께 수적인 열세를 극복할 수 있는 토대가 되었다. 게다가 프랑스까지 군대와 무기, 돈을 보내며 미국의 독립을 지원하고 나서자, 영국은 마침내 항복하지 않을 수 없었다. 1783년의 베르사유 평화 조약에서 영국은 결국 미합중국의 독립을 승인했다.

미국이 당면한 과제는 이전의 식민지 체제를 탈피해 완전한 기능을 갖춘 국가를 건설하는 일이었다. 헌법 제정을 위해 소집된 회의에서 가장 큰 논쟁거리는 새로운 국가 미국의 체제가 중앙 집권주의를 따를 것인가, 아니면 연방주의를 따를 것인가 하는 문제였다. 처음에는 다수가 연방주의를 지지했다. 이에 따르면 미국은 거의 독립적인 국가와 같은 주州들 간의 느슨한 연합체가 될 것이었다. 이에 대해 많은 사람들의 존경을 받던 조지 워싱턴이 우려를 표명했다. "만약 개개의 주들이 연방 정부를 구성할 정도의 권력을 의회에 위임하기를 거부한다면 우리는 하나의 국가를 유지할 수 없을 것이다." 결국 제헌 회의는 중앙 정부와 의회로 이루어진 연방 국가를 구성하는 데 합의하게 된다.

의회는 국민에 의해 직접 선출된 하원과 각 주마다 두 명의 의원을 파견하는 상원으로 이루어진다. 의회가 법률을 제정하는 권력 기관, 즉 '입법부'라면, 강력한 대통령을 수장으로 하는 '행정부'는 의회에 대해 독립적인 권력 기관으로서 제정된 법을 집행하는 기능을 담당한다. 심판하는 권력을 가지고 있는 '사법부', 즉 연방 최고 법원의 역할은 헌법과 법률이 잘 이행되고 있는지 감시하는 것이다. 프랑스 철학자 몽테스키외가 주장한 권력 분립의 원칙은 이렇게 '미국 건국의 아버지들'에 의해 처음으로 철저하게 현실에 적용되었다. 이제 어떤 개인이나 기관도 결정권을 독점할 수 없고, 모두가 서로 협력하지 않으면 어떤 일도 이룰 수 없게 된 것이다.

미국 헌법은 1789년부터 시행되었으며, 세월이 흐르는 동안 몇몇 수정 조항이 추가되었을 뿐 그 핵심은 변하지 않은 채 오늘날까지 효력을 유지하고 있다. 세계 역사상 최초로 자유롭고 민주적인 통치 질서를 수립한 미국 헌법은 이후 많은 국가들의 모범이 되었다.

29

자유·평등·박애

인류사의 물줄기를 바꾼 프랑스 혁명은 어떻게 일어났고, 그 의미는 무엇일까?

미국 혁명의 성공은 '구세계'에도 커다란 반향을 불러일으켰다. 특히 열광적인 반응을 보인 것은 계몽주의자들이었다. 그것은 계몽주의의 이념이 철학적 관념의 유희가 아니라 실제로 한 국가의 토대가 될 수 있다는 것이 미국에서 입증되었기 때문이다.

18세기 말, 유럽 몇몇 국가에서는 소요와 혼란이 일어났다. 시민과 농민들이 지배 계급에 저항하기 시작한 것이다. 그중에서도 저항의 움직임이 가장 거센 곳은 프랑스였다. 프랑스에서는 귀족과 고위 성직자, 부유한 시민들로 이루어진 상류층과 일반 민중 사이에 엄청난 격차가 벌어져 있었다. 여기에는 부유층에 대해서는 세금을 거의 면제해 주고 세 부담을 빈곤층에게 전가하는 불공평한 조세 제도가 한몫을 했다. 국가 재정은 엄청난 군비 지출과 호화로운 궁정 생활로 인해 파산 지경에 이르렀다. 시급하게 돈이 필요했던 루이 16세는 늘 그랬듯이 조세 인상을 계획하고, 이로 인해 반란이 일어나는 것을 미연에 방지하기 위해 1789년에 '삼부회'를 소집했다.

❖ — 삼부회를 표현한 캐리커처. 제3신분이 제1신분과 제2신분을 힘겹게 짊어지고 있는 모습을 보여 준다.

삼부회는 1614년 이후 한 번도 소집된 적이 없는 신분 대표 회의로서, 루이 16세는 여기서 조세 인상에 대한 동의를 받아 내고자 했다. 제1신분인 성직자 계급과 제2신분인 귀족 계급은 삼부회에 각각 300명의 대표를 참석시켰다. 제3신분을 이루는 시민과 농민은 전 국민의 98퍼센트를 차지하고 있음에도 국왕과의 오랜 협상 끝에 겨우 600명의 대표를 내보낼 수 있었다. 삼부회의 첫 회의에서 당장 논란거리가 된 것은 표결에 있어서 세 신분 집단에게 동등한 결정권을 부여할 것인가, 아니면 참석한 모든 개인에게 동등한 결정권을 부여할 것인가 하는 문제였다. 제3신분과 몇몇 하위 성직자 및 귀족들은 개인별 표결을 요구했지만, 루이 16세는 이를 거부하고 신분별 회의와 표결을 명령했다. 제3신분의 대표들은 이에 강력하게 반발했다. 그들에게 큰 영향을 준 것은 성직자 시에예스가 쓴 팸플릿 「제

3신분이란 무엇인가」였다. 이 글에서 시에예스는 다음과 같이 주장했다.

1. 제3신분이란 무엇인가?
   모든 것이다.
2. 국가 질서 속에서 지금까지 제3신분은 무엇이었나?
   아무것도 아니었다.
3. 제3신분이 요구하는 것은 무엇인가?
   국가 질서 내에서 무언가가 되는 것이다.

이것은 허투루 하는 얘기가 아니었다. 1789년 6월 17일, 제3신분은 '국민 의회'를 소집했고, 귀족 대표와 특히 하위 성직자 대표들이 이에 동조했다. 국왕은 베르사유의 회의장 앞에 군대를 집결시켰다. 그러자 국민 의회 의원들은 6월 20일 테니스 코트에 모여 헌법이 제정되기 전까지 해산하지 않을 것을 맹세했다. 루이 16세는 직접 의원들 앞에 나서서 그들의 행동을 불법으로 규정하고 다시 신분별로 헤쳐 모일 것을 명령했다. 이에 대해 국민 의회 의장 장 바이는 국민 의회는 어떤 명령도 받을 이유가 없다고 응수했다. 그의 말은 절대주의에 대한 거부와 국민 주권의 원칙을 한마디로 요약한 것이었다. 이것이 혁명의 시작이었다. 루이 16세에게는 혁명을 저지할 힘이 없었다. 그는 거의 울먹이면서 "가기 싫다면 그대로 머물러 있는 수밖에 없겠지"라고 말했다고 한다.

그러나 영주와 고위 성직자들의 의견은 달랐다. 이들은 루이 16세에게 의회를 해산시키도록 압력을 넣었고, 국왕은 이에 따라 군대를 파리 주위에 집결시켰다. 이 소문이 퍼지자 사람들은 격분했다. 왕이 군대를 보내 자기 백성을 포위한 셈이었기 때문이다. 사람들은 광장에서 열변을 토하며 민중에게 무기를 들고 도시를 수호할 것을 호소했다. 1789년 7월 14일, 군중들은 거리로 쏟아져 나와 무기를 찾아다녔다. 사람들은 바스티유로도 몰려들었다. 이곳은 30미터가 넘는 높은 벽 안쪽에서 죄수들이 고문을 받으며 죽어간다는 악명 높은 정치 감옥이었다. 민중에게 바스티유 감옥은 폭정과 '전제 정치'의 상징이며 증오의 대상이었다. 바스티유 습격의 와중에 약 100명의 폭동 가담자들이 목숨을 잃었다. 수감자들은 풀려났고, 바스티유를 지키는 사령관과 그의 부하들은 살해되었다. 분노한 민중들은 죽은 사람들의 머리를 높이 쳐들고 시가를 행진했다.

바스티유 습격은 사실상 실패였다. 감옥에서 풀려난 사람은 고작 일곱 명의 일반 죄수였고, 노획한 무기도 별로 없었기 때문이다. 그러나 바스티유 습격의 심리적·정치적 의미는 더할 나위 없이 큰 것이었다. 이로써 전제 정치의 상징이 무너진 것이다. 민중은 자신감을 얻었고, 이것은 국민이 지배하는 새로운 질서를 향한 중요한 일보가 되었다. 7월 14일은 프랑스의 국경일이 되었다.

혁명의 불꽃은 지방으로도 급속히 확산되었다. 농민들이 봉기를 일으켜 봉건 영주의 성과 수도원을 약탈하고 파괴했으며, 농민의 의무를 기록한 문서들을 불태웠다. 국민 의회는 이에 신속히 대처했

❖ — 1789년 7월 14일 저녁, 왕은 일기장에 다음과 같이 기록했다. "아무 일도 없었다." 그는 바스티유 감옥 습격의 의미를 이해하지 못했다. 프랑스인들은 바스티유 습격을 혁명의 가장 결정적인 사건으로 보고 있다.

다. 8월 4일에서 5일에 열린 열띤 야간 회의에서 농노 제도를 폐지하고 귀족과 성직자에게 주어진 모든 특혜를 무효화하는 결정이 내려졌다. 이제부터 모든 프랑스 국민들은 법적으로 평등하며 동등한 납세의 의무를 지게 되었다.

3주 후인 8월 26일에는 다음과 같은 내용의 '인간과 시민의 권리 선언'이 공포되었다.

1. 인간은 권리에 있어서 자유롭고 평등하게 태어나 그러한 상태에서

삶을 영위한다.

2. 모든 정치적 결사의 목적은 인간의 자연적이고 소멸할 수 없는 권리를 보전함에 있다. 그 권리란 자유, 재산, 안전, 그리고 압제에 대한 저항이다.

3. 모든 주권의 원천은 본질적으로 국민에게 있다.

4. 자유는 타인에게 해롭지 않은 모든 것을 행할 수 있음을 의미한다.

5. 법은 사회에 유해한 행위만을 제재할 수 있다. 법에 의해 금지되지 않은 것은 그 누구도 막을 수 없으며, 법이 명하지 않는 것은 누구도 강요할 수 없다.

이로써 구체제, '앙시앵 레짐(프랑스 혁명 이전의 정치·사회 상태)'은 폐지되었다. 전 유럽의 지성계는 프랑스를 선망의 눈초리로 주시했다. 프랑스 국민 의회는 이제 입헌 군주제를 골자로 하는 헌법을 제정했다. 새로운 체제에서 국왕은 예전처럼 국가 최고 원수이자 행정부의 수장이었지만 매우 제한적인 권력만을 행사할 수 있었다. 핵심적인 정치권력은 국민 주권을 대변하는 국민 의회에 주어졌다. 권력의 분립은 최종적으로 독립적인 사법부에 의해 보장되었다.

오늘날의 관점에서 볼 때 민주적이지 못한 것은 선거권이었다. 당시 선거권은 소유와 수입을 기준으로 정해졌다. 이에 따라 약 2,500만 명의 총인구 가운데 단지 400만 명의 남자만이 선거에 참여할 수 있었다. 그럼에도 1791년 헌법에 의해 프랑스는 유럽 최초로 민주적 합법성을 갖춘 국민 국가가 되었다. 그리고 이 헌법은 20

세기까지 다른 모든 시민 헌법의 모범이 되었다.

이런 상황에서 더 이상 왕위에 머무르고 싶은 생각이 없었던 루이 16세는 가족들과 함께 오스트리아로 피신하려 했으나, 국경 근처에서 발각되어 군인들에 의해 파리로 이송되었다. 왕은 이제 엄중한 감시 아래 놓이게 되었다. 서투른 망명 시도가 가져온 정치적 결과는 엄청난 것이었다. 그 전까지만 해도 군주제의 폐지를 진지하게 고려한 사람은 아무도 없었으나, 이제는 국왕을 몰아내고 혁명을 계속 진전시켜 공화국을 설립하려는 급진적인 움직임이 일어났다. 유럽의 군주들은 심각한 우려의 눈길로 이러한 변화를 지켜보았다. 혁명 사상이 확산되어 자기들 나라에까지 영향을 미치게 될까 봐 두려웠기 때문이다. 유럽의 군주들은 루이 16세와의 연대를 선언하고 그에게 군사적 지원을 제공했다. 1792년부터 그들은 서로 동맹을 맺고 프랑스 혁명 세력과의 전쟁을 시작했으며, 프랑스 왕가에 무슨 변이 일어날 경우 파리를 파괴하겠다고 위협했다. 굴욕적인 패배를 당할 위험에 직면한 파리는 식량 부족, 엄청난 물가 상승까지 겹쳐 다시 소요의 소용돌이에 빠져들었다. 그 주된 책임자로 지목된 국왕이 체포되었고 수천 명에 이르는 '혁명의 적들'이 살해되었다. 1792년 9월 21일, 국민 공회라고 불리는 새로운 의회가 구성되어 그 첫 번째 회의에서 공화제가 선포되었다. 루이 16세는 국가 반역죄로 기소되어 1793년 1월 21일에 공개 처형되었다.

오래된 질서가 무너지고 새로운 질서는 아직 확립되지 않은 이런 변혁의 시대에는 일반적으로 온건파와 급진파 사이의 대립이 생겨나게 마련이다. 즉 상황을 조금씩 천천히 변화시켜 기존의 것에서 새로운 것이 자라나게 하려는 온건한 개혁주의자와 급진적이고 근본적인 변화를 원하는 혁명주의자들이 서로 갈등 관계에 놓이게 되는 것이다.

루이 16세의 처형과 공화제의 선포로 온건파라고 할 수 있는 입헌 군주제의 지지자들은 설 땅을 잃고 말았다. 그러나 공화주의자 내에도 온건파와 과격파가 있었다. 이 두 세력은 각각 '지롱드파'와 '자코뱅파'라고 불렸는데, 폭력적 대결로 점철된 혁명의 혼란 속에서 결국 과격파인 자코뱅파가 권력을 장악하게 되었다. 자코뱅파의 지도자들 중 한 사람인 변호사 로베스피에르1758~1794는 '공안위원회'의 의장으로서 내정을 담당했다. 그는 미덕과 선, 정의에 관해 끝도 없이 긴 연설을 늘어놓았고, 프랑스를 미덕의 본보기가 되는 진정한 공화국으로 만들고자 했다. 물론 그가 볼 때 덕망 있는 시민의 이상에 맞지 않는 사람은 혁명과 프랑스의 적이었고 죽여 마땅한 존재였다. 로베스피에르의 '미덕의 공화국'은 인간 생활의 모든 영역을 감시하는 현대의 '전체주의적' 독재 체제와 많은 유사성을 지니고 있었다. 그의 공포 정치 기간에 프랑스에서는 3만 5,000명 내지 4만 명의 시민이 단두대(기요틴) 아래서 처형당한 것으로 추정된다.

로베스피에르는 결국 오직 자기 자신의 인격만이 미덕을 구현하고 있다는 광적인 믿음에 빠져들었다. 친구와 동지들, 심지어 그에 버금가는 명성을 누리던 당통마저도 그의 기준에 더 이상 들어맞지 않았고, 이 때문에 단두대의 칼날 아래 사라져야 했다. 공안위

❖ — 프랑스 혁명 이후 공화국을 수립하는 과정에서 교만과 광기에 사로잡힌 채 공포 정치를 시행하던 로베스피에르는 국민 공회에 기소되어 결국 단두대의 이슬로 사라졌다.

원회 위원들은 이런 상황에서는 그 누구도 안전하지 못하다는 것을 깨닫고 로베스피에르를 국민 공회에 기소했다. 1794년 7월 28일, 군중들의 환호 속에서 로베스피에르는 참수당했다.

그 후 몇 달 동안은 부유한 시민 계급이 정치적인 영향력을 되찾았다. 혁명 초기 정신을 계승하는 새로운 헌법이 제정되었고 다섯 명으로 구성된 '총재단'이 정부를 이끌었다. 그러나 총재 정부도 나라에 평화와 안정을 가져오는 데 실패했다. 소요는 그치지 않았고, 오스트리아·프로이센·영국·네덜란드 등 혁명에 적대적인 국가와의 전쟁은 여전히 계속되었다. 이 전쟁의 와중에서 나폴레옹 보나파르트1769~1821라는 젊은 사령관이 많은 승리를 거두면서 대중의 인기를 누리게 되었다. 국민들의 생계가 점점 어려워지고 나라가 위급한 상황에 이르자 나폴레옹은 1799년 11월 9일 총재 정부를 무너뜨리고 무력으로 의회를 해산시킨 뒤 스스로 국가 권력을 장악하고 '제1통령'에 취임했다. 그 후 얼마 지나지 않아 나폴레옹은 다음과 같이 선언했다. "혁명은 끝났다."

혁명이 시작된 뒤 10년 동안 환란의 세월을 겪은 프랑스 국민들은 안정과 질서의 회복을 갈구하고 있었으므로, 대다수가 강력한 정권의 출현을 환영했다. 이 때문에 공화국의 '제1통령' 나폴레옹은 마치 군주처럼 통치할 수 있었고, 1802년에는 '종신통령'의 자리에까지 올랐다. 하지만 야심가이자 입지전적인 출세의 주인공 나폴레옹에게는 그것조차 성에 차지 않았다. 그의 다음 목표는 황제가 되는 것이었다. 그는 헌법을 개정하고 1804년 12월 2일에 프랑스의 황제로 즉위했다. 이로써 혁명은 완전히 끝났다. 그러나 자유·평등·박애라는 프랑스 혁명의 이념과 유럽 최초의 인권 선언은 이후 역사에 지속적인 영향을 미쳤다.

30

나폴레옹 지배하의 유럽

프랑스 혁명과 나폴레옹의 전쟁은 유럽 전역에 어떤 변화를 가져왔는가?

오늘날까지 나폴레옹은 전쟁을 통해 프랑스를 역사상 가장 강력한 국가로 만든 독보적인 야전 사령관으로 잘 알려져 있다. 그는 군대를 이끌고 전 유럽을 주름잡으며 정복 전쟁을 벌였고, 전성기에는 거의 유럽 전체를 지배했다. 그 무엇도, 그 누구도 나폴레옹을 막을 수 없을 것처럼 보였다. 그가 1806년에 프로이센 군대까지 전멸시킴으로써 천 년을 이어온 '신성 로마 제국'의 역사를 종결시켰을 때, 프로이센의 왕비 루이제는 다음과 같은 기록을 남겼다. "나폴레옹에게는 어떤 좋은 일이나 인간에 대한 진지한 관심이 없다. 그의 끝없는 야망은 오로지 자기 자신과 개인적인 관심에만 집중되어 있다. 그를 보고 경탄할 수는 있겠지만, 그를 사랑하는 것은 불가능하다. 그는 자신의 행운에 눈이 멀어 모든 것을 성취할 수 있다고 생각한다. 그는 절제란 것을 알지 못한다. 그런데 절제할 수 없는 사람은 균형을 잃고 쓰러지게 마련이다."

루이제의 판단은 정확했다. 과도한 야망을 품은 모든 정복자들의 운명이 그러하듯이 나폴레옹에게도 결정적인 패배의 순간이 기다리고 있었다. 나폴레옹의 운명은 1812년 러시아 원정 때부터 하강 곡선을 그리기 시작했다. 그는 이 원정을 위해 60만 명으로 이루어진 사상 최강의 군대를 편성했다. 누구도 이 전쟁이 나폴레옹의 손쉬운 승리로 끝날 것을 의심하지 않았다. 하지만 예상은 어긋났다. 러시아 군대는 나폴레옹 군대와의 격돌을 회피하면서 점점 내륙 깊숙이 후퇴했다. 그해 9월 나폴레옹의 '대군'이 모스크바에 입성했을 때 도시는 거의 텅 비어 있었다. 그리고 며칠 후 러시아 군인들이 불을 질러 도시 전체가 잿더미로 변했다.

나폴레옹은 충분한 숙소와 식량 없이는 러시아의 겨울을 넘길 수 없다는 것을 알고 있었으므로, 러시아의 차르에게 휴전을 제안했다. 하지만 아무런 응답이 없었다. 이제 퇴각을 명령하는 것 외에 다른 방법이 없었다. 이로써 '대군'의 비참한 파멸이 시작되었다. 매일 수천 명의 병사들이 굶주림과 탈진, 러시아 군대의 공격으로 죽어갔고, 불과 5,000명만이 살아서 집으로 돌아갈 수 있었다.

누구도 꺾을 수 없을 것 같던 나폴레옹이 참패를 당하자 이에 고무된 그의 적들은 동맹을 맺고 공격을 개시했다. 프로이센·오스트리아·러시아·영국·스웨덴이 프랑스에 전쟁을 선포했다. 1813년

❖ — 나폴레옹은 러시아 원정이 이렇게 비참하게 끝날 줄은 꿈에도 상상하지 못했다. 이 그림은 퇴각하는 '위대한 나폴레옹 군대'의 모습을 보여 준다.

10월 16일부터 19일까지 벌어진 라이프치히 전투('국제전'이라고도 불린다)에서 나폴레옹은 새로 정비한 군대로도 동맹군을 물리치지 못하고 두 번째 참패를 당했다. 1814년 초, 파리에 입성한 동맹군은 나폴레옹을 퇴위시키고 엘바섬으로 추방했다. 일 년 후 그는 파리로 귀환해 새 왕을 축출하고 정권을 되찾는 데 성공했다. 돌아온 나폴레옹은 군대를 재정비하고 재기를 노렸지만, 1815년 6월에 워털루에서 프로이센과 영국의 연합군에 의해 결정적인 패배를 당했다. 그는 결국 영국군의 포로가 되어 대서양의 작은 섬 세인트헬레나에서 유배 생활을 하다가 1821년 5월 5일에 생을 마감했다.

10년간 계속된 나폴레옹 황제의 시대가 막을 내리자 그의 대제국은 마치 카드로 만든 집처럼 무너져 내렸다. 하지만 나폴레옹은 정복 전쟁을 벌인 야전 사령관으로서보다는 정부의 수장으로서 역사에 길이 남을 업적을 세웠다. 그 대표적인 업적 가운데 하나가 1804년에 제정된 『민법전』이다. '나폴레옹 법전'으로 불리기도 하는 이 법전을 통해서 혁명을 통해 제기된 주요한 요구들이 현실화되었다. 그 주요 내용으로는, 모든 프랑스인들에게 적용되는 단일한 법, 법 앞에서의 평등, 개인의 자유, 신분제 폐지, 출생보다는 업적에 따른 공직 임용, 영업의 자유와 직업 선택의 자유, 재산권, 종교의 자유, 법률적 혼인 제도의 도입 등을 꼽을 수 있다. 나폴레옹 법전은 유럽과 전 세계 민법의 본보기가 되었다.

행정 개혁 또한 나폴레옹의 주요 업적에 속한다. 프랑스는 98개의 행정 구역으로 분할되었으나 각 구역은 자치권을 갖지 못한 채 파리로부터의 지시에 따라야 했다. 학교 제도의 개혁 역시 중앙 집권적으로 추진되었다. 이에 따라 전국의 학교 교육은 국가의 통제 아래 단일한 교과 과정과 교과 시간에 따라 이루어지게 되었다. 오늘날에도 프랑스의 고등학생들은 모두 동일한 졸업 및 대학 입학 자격시험을 치른다.

나폴레옹은 독일을 점령한 뒤 이곳에서도 개혁을 단행했다. 예를 들면 교회의 지배 아래 있던 지역이 세속 영주들에게 양도되었다. 그리하여 112개의 녹일 제국 주교구가 정치 지도상에서 사라져 버렸다. 또 350개의 독일 제국 직속 기사단과 제국 직속 도시들도 자치권을 상실하고 지방 제후의 관할이 되었다. 제국이 수백 개의

❖ — 세인트헬레나섬에서 유배 생활을 하던 중 죽음을 맞은 나폴레옹. 그의 야망은 꺾였으나 그가 일으킨 일련의 나폴레옹 전쟁은 본의 아니게 유럽의 변화를 촉구하게 되었다.

소국들로 잘디잘게 쪼개져 있던 시대는 이제 막을 내렸다. 그 대신 생존 능력을 갖춘 중간 크기의 국가들이 생겨났다. 이러한 '정치적 경지 정리'에서 가장 많은 이득을 본 것은 바덴 · 뷔르템베르크 · 바이에른이었다. 이들 나라의 영토는 이전에 비해 눈의 띄게 확장되었다. 시민들의 사회생활도 프랑스의 새 법률에 맞게 조직되고 규제되었다. 독일의 상황에서 이것은 커다란 진보였다. 하지만 선거에 의해 구성된 의회가 없었기 때문에 시민들은 여전히 정치적 결정 과정에서 배제되어 있었다.

프랑스의 혁명 이념이 몰고 온 바람은 프로이센과 오스트리아도 가만히 내버려 두지 않았다. 두 나라 역시 어떻게든 변화를 꾀하지 않으면 안 되었다. "혁명이 일어나지 않도록 하려면 개혁해야 한다. 신이여, 개혁을 돕고 혁명을 막아 주소서." 한 프로이센의 관리는 이렇게 당시의 분위기를 전하고 있다. 슈타인 남작과 하르덴베르크 남작이 개혁을 추진했는데, 이때 모델이 된 것은 역시 프랑스였다. 언어학자 빌헬름 폰 훔볼트의 구상에 따라 대학 및 학교 제도도 근대화되었다. 오늘날까지도 독일의 대학들은 훔볼트의 정신을 구현하고 있는 것으로 여겨진다. 이러한 개혁의 전체적인 취지는 프로이센 백성을 독자적으로 사고하며 책임 의식을 가지고 국가적 삶에 참여할 수 있는 시민으로 만드는 것이었다. 언젠가는 국왕과 대등하게 맞서는 의회가 구성되어 이러한 시민들의 활동 무대가 될 것이었다.

나폴레옹은 이 외에도 또 한 가지 면에서 – 하지만 이번에는 본의 아니게 – 거대한 변화를 일으켰다. 프랑스에 점령되었거나 예속된 나라에서는 예외 없이 프랑스 지배에 대한 저항 운동이 일어났다. 이러한 저항 운동은 나폴레옹의 관심이 전쟁을 위한 돈과 병사를 동원하는 데 있다는 사실이 분명해질수록 더욱 격화되었다. 특히 독일에서는 나폴레옹과의 투쟁이 민족 운동으로 발전했다. 독일의 시인과 사상가들이 이미 오래전부터 '문화 민족'의 일원임을 자처하고 있었다면 이제 독일인들은 여기서 한 걸음 더 나아가 정치적 의미의 민족이 되고자 했다. 철학자 요한 고트리프 피히테1762~1814는 「독일 민족에게 고함」이라는 연설에서 '민족의 특성을 살려 다시 독일인이 될 것'을 요구했다. "우리의 몸과 아울러 정신까지 굴종과 예속의 상태에 빠져드는 일이 없도록 하자." 무엇보다도 민족의 고유한 본성을 지키고자 하는 소망은 '해방 전쟁'으로 이어졌고 결국 프랑스의 패권을 깨뜨리는 결정적 계기가 되었다. 우리는 여기서 때로 과도하게 고조되기도 했던 독일 민족의식의 역사적 뿌리를 찾을 수 있다.

31

산업 혁명

산업 혁명은 인류의 경제생활과 사회생활을 어떻게 바꾸었을까?

'프랑스의 압제자'로부터의 해방은 대다수의 유럽인들에게 모두가 더 많은 정치적 권리를 누리는 더 나은 시대에 대한 꿈을 불러일으켰다. 그러나 그러한 변화는 유럽의 군주들이 가장 두려워하는 것이기도 했다. 1814년 가을부터 1815년 여름까지 군주들은 새로운 유럽의 질서를 수립하기 위해 '빈 회의'를 열었는데, 그들의 의도는 최대한 옛것을 그대로 유지하는 데 있었다. 여기서 오스트리아의 총리 메테르니히의 주도 아래 1789년 이전의 체제를 재건하려는 시도가 이루어졌다. 하지만 이들이 진짜으로 시계 바늘을 거꾸로 돌릴 수 있다고 믿었다면, 그것은 착각이었다. 사회적 불안과 혼란은 계속되었다. 경찰국가식 강압을 통해 '안정과 질서'가 회복되긴 했지만, 사람들의 불만은 그대로 남아 있었다. 이러한 불만은 1848년에 또 다른 혁명으로 분출되었다. 프랑스에서 시작된 혁명은 유럽 전역에 급속도로 퍼져 나갔다. 어디서나 사람들은 더 많은 정치적 권리를 요구했다. 혁명이 일어난 뒤 몇 달 동안은 군주들이 물러설 듯이 보였다. 그러나 그것은 시간을 벌기 위한 몸짓이었을 뿐이다. 그들은 전열을 정비해 다시 한 번 무력으로 자기들 이익을 관철시키고자 했다. 이렇게 하여 파리·빈·베를린 등 곳곳에서 혁명 세력은 폭력적으로 진압되고 말았다.

이렇게 군주들이 정치적 변화를 가로막고 지연시키고 있는 상황에서도, 경제는 점점 더 빠른 속도로 발전해 갔다. 18세기 후반에 영국에서 시작된 급격한 경제적 발전은 인간 삶의 전 영역에 걸쳐 큰 변화를 가져왔기 때문에 흔히 '산업 혁명'이라고 불린다. 산업 혁명은 농경 문화와 정착 생활이 시작된 이래 인류의 삶을 가장 근본적으로 뒤바꾸었다.

당시 세계 제1의 해상 강국이자 식민 제국이었던 영국은 막대한 부의 축적, 그리고 강한 자부심과 계몽주의 정신을 가진 시민 계급의 성장을 통해 문화적인 면에서도 선진국으로 부상하게 되었다. 특히 자연 과학 분야의 급격한 발전은 산업화 과정에 결정적 영향을 미쳤다. 아이작 뉴턴1642~1727은 수학적으로 엄격하게 정립된 법칙을 이용해 자연 현상을 설명하고 관찰과 실험을 통해 그 법칙을 증명함으로써 자연 과학의 기초를 세웠다. 사람들은 이렇게 획득된 인식을 토대로 자연의 힘에 대한 이해와 그 기술적 이용 가능성의 폭을

❖ — 비싼 기계를 사서 빨리 본전을 뽑으려면 값싼 노동력을 투입해 기계를 최대한 오래 작동시켜야 했다. 이 때문에 방조 및 직조 공장에서는 주로 여자와 아이들이 고용되어 하루에 10시간 이상 고된 노동을 해야 했다. 쉽게 조작할 수 있는 기계의 보급은 여성과 아동의 노동 투입을 가속화시켰으며 이에 따라 전통적인 수공업 기술을 사용하던 남성 숙련 기술자들은 일자리를 잃게 되었다. 자본가들은 남성보다 현저히 낮은 임금을 받는 여성과 아동 인력을 활용함으로써 인건비를 절약할 수 있었다.

점점 넓혀 나갔다. 그 한 가지 사례가 1789년에 만들어진 제임스 와트의 증기 기관이었다. 그것은 사용 가능한 최초의 증기 기관으로서 인류사의 새 장을 연 획기적인 발명품이었다.

증기 기관은 인간의 일손을 덜어 주었을 뿐만 아니라, 어떤 분야에서는 인간의 노동력을 완전히 대체하기까지 했다. 이로 인해 광업과 제철, 철강 산업이 혁명적으로 발전했다. 그 다음으로 새로운 기술의 덕을 본 분야는 섬유 산업이었다. 증기로 작동되는 방적기와 섬유 직조기가 발명되었고, 면 섬유의 가공이 용이해지고 가공 속도가 빨라졌으며, 이에 따라 섬유 생산량이 비약적으로 증가했다. 대규모의 섬유 생산 공장들이 속속 건설됨에 따라 곧 기계에 대한 수요가 너무 많아져서, 기계 생산도 더 이상 수공업 방식으로는 감당할 수 없게 되었고, 다시 기계를 생산하는 공장이 필요하게 되었다. 그것은 결국 철제 및 강철에 대한 수요 증가로 이어졌다. 하지만 무엇보다도 절실하게 필요했던 것은 운송 수단의 개선이었다. 원료와 제품을 가능한 한 빨리 저렴한 가격으로 원하는 곳에 보낼 수 있어야 했기 때문이다.

증기선과 증기 기관차의 발명은 바로 이러한 운송 문제에 대한 기술자들의 해답이었다. 1821년에는 최초의 철도가 리버풀과 맨체스터 사이에 개통되었다. 철도망의 확장으로 인해 산업은 계속 활성화되었다. 대량 생산의 시대가 시작되었으며 영국은 세계 최초의 공업국으로 변모하고 있었다.

그러나 이런 모든 발명과 혁신에도 불구하고 산업화를 위해서는 무엇보다도 인간의 노동력이 필수적이었다. 엄청난 수의 사람들이 농촌에서 도시로 이주했다. 농사를 짓는 것만으로는 도저히 살아갈 수가 없게 되었기 때문이다. 많은 소농小農들이 자신의 농지를 팔고 도시로 이주해 머슴처럼 일했다. 다른 한편으로 '농촌으로부터의 탈출'은 급격한 도시의 성장을 초래했다. 예를 들면, 1760년에서 1830년 사이에 맨체스터는 인구가 1만 7,000명에서 18만 명으로 늘어나면서 최초의 전형적 공업 도시 가운데 하나로 성장했다.

도시의 팽창과 함께 많은 새로운 문제가 생겨났다. 이를테면 지

❖ — 매연을 내뿜고 있는 맨체스터의 공장 굴뚝들. 공업 도시 맨체스터는 나날이 인구가 늘어나는 대도시로 성장했지만, 그와 함께 공기와 수질 오염으로 수많은 시민이 고통을 받아야 했다.

금까지 '자연의 리듬'에 따라 생활하고 일했던 농촌 출신들이 이제는 공장과 기계가 정하는 '인공적인 리듬'에 적응해야 했다. 많은 사람들이 새로운 리듬에 적응하는 데 어려움을 겪었고, 전혀 적응하지 못한 사람들도 적지 않았다. 이는 결국 실업과 빈곤의 한 가지 원인이 되었다. 노동자와 그의 가족은 위생 시설이 제대로 갖추어져 있지 않은 극히 단순한 집단 거주 시설에서 갖가지 질병과 전염병에 무방비 상태로 노출된 채 살아야 했다. 아무런 여과 장치 없이 연기를 내뿜는 공장의 굴뚝 때문에 공기가 심하게 오염되었고, 수질도 대단히 악화되었다. 프랑스의 학자 알렉시스 드 토크빌1805~1859은 맨체스터를 방문하고 나서 다음과 같은 말을 남겼다. "문명은 스스로 기적을 낳고, 문명화된 인간은 다시 야만인 꼴이 되고 말았다."

새로운 경제 구조의 이론적 토대를 마련한 것은 스코틀랜드의 경제학자 애덤 스미스1723~1790였다. 그의 저서인 『국부론』은 오직 이윤만을 지향하는 경제 활동을 위한 바이블이 되었다. 이 책에서 스미스가 제시한 주요한 학설 가운데 하나는 인간의 노동력이 한 사회의 경제 발전과 부의 원천이라는 것이었다. 그리고 인간의 노동력을 최대한으로 이용하기 위해서는 생산 과정을 가능한 한 작은 단위로 나누고 사람들을 각 부분의 전문가로 만들어야 한다고 스미스는 주장했다. "그 다음에는 시장에서의 수요와 공급이 제품의 가격과 제품 생산량을 결정할 것이다. 국가는 이 과정에 개입해서는 안 된다. 국가의 개입은 '여러 경제적 요소들 사이의 자유로운 상호 작용'을 저해하기 때문이다. 모든 '게임 참가자'들이 자유로이 자기 능력을 발휘하면서 가능한 한 많은 이익을 얻어 내려고 노력한다면, 이는 필연적으로 전반적인 부의 증가로 이어질 것이다." 다시 말하면 애덤 스미스는 개인의 이익과 공공의 이익 사이에 조화로운 관계가 가능하다고 가정한 것이다. 그러나 사회의 약자들은 이런 부의 혜택을 누리지 못했다. 애덤 스미스의 '경제적 자유주의'는 누구보다도 공장주와 상인의 이해관계에 부합하는 이론이었다.

산업화의 부정적인 영향이 이미 초기부터 분명히 드러났음에도 영국은 어느새 다른 나라들이 모두 부러워하는 모범 국가가 되어 있었다. 그리고 곧 많은 나라들이 영국의 뒤를 따르기 시작했다.

32

모두가 행복한 세상을 꿈꾸다

마르크스주의는 어떤 시대적 배경에서 태어났고 어떤 사회를 꿈꾸었는가?

일거리를 찾는 대규모의 인파, 낮은 임금, 여성 노동 및 유아 노동, 긴 노동 시간, 주거지 부족, 인간적 관계 상실, 의료 보험, 사고 보험 및 노년기를 대비하는 보장 제도의 결여, 공장주에 대한 전적인 종속 관계, 바로 이것이 노동자들의 시각에서 본 산업화의 모습이었다. 독일 공장주의 아들이었던 프리드리히 엥겔스는 『영국 노동 계급의 실태』라는 제목으로 1845년에 출간된 저서에서 자신이 직접 관찰한 상황을 묘사하고 있다. 그가 내린 결론은, 산업화가 서로 화해할 수 없이 대치하는 두 개의 계급을 출현시켰다는 것이다. 부유한 시민이 이루는 '유산 계급', 즉 '부르주아' 계급이 그 하나고, 임금에 의존할 수밖에 없는 노동자들이 이루는 '노동 계급', 즉 '프롤레타리아' 계급이 또 다른 하나이다. 그리고 이 두 계급은 자연히 서로 투쟁, 즉 전쟁을 하게 된다는 것이다. "평화적인 해결 방안을 모색하기에는 이미 늦었다. 두 계급 간의 격차가 점점 더 커짐에 따라 노동자들의 저항 정신은 점점 더 강화되고, 증오심은 심화되며, 투쟁은 산발적인 소규모 게릴라전에서 결정적인 전투와 시위로 발전한다. 그리하여 상황은 작은 충격만으로도 대규모의 눈사태가 일어날 수 있는 정도에 이르고, 다음과 같은 함성이 온 나라에 울려 퍼질 것이다. '궁전에는 전쟁을, 오두막에는 평화를!' 사태가 이쯤 되면 부자들은 더 이상 스스로를 방어할 수 없게 되리라." 이런 예언으로 엥겔스는 책을 끝맺고 있다.

그러나 현실은 달랐다. 투쟁은 '산발적인 소규모 게릴라전'에 그치고 말았다. 분노에 찬 노동자들이 공장에 쳐들어가 기계를 부수기도 하고, 공장주의 저택 앞에 모여 임금 인상을 요구하기도 했지만, 이들은 당국에 의해 간단하게 진압되었고, 진압 과정에서 빈번히 유혈 사태가 빚어졌다. 그러나 장기적인 관점에서 '사회 문제'의 해결은 무력이 아닌 다른 방안을 필요로 했다. 이런 상황에서 현실의 급진적인 변혁만이 유일한 해결책이라는 확신이 점차 확산되어 갔다.

파리 · 브뤼셀 · 런던 등지에는 유럽의 각국 망명객들이 결성한 비밀 혁명 단체들이 있었는데, 프리드리히 엥겔스와 그의 친구인 카를 하인리히 마르크스1818~1883가 소속되어 있던 '의인동맹義人同盟'도 그중 하나였다. 이 조직이 1847년에 '공산주의자 동맹'으로 개명되면서 두 사람에게 정치 강령을 작성하라는 임무가 주어졌다. 그 결

❖ — 마르크스와 엥겔스의 동상. 두 사람은 노동자의 고통이 사회의 구조에서 비롯된다고 생각했다.

과로 나온 문건이 1848년 2월에 발표된 「공산당 선언」이다. 「공산당 선언」은 역사적으로 중요한 문서가 되었다. 이 글의 메시지는 어떤 사람들에게는 구원의 소식으로 들렸지만, 어떤 사람들에게는 악마의 소리로 간주되었다. 마르크스와 엥겔스는 한편에서는 구세주로 추앙되었고, 다른 한편에서는 인류의 파괴자라고 비난받았다.

"지금까지 존재한 모든 사회의 역사는 계급 투쟁의 역사다. 자유민과 노예, 로마 귀족과 평민, 봉건 귀족과 농노, 조합의 장인과 도제, 간단히 말해서 억압하는 자와 억압당하는 자들은 서로 끊임없이 대립했고 끝없는 투쟁을 벌였다. 이러한 투쟁은 매번 전체 사회 구조의 혁명적인 변화나 투쟁하는 계급들의 공멸로 귀결되었다." 이러한 말로 시작되는 「공산당 선언」은 당대에 대립하고 있는 두 계급을 부르주아지와 프롤레타리아트로 규정한다. 부르주아지는 역사적으로 중요한 역할을 수행했으며 봉건제를 극복하는 데 큰 공을 세웠다. 부르주아 계급은 '100년도 채 되지 않는 지배 기간'에 지난 모든 세대보다 더 많은 생산적 업적을 이룩했다. 그러나 현대 산업 사회에서 노동자는 "기계의 부속품으로서 가장 간단하고 단조롭고 쉽게 배울 수 있는 동작만을 수행할 따름이다."

이렇게 '물건'으로 전락한 인간은 자신의 노동에서 어떤 의미나 만족감도 얻지 못하기 때문에, 결국 스스로에게 낯선 존재가 된다. 상품 생산의 목적은 인간의 필요를 충족시키는 것이 아니라, 최대의 이윤을 창출하는 데 있다. 따라서 임금을 포함한 생산 비용은 가능한 한 절감되어야 하며, 그 필연적 귀결은 '프롤레타리아의 궁핍화'다. 이것은 구매력의 저하와 '생산 과잉에 따른 위기'로 이어진다. 이러한 '전염병'을 없애기 위해서는 자본가들에게서 소유권을 박탈해 생산 수단을 공동의 재산으로 만들어야 한다. 그러면 인간에 의한 인간의 착취가 끝나고 드디어 노동자들은 모든 사람들의 욕구를 충족시켜 주는 물건을 생산할 수 있게 될 것이다.

이러한 프롤레타리아 혁명의 마지막 단계는 무계급 공산주의 사회다. 이 사회에서 인간은 타율적 상태에서 벗어나, '누구나 자기 능력과 욕구에 따라' 살 수 있게 된다. 마르크스와 엥겔스는 더 나아가서 다음과 같이 주장한다. "공산주의자는 자신의 견해와 의도를 숨기기를 거부한다. 공산주의자는 기존의 모든 사회 질서를 폭력적으로 파괴함으로써만 자신들의 목적을 이룰 수 있다고 공공연하게 선언한다. 지배 계급은 공산주의 혁명을 두려워할지어다. 프롤레타리아는 이 혁명에서 자기를 옥죄고 있는 사슬 외에는 잃을 것이 없다. 반면 그들이 얻을 것은 세상이다. 만국의 프롤레타리아여, 단결하라!"

이 선언문의 출간과 거의 동시에 유럽의 여러 나라에서 혁명이 일어났다. 그러나 이는 우연의 일치였을 뿐이고, 머지않아 주창자의 이름에 따라 마르크스주의라고 불리게 될 마르크스와 엥겔스의 사상은 혁명에서 아직 중요한 역할을 하지 못했다. 1848년과 1849년의 혁명은 프롤레타리아 사회주의 혁명이 아니라 시민 혁명이었다. 하지만 혁명의 성격은 이후 100년 동안 사회주의적인 방향으로 변화했다. 물론 그러한 변화가 꼭 마르크스와 엥겔스가 기대했던 방식으로 이루어진 것은 아니다. 마르크스주의의 예언은 대부분 실현되지 않았다. 그럼에도 이후 역사의 전개에 마르크스주의가 상당한 영향을 미쳤다는 것은 분명한 사실이다.

33

아메리카는 아메리카인에게

'우리 땅은 우리가 지킨다.' 그러나 과연 그곳이 백인들의 땅이었을까?

유럽 이외의 지역에서도 19세기는 변혁의 시기였다. 미국의 독립 선언 이후에, 아메리카 대륙의 중부와 남부를 포괄하는 라틴 아메리카에서도 독립 운동이 일어났다. 미국 남쪽으로는 대부분 스페인의 식민지령이 있었고 브라질만이 포르투갈에 속했다. 이들 식민지에서 태어나 성장한 백인 이주민들의 자손들을 '크레올'이라고 하는데, 그들은 나라의 발전에 이바지했음에도 정치적인 권력에서는 소외된 채 스페인과 포르투갈 관리들의 통치를 받고 있었다. 크레올들은 필요하다면 무력을 사용해서라도 상황에 변화를 가져오려 했다. 이렇게 해서 독립 투쟁을 하는 집단들이 생겨났는데, 이들은 처음에는 개별적으로 스페인 군대에 대항해서 싸웠다. 그러나 선견지

명이 있는 몇몇 지도자들은 이렇게 해서는 싸움에 이길 수 없다는 사실을 곧 깨닫고, 개별 집단들을 모아서 하나의 강력한 군대를 만들었다. 남부에서는 호세 데 산 마르틴이, 북부에서는 시몬 볼리바르가 이끈 해방군이 미국의 지원을 받으며 스페인을 물리쳤다.

1810년과 1825년 사이에 라틴 아메리카의 모든 국가가 식민지 지배에서 해방되었다. 시몬 볼리바르는 모든 나라들을 한데 합쳐 미국과 유사한 단일 공화국을 만들려고 했다. 그러나 대부분의 나라들은 독립하여 독자적인 국가를 이루기를 희망했다. 그 결과 아르헨티나, 시몬 볼리바르의 이름을 딴 볼리비아, 브라질, 칠레, 페루 등 오늘날 우리가 알고 있는 여러 국가들이 탄생했다.

이들이 뜻을 같이한 것은 오직 유럽의 식민 지배 세력에 맞설 때뿐이었는데, 여기에도 미국의 지원이 제공되었다. 미국의 먼로 대통령은 1823년에 유럽을 향해 아메리카 대륙의 국가들을 넘보지 말라고 경고하면서 어떤 간섭도 반미국적인 신념의 표현으로 간주하겠다고 엄포를 놓았다. 이 '먼로 독트린'은 이제부터 '아메리카는 아메리카인에게' 속한다는 점을 뚜렷이 밝힌 것이었으며, 180년 전에 공포된 이 견해는 현재까지도 미국 대외 정책의 중요한 지침으로 남아 있다.

그러나 독립이 대부분의 사람들이 원했던 자유를 가져다준 것은 아니었다. 인디오와 흑인, 기타 혼혈 집단에게 바뀐 것은 스페인과 포르투갈의 지배가 이제 크레올의 지배로 대체되었다는 사실뿐이었다. 선거권은 오로지 지주와 상인, 관리 그리고 고위 성직자에게

만 있었다. 새로운 법은 부자들이 점점 더 부유해지고 가난한 사람들이 점점 더 무거운 부담을 지게 되는 결과를 초래했다. 이러한 과정은 상황이 너무나 악화되어 가난한 자들의 반란이 일어날 때까지 계속되었다. 폭동이나 혁명은 흔히 군사 독재의 성립이나 개혁의 약속으로 종결되곤 했다. 하지만 정말 개혁이 시도되더라도 대부분 오래가지 못하고, 곧 이전과 비슷한 상황이 반복되었다.

라틴 아메리카 국가들은 처음부터 불안정했고 20세기까지도 계속 이러한 상태에서 벗어나지 못했다. 그것은 이 지역이 엄청난 천연자원을 보유하고 있으면서도 빈곤 문제가 여전히 해결되지 못하고 있는 이유 가운데 하나일 것이다. 국내에서는 소수 백인들만 잘 먹고 잘살았고, 국외에서는 누구보다도 미국이 많은 덕을 보았다. '백인'의 국가 미국이 아메리카 대륙의 중부와 남부에서도 '백인'의 지배를 지지한 것이다. 라틴 아메리카는 경제적으로 미국에 종속되었고 현재까지도 종속 상태에서 헤어나지 못하고 있다.

이 시기에서 '두 번째 신대륙 발견'이라고 불린 서부 개척 또한 대략 끝이 났다. 서부로 진출한 백인 이주민들이 태평양 연안까지 도달했던 것이다. 이 과정에서 백인들은 원주민의 땅과 삶의 터전을 빼앗았다. 많은 인디언들이 살해되거나 지정된 원주민 거주지로 쫓겨 갔다. 나중에는 여러 차례의 전쟁을 통해 수많은 인디언 부족들이 완전히 사라지고 말았다. 살아남은 인디언들은 1924년이 되어서야 공식적으로 시민권을 얻을 수 있었다.

백인들이 서부로 이주한 뒤 새로 생긴 연방 주에서도 노예 제도

❖ — 미국 내전의 향방을 결정지은 게티스버그 전투를 묘사한 그림

의 허가를 둘러싸고 논란이 일었다. 부유하고 영향력 있던 남부 주민들은 노예 제도를 당연한 것으로 생각했다. 하지만 북부 사람들의 시각은 달랐다. 이곳에서는 많은 사람들이 노예 제도를 거부했다. 1852년에 출간된 해리엇 비처 스토우의 소설 『톰 아저씨의 오두막집』도 이런 분위기에 일조했다. 노예의 삶을 생생하게 그린 이 소설

은 베스트셀러가 되었으며, 이 책을 읽은 많은 북부의 주민들은 노예 제도에 대해 진지하게 반성하거나 적극적인 반대자가 되었다.

1854년, 북부에는 '공화당'이라는 새로운 정당이 탄생했다. 노예 제도의 폐지는 이 정당의 중요한 정책 가운데 하나였다. 1860년의 대통령 선거에서 공화당 후보인 에이브러햄 링컨이 당선되자 남부 주들은 북부 연방으로부터 분리 독립을 선언하고 남부 정부인 '아메리카 연합국'을 설립했다. 그러자 링컨은 이 연합국의 설립이 법적으로 무효임을 선언했다. 이를 둘러싸고 남부와 북부 사이의 분쟁이 점점 격해지다가 1861년 4월 12일에 내전이 발발하기에 이른다. 대부분 자원병으로 구성된 남부군은 전쟁 초기에 상당한 전과를 올렸지만, 엄청난 전력을 소모한 4년간의 전쟁 끝에 수적·경제적·기술적 측면에서 모두 우세한 북부군에게 항복할 수밖에 없었다.

전쟁이 끝난 뒤 링컨 대통령은 다음과 같은 위대한 말을 남겼다. "우리는 노예 제도를 폐지하고 남북 연합을 수호하는 것 이상의 목표를 위해 싸웠습니다. 우리는 국민의, 국민에 의한, 국민을 위한 정부가 이 땅에서 사라지는 것을 막고자 싸웠던 것입니다." 그런데 링컨 대통령은 자신의 생명을 전쟁 승리의 대가로 치르고 말았다. 어느 광적인 남부 출신 남자가 항복 닷새 후인 1865년 4월 14일에 링컨 대통령을 암살한 것이다. 치열한 전쟁의 와중에 사망한 사람은 약 60만 명에 이른다. 남부의 많은 지역이 황폐화되었고, 그 여파는 오늘날까지 그 흔적을 남기고 있다. 남부는 전쟁이 끝난 후에도 줄곧 북부보다 빈곤한 상태로 남게 되었다.

내전은 노예 제도의 폐지를 가져왔다. 그렇다고 해서 미국의 흑인과 백인이 미국 시민으로서 평등해진 것은 아니었다. 그 이후에도 흑인은 법적으로나 사회적으로 백인과 동등한 권리를 누릴 수 없었다. 그러나 다시 통합된 미국은 곧 전 세계에서 가장 부유하고 강력한 국가로 부상하게 된다.

34

식민지 쟁탈전

제국주의 국가들은 왜 전 세계로 팽창해 갔고 식민지에서 무엇을 얻으려 했는가?

유럽의 제국주의 국가들은 아메리카 대륙에서 식민지를 잃고 난 후 다시 동아시아 지역에서 식민지를 확보하기 위해 노력했는데, 그 선두에 선 나라가 바로 영국이었다.

영국은 인도에서 다른 유럽 경쟁 국가들을 차례차례 몰아내다가 결국 1756년부터 1763년까지 계속된 '7년 전쟁'에서 프랑스에 승리함으로써 인도의 패권을 독차지했다. 그래도 아직 인도가 대영제국의 일부가 된 것은 아니었다. 인도를 지배한 것은 '동인도회사'로서, 이 단체는 본래 영국의 민간 무역 상사였지만 시간이 지남에 따라 점차 정부와 비슷한 형태로 변화했다. 19세기 중반까지 공식적인 인도의 지배자는 토후들이었지만, 실질적으로는 영국이 인도 전역에서 권력을 휘두르고 있었다. 영국은 인도를 근대화하려 했다. 영국인들이 생각한 근대화란, 곧 '서구화'로서 이 과정에서 인도인의 고유한 생활방식과 문화는 거의 무시되었다.

1857년, 영국 장교들에게 불만을 품은 인도 군인들이 반란을 일으켰다. 반란은 빠른 속도로 확산되어 영국 지배에 반대하는 봉기로까지 발전했다. 그러나 영국은 친영 인도 군대의 도움으로 폭동 진압에 성공했다. 그 후 영국은 인도의 공식적인 통치권을 이양받았고, 빅토리아 여왕에게 '인도의 여제'라는 칭호가 주어졌다. 하지만 정책에 있어서는 이전과 달라진 것이 거의 없었다. 인도는 다른 식민지들처럼 원료 공급지이자 영국 제품의 판매 시장으로 간주되었다. 인도에 생산성 있는 산업 시설을 건설하고 주민들의 생활 조건을 개선하는 것은 영국의 관심사가 아니었다.

특히 중요한 인도의 생산품은 아편이었다. 영국 상인들은 아편을 이용해서 한 가지 오래된 문제를 해결하려 했다. 예로부터 중국과의 무역은 쉽지 않았다. 유럽인들은 중국의 상품을 원했으나 중국에서는 유럽 상품에 대한 수요가 전혀 없었기 때문이다. 영국 상인들은 이제 돈을 내는 대신 아편을 가지고 중국의 차·도자기·비단을 구입하려 했다. 이 사악한 사업은 성공을 거두었다. 중국의 아편 소비량이 비약적으로 증가했고 수백만의 중국인들이 아편에 중독되었다. 어떤 식으로든 대응하지 않을 수 없었던 중국 정부는 영국 상선에서 대량의 아편을 압수하고 위험한 마약의 반입을 통제하려 했다. 그러자 영국은 중국에 전함을 보내 전쟁을 일으켰다.

'아편 전쟁'이라고 불리는 이 전쟁은 1839년에서 1842년까지, 그리고 1856년에서 1860년까지 두 차례에 걸쳐 벌어졌다. 영국군은 프랑스군과 공동으로 베이징까지 진격해 황제의 궁궐을 약탈하고 불을 질렀다. 중국은 일부 지역을 영국과 프랑스에 할양하고 항구를 개방해야 했다. 얼마 지나지 않아 중국 경제는 거의 유럽의 정부와 기업의 손아귀에 들어갔다. 심지어 중국을 영국·프랑스·러시아가 나누어 가지려는 계획까지 세워졌다. 이 계획이 실현되지 않은 것은 단지 세 나라 사이에 합의가 이루어지지 못했기 때문이다.

중국과 마찬가지로 일본도 오랫동안 외부 세계와 담을 쌓고 지냈다. 19세기 초까지도 서구 상인들이 일본에 발을 붙이는 데는 많은 어려움이 있었다. 하지만 이러한 고립 정책은 1853년 7월 8일로 그 종말의 길에 들어섰다. 이날 네 척의 미국 포함砲艦이 에도(지금의 도쿄)의 항구에 도착했다. 함대 사령관 패리 제독은 미국 대통령이 보내는 선물을 가지고 와서 무역을 위한 조약을 체결하자고 요구했다. 일본 왕은 이를 거부하고 미국인들을 추방했다. 그러나 여덟 달 후에 패리는 다시 열 척의 전함을 이끌고 와서 조약 체결을 강요했고, 일본은 결국 이에 굴복했다. 하지만 일본은 기분 나쁜 표정을 짓지 않고 젊은 왕 무츠히토의 지도하에 서양 문물을 열심히 배우기 시작했다. 무츠히토의 목적은 다시는 다른 나라에 굴복하는 일이 없도록 일본을 경제적·군사적 강국으로 만드는 것이었다. 무츠히토는 이를 위해 경제 강국들의 모든 장점을 모방하려고 했다. 이 학습의 성과는 괄목할 만한 것이었다. 오늘날까지도 일본인들은 역사가

❖ — 1854년 두 번째로 일본에 상륙한 패리 제독의 함대. 저항이 소용없다는 사실을 깨달은 일본은 '학생'의 입장에서 서양의 문물을 배우려는 적극적인 자세를 보였다.

에른스트 곰브리치1909~2001가 적절하게 표현했듯이 '전 세계사를 통틀어 가장 우수한 학생'으로 남아 있다. 일본은 개항한 지 50년이 채 지나지 않아 근대 산업 국가로 변모했고, 곧 동아시아의 강대국으로 성장하게 된다.

미국은 일본과의 조약 체결을 통해 처음으로 아메리카 대륙 외부의 식민지 쟁탈전에 뛰어든 셈이었다. 하지만 그 후로도 오랫동안 세계 최강의 제국주의 국가는 영국이었다. 영국은 오스트레일리아와 뉴질랜드, 그 밖에 태평양의 여러 섬들까지 아우르는 세계 제국으로 확대되었다. 태평양의 나머지 섬들은 네덜란드와 프랑스, 포르투갈이 나누어 가졌다.

이렇게 아메리카·아시아·오세아니아가 열강들의 손아귀에 들어간 후에 남은 사냥감은 아프리카뿐이었다. '검은 대륙' 아프리카는 수백 년 동안 수익성 높은 노예 매매 때문에 관심의 대상이 되었다. 얼마나 많은 아프리카인들이 인신매매의 희생양이 되었는지는 그저 짐작만 할 수 있을 뿐이다. 아무리 적어도 1,000만 명 이하는 아닐 것이고, 대략 2,000만 내지는 3,000만 명이 팔려 갔을 것으로 추정된다. 심지어 5,000만 명이라고 추정하는 사람도 있다. 이런 엄청난 인적 손실이 가져온 피해는 참으로 심각한 것이었다. 많은 지역에서 전통적인 부족 사회의 구조가 파괴되었고 이에 따라 사람들은 삶의 토대를 상실하게 되었다.

본격적인 아프리카 쟁탈전은 1869년 수에즈 운하의 개통과 함께 시작되어, 19세기 말에 이르면 아프리카 대륙의 거의 전부가 유럽 열강의 수중에 들어가게 된다. 독일이 식민 열강의 대열에 합류한 것은 1871년에 통일 제국을 이룬 후의 일이었다. 19세기 초에 등장한 독일 민족 국가의 이념은 반세기도 훨씬 더 지나서야 현실이 되었던 것이다. 이제는 독일 역시 식민지를 쟁취하기 위해 노력했다. 아프리카 연구가 카를 페터스는 독일을 식민지 쟁탈전으로 이끈 주요 동기를 다음과 같이 요약한 바 있다. "독일 민족은 지금까지 전 세계의 분할 과정에서 아무것도 얻은 것이 없었다. 이제 지난 수백 년 동안 놓친 것을 만회하지 않으면 안 된다."

지구에서 두 번째로 큰 대륙인 아프리카의 식민지화는 이 대륙의 거주민인 흑인이 열등한 인종이라는 사이비 학설을 통해 정당화되었다. 백인들은 흑인들에게 문화와 문명을 가져다주려고 아프리카에 진출하는 것이라고 주장했다. 하지만 그들에게 정말 중요한 것은 원료와 천연자원, 그리고 권력과 돈이었다.

35

독일적인 것이 세계를 치유하리라

후발 제국주의 국가인 독일이 얻으려 한 것은 무엇인가?

한 국가의 정책이 다른 민족에 대한 지배권을 획득하는 것을 목표로 할 때, 우리는 이를 제국주의라고 부른다. 제국주의의 역사는 국가가 존재한 것만큼이나 오래되었다. 고대 로마 제국이나 중세 제국들을 생각해 보라. 하지만 그중에서도 특히 19세기 후반기를 제국주의 시대라고 부르는 이유는 이때부터 산업화된 유럽 국가들과 미국, 일본이 세계의 나머지 민족들을 지배하려는 본격적인 경쟁에 뛰어들었기 때문이다. 식민지 정책을 추진한 영국의 정치가 세실 로즈1853~1902는 1877년에 다음과 같이 썼다. "나는 우리가 세계 제일의 인종이며 우리가 세계에 널리 퍼지면 퍼질수록 인류에게 더 유익하다고 주장하는 바이다." 이런 식의 인종우월주의는 영국 이외의 다른 나라들에서도 생겨났다. 독일 또한 그런 나라들 가운데 하나였다.

프로이센은 세 차례의 전쟁에서 승리를 거둔 뒤 오토 폰 비스마르크1815~1898 총리의 대단한 외교적 수완으로 1871년에 오스트리아-헝가리를 배제한 독일 제국을 세우는 데 성공했다. 이웃 나라들은 유럽 심장부에 나타난 이 새로운 강대국을 위협으로 받아들이고 미심쩍은 눈초리로 주시하기 시작했다. 하지만 제국의 총리 비스마르크는 독일이 현 영토에 충분히 만족했다고 선언함으로써 이웃 나라들을 안심시켰다. 그의 교묘한 동맹 정책은 제국의 위치를 확고히 했으며 유럽의 평화를 보장했다.

그러나 1888년에 스물아홉 살의 나이로 황제가 된 빌헬름 2세는 즉위 직후부터 '새 노선'을 걷기 시작했다. 야심 많고 변덕스러우며 허영에 찬 젊은 황제의 좌우명은 '독일적인 것이 세계를 치유해야 한다'는 것이었다. 빌헬름 2세는 우선 세계적 강대국을 향한 꿈에 대해 냉담한 비스마르크 총리를 해임하고 나서, 그 스스로 말했듯이 '전속력으로 전진'해 나아갔다.

후임 제국 총리인 폰 뷜로는 1897년에 식민 정책에 관한 제국의회 연설에서 다음과 같이 결론지었다. "독일이 이웃 나라들에게 땅과 바다를 다 맡겨 두고 스스로는 하늘만 바라보고 살던 시대는 끝났다. (…) 우리는 어느 누구를 그늘로 밀어내려는 것이 아니다. 다만 양지에 한자리 차지할 우리의 권리를 요구할 따름이다." 이 자리를 차지하기 위해서는 무엇보다도 함대가 필요했다. 함대가 있어야만 바다 건너의 원료 시장과 판매 시장을 정복하고 확보할 수 있었기 때문이다. 황제는 가능한 한 빨리 강력한 전투 함대를 조직할 것을 명령했다.

세계에서 가장 강력한 해군력을 자랑하던 영국은 역사상 최초로 자신의 지위가 도전받고 있다고 느끼고 함대의 전력 증강에 나섰다. 엄청난 규모의 전함들이 새로이 만들어졌다. 다른 유럽 국가들도 독일의 무장을 손 놓고 지켜보고만 있지는 않았다. 또 독일 정부가 비스마르크의 동맹 조약을 연장하지 않자, 영국·프랑스·러시아는 자기들끼리 상호 불가침 조약을 체결했다. 이로써 독일은 고립되었고, 곧 적들에 둘러싸여 있다고 느끼게 되었다.

❖ — 비스마르크의 총리 해임을 풍자한 영국 잡지의 만화다. 젊은 황제가 지켜보는 가운데 '독일'이라는 배에서 내리는 비스마르크를 두고 이 잡지는 "수로 안내인이 배에서 내린다"라고 표현했다. 과연 젊은 황제가 독일이라는 배를 험난한 파도 속에서 제대로 몰고 갈 수 있을 것인가 하는 의구심은 영국인들만 품은 것이 아니었다.

황제와 그의 정부는 독일의 이해를 관철하기 위해 언제 무력을 사용해야 할지 모르는 상황이라고 판단하고 군사력 증강에 더욱 열을 올렸다. 전면적인 군비 경쟁과 과도한 민족주의로 인해 유럽은 작은 불씨만으로도 폭발할 수 있는 화약고로 변했다. 그리고 관련 당사자들 모두가 바로 그런 불씨를 기다리고 있는 것처럼 보였다. 평화 유지를 위해 진지한 노력을 기울이는 사람은 거의 없었다.

36

20세기의 첫 재앙
– 제1차 세계 대전

강대국을 향한 집념이 부른 인류의 대재앙,

제1차 세계 대전은 무엇을 남겼는가?

1914년 7월 28일, 오스트리아의 프란츠 페르디난트 황태자와 황태자비가 보스니아의 수도인 사라예보에서 암살당했다. 암살범은 세르비아 민족주의자로서 당시 다른 많은 세르비아인들처럼 위대한 세르비아 제국을 꿈꾸고 있었고 오스트리아 황태자가 이 꿈의 실현에 장애가 된다고 생각했다. 이 암살 사건 때문에 큰 전쟁이 일어날 이유는 없었으며, 다른 시대였다면 아마도 전쟁은 일어나지 않았을 것이다. 그러나 이 사건은 결국 화약고에 엄청난 폭발을 일으킨 불씨가 되고 말았다. 훗날의 평가에 따르면, 그 누구도 정말로 전쟁을 원한 것은 아니었다. 단지 권력자들이 발을 헛디디고 허둥대면서 전쟁 속으로 굴러 떨어진 것일 뿐이다. 즉 막강한 권력자들이 당시 상황 속에서 자기 제어 능력을 상실했다는 것인데, 이런 관점은 그 나름의 충분한 근거를 가지고 있다. 하지만 이와 반대로 당시 일부 권력자들은 자기 행동의 의미를 정확히 알고 있었다는 주장도 제기되고 있다. 독일의 역사학자 프리츠 피셔는 『강대국을 향한 집념』이라는 책에서 사라예보의 피살 사건이 독일 지도자들에게 '오랫동안 준비해 온 전쟁을 위한 좋은 기회'가 되었다고 쓰고 있다.

어쨌든 독일은 제일 먼저 전쟁을 막을 수 있는 위치에 있었다. 오스트리아-헝가리 제국은 러시아와 동맹 관계에 있는 세르비아와 단독으로 전쟁을 할 형편이 아니었던 것이다. 그러나 빌헬름 2세는 빈의 황제에게 어떤 경우에라도 도와주겠다고 약속했고, 빌헬름 2세의 백지 수표에 고무된 오스트리아는 세르비아에 선전 포고를 하기에 이르렀다. 양국의 동맹과 선전 포고는 도미노 효과를 일으켜 8월 4일까지 다른 나라들의 선전 포고가 잇달았다. 결국 독일과 오스트리아는 세르비아·러시아·프랑스·영국과 맞서 싸우게 되었다.

전쟁이 발발하자 유럽의 거의 모든 지역에서 환호성이 터져 나왔다. 지난 몇 달 동안의 긴장이 드디어 폭발한 것에 대해 많은 사람들은 차라리 마음이 가벼워진 것처럼 보였다. 특히 독일에서는 전쟁이 빨리 끝날 것이라는 예상이 지배적이었다. 군인들은 크리스마스까지는 고향에 돌아와 영웅 대접을 받을 것이라고 확신했다. 경고하는 목소리가 없었던 것은 아니지만, 사람들은 귀를 기울이지 않았다. 이런 경고를 한 사람들은 주로 작가와 예술가들이었다. 몇몇 정치가들도 전쟁의 무서운 결과에 대해 주의를 환기하려 했지만 헛수

❖ — 열차에 적힌 문구들은 서부 전선으로 투입되는 독일 병사들이 전쟁에 대해 품고 있던 생각을 드러내 준다(파리행 소풍, 볼르바르에서 다시 만나요, 칼끝이 근질거린다 등등). 이때만 해도 그들은 자기들 가운데 많은 수가 '파리행 소풍'에서 영영 돌아오지 못하리라는 사실을 상상도 하지 못했다.

고였다. 영국의 외무장관 에드워드 그레이는 8월 4일에 다음과 같이 말했다. "이 순간 유럽의 모든 등불이 꺼졌다. 우리는 살아생전에 다시 등불이 켜지는 것을 보지 못할 것이다." 하지만 그의 말은 터무니없는 비관주의자의 견해로 치부되고 말았다.

실제로 잠시 동안은 비관적 견해가 오류로 판명되는 듯했다. 독일군은 서부와 동부 전선에서 적군을 사정없이 밀어붙였고, 전쟁이 빨리 끝날 것처럼 보였다. 그러나 곧 프랑스군과 영국군이 파리 바로 앞에서 독일의 공격을 막아 냈다. 1914년 9월 6일에서 9일까지 벌어진 마른 전투 이후 전쟁은 전진도 후퇴도 없는 진지전으로 변했다. 이로써 독일의 전쟁 목표는 더 이상 달성될 수 없었고, 독일과 그 동맹국인 오스트리아-헝가리 제국은 이미 전쟁에서 진 것이나 다름없었다. 그럼에도 양쪽 전선에서는 전투가 계속되었다. 어느 한쪽이 다른 한쪽을 눌러 이기지도 못하는 상태에서 군인들은 계속해서 참호를 파고, 총을 쏘고, 또 총에 맞아 쓰러져 갔다. 몇 백 미터의 땅을 얻기 위해서 수많은 병사들이 피를 흘렸다. 이렇게 4년이라는 긴 시간이 흘러갔다. 군인들은 그저 '총알받이'에 지나지 않았다.

이 새로운 전쟁의 참혹함은 사상 최초로 기관총·탱크·비행기·잠수함·독가스가 투입된 베르됭 전투에서 그 절정에 도달했다. 1916년 초반에 독일 최고 사령부는 프랑스 절멸 작전을 통해 지지부진한 전쟁에 전기를 마련하려 했다. 전대미문의 '물량전'이 여러 달 동안 계속되면서 약 70만 명의 프랑스인과 독일인이 사망했다. 어떤 병사가 죽기 직전에 다음과 같은 글을 남겼다. "우리 진지의 건너편에서 세계가 멸망하는 듯하다. 참호에서 나가자! 한 치의 땅도 남김없이 모두 파헤쳐져 있다. 기관총 소리가 울려 퍼지고 보병들의 사격이 계속된다. 지옥의 소음이다. 여기서 한 사람이 쓰러지고 저기서 또 한 사람이 쓰러진다. 우리 중대를 이끄는 U 소위가 일어선다. 저기 참모부의 지도가 사방으로 찢겨나가고 U 소위는 손으로 가슴을 움켜잡고 앞으로 고꾸라진다. 몇 분 후에 U 소위는 사망한다. 낮 12시, 적들이 반격에 나선다. 우박처럼 쏟아지는 수류탄 속에서 퇴각이 시작된다." 전쟁의 무의미함이 '베르됭의 지옥'에서처럼 분

❖ — 진지전(특정 지역을 확보하기 위해 고정된 진지에 머문 채 공격하는 적과 맞서 싸우는 방어 위주의 전투)과 참호전(적의 공격을 막기 위해 파 놓은 구덩이를 의지하고 공방전을 벌이는 전투)은 전쟁을 더욱 길어지게 했고 병사들의 피해 또한 컸다.

명하게 드러난 경우도 그리 흔치 않을 것이다.

이 전쟁은 1917년 독일 최고 사령부가 '무제한 잠수함전'을 명령함으로써 진정한 의미의 세계 대전, 즉 제1차 세계 대전으로 발전하게 된다. '무제한'이라는 말이 의미하는 바는 미국처럼 지금까지 전쟁에서 중립을 지키던 나라의 선박에도 무차별 공격을 가하겠다는 것이었다. 이에 미국은 1917년 4월 6일 독일을 상대로 전쟁을 선포했다. 그럼에도 힌덴부르크 장군과 루덴도르프 장군이 이끄는 독일군은 더 이상 전쟁에서 이길 수 없다는 사실을 인정하려 들지 않았다. 이들은 계속해서 '승전 후의 평화'를 꿈꾸었고, 독일 제국

의회가 제시한 평화안도, 미국 대통령 우드로 윌슨의 평화안도 모두 거부했다.

1918년 3월까지만 해도 독일군은 혁명가 레닌이 이끄는 러시아의 새 정부에 굴욕적인 '브레스트-리토프스크 강화 조약'을 강요할 수 있었다. 그러나 불과 반년 후에 상황은 너무나 악화되어 독일 최고 사령부 스스로도 패전을 인정할 수밖에 없는 형편이 되었다. 루덴도르프 장군은 1918년 10월 1일에 고위 장교들 앞에서 다음과 같이 고백했다. "최고 사령부와 독일군은 끝났다. 전쟁은 도저히 이길 수 없으며 오히려 참패의 순간이 임박했다." 그러나 루덴도르프 장군을 위시한 최고 사령부는 패배에 대한 책임을 지려고 하지 않았다. 루덴도르프는 황제에게 다음과 같이 제안했다. "우리가 이 지경까지 오는 데에 주요 역할을 한 집단들 또한 정부에 참여시키고 그들로 하여금 곧 체결될 평화 조약에 서명하도록 해야 합니다. 그들이 우리에게 끓여 준 수프를 이제는 그들 스스로 먹어야 합니다." 이것은 독일군을 항복이라는 불명예로부터 보호하고 패배의 책임을 여러 정당, 특히 독일 노동자들의 당인 사민당에 전가하기 위한 비열한 사실 왜곡이었다. 사태는 군 지도부가 의도한 대로 전개되었다. 하지만 이것은 나중에 드러나듯이 독일 최초의 공화국에 큰 해악을 끼치게 된다.

그러나 전쟁은 아직 끝나지 않았다. 루덴도르프가 패배를 시인하고 10월 26일에 물러났음에도, 해군 사령부는 그 이틀 후 원양 함대에 영국 함대와의 마지막 전투를 명령했다. 하지만 해군 병사들은 더 이상 총알받이가 되기를 거부하고 반란을 일으켰다. 반란의 물결은 빠른 속도로 노동자와 다른 군인들 사이에 퍼져 나가 '11월 혁명'으로 확대되었다. 1918년 11월 9일, 사민당의 필리프 샤이데만에 의해 '독일 공화국'의 수립이 선포되었다. 빌헬름 2세는 네덜란드로 피신했고, 각 공국의 군주들도 자리에서 물러났다. 11월 11일에 사민당이 이끄는 새 정부의 대표가 휴전 협정을 체결함으로써 마침내 총성이 멎었다. 뒤이어 파리 평화 회담이 열렸으나 독일은 여기에 참석할 수 없었다. 승전국 대표들은 심판자의 위치에서 '베르사유 조약'을 작성했는데, 이 조약의 일부 조항들은 독일이 아닌 다른 나라들에서조차 부당하다고 느낄 정도로 지나치게 가혹한 것이었다. 특히 전쟁 발발의 책임은 오로지 독일과 그 동맹국들에 있으며 이들이 모든 손실을 배상해야 한다고 규정한 231조는 독일인들을 격분케 했다. 샤이데만 총리는 조약에 서명하기를 거부하고 사임했다. 그러나 전쟁을 계속하겠다는 승전국들의 위협 앞에서 독일의 새 정부는 결국 베르사유 조약에 서명할 수밖에 없었다.

조약 체결 이후 독일에서는 정부를 이끌고 있는 민주주의 정치가들에 대한 원성이 높아졌다. 많은 사람들의 눈에는 그들이야말로 '굴욕적인 평화'와 '베르사유의 치욕'을 가져온 장본인으로 보였던 것이다. 우익 정당과 단체들은 곧 '베르사유 조약의 수정'을 요구하고 나섰다. 결과적으로 볼 때, 제1차 세계 대전을 종결시킨 평화 조약 속에 이미 제2차 세계 대전의 씨앗이 들어 있었다고 할 수 있다.

제1차 세계 대전은 1,000만 명 이상의 목숨을 앗아갔다. 그 외에

❖ — 프랑스의 베르사유 궁전 거울의 방에서 진행된 베르사유 조약. 이 조약으로 전범 국가인 독일에게 가혹할 정도의 배상 책임과 규제가 가해졌다. 결국 이 조약은 훗날 독일 국민의 분노와 히틀러의 탄생을 불러오는 한 가지 원인이 되었다.

중상을 입어 평생 불구로 살아야 할 사람은 3,000만 명에 이르렀다. 전쟁은 세계에 근본적인 변화를 가져왔다. 전쟁으로 인해 러시아·독일·오스트리아-헝가리 제국에서는 군주제가 무너졌다. 다민족 국가였던 오스트리아-헝가리 제국이 해체되면서 체코슬로바키아, 유고슬라비아와 같은 새로운 국가가 탄생했다. 오스만 제국 또한 완전히 붕괴되었다. 이로부터 터키가 하나의 국가로서 독립해 나왔고, 그 외의 중동 지역은 영국과 프랑스의 관리 아래 들어갔다. 프랑스와 영국은 승전국에 속하기는 했지만 전쟁에서 심각한 손실을 입음에 따라 경제적으로나 정치적으로 많이 약화되었다. 전체적으로 볼

때 유럽이 세계 질서를 좌우하던 시대는 막을 내렸다. 그 대신 미국이 강대국으로 세계 무대의 전면에 등장하게 된다. 이 전쟁의 실질적인 승자는 미국이었다. 미국이 참전을 선언한 1917년은 또한 러시아에서 10월 혁명이 일어난 해로도 역사에 기록되었다.

갓 태어난 소비에트 공화국은 아직 약체였지만, 최초의 사회주의 혁명과 아울러 이미 세계는 세계관과 이데올로기 면에서 적대적인 두 진영으로 분열되기 시작했다.

37

최초의 사회주의 국가

세계 최초의 공산주의 혁명이 일당 독재의 전체주의로 변질된 까닭은?

19세기 말경 제정 러시아에서는 마르크스와 엥겔스의 저작이 영향력을 확산해 가고 있었다. 하지만 그 직접적인 영향을 입은 계층은 저자들이 본래 염두에 둔 노동자들이 아니라 지식인들이었다. 그런 지식인 중 한 사람이 바로 블라디미르 일리치 울리야노프, 일명 레닌1870~1924이었다. 대학 시절부터 마르크스 이론을 연구했던 레닌은 이 이론이 러시아와 같이 낙후한 국가에는 적용될 수 없음을 깨달았다. 그는 마르크스주의를 러시아의 상황에 맞게끔 수정해야 했다. 레닌에 따르면, "사회주의 혁명이 반드시 계급 의식을 가진 프롤레타리아가 존재하는 고도의 산업 자본주의 국가에서만 일어나는 것은 아니다. 혁명은 산업화가 덜 된 나라에서도 시작될 수 있으며 그곳에서 다른 나라로 퍼져서 전 세계에 확산될 수 있다. 다만 그렇게 되기 위한 필수 전제는 프롤레타리아를 인도하며 인민 속에 올바른 의식을 심어 주는 직업 혁명가들의 엄격한 조직체인 '간부 정당'이 있어야 한다." 오로지 이 당만이 혁명에 적당한 시기가 언제인지를 결정할 수 있다. 그리고 혁명 후의 시기, 즉 사회주의 사회에서 공산주의 사회로 이행하는 과도기에도 당은 계속 지도력을 발휘해 인민을 반혁명적인 반동 세력들의 영향으로부터 보호해야 한다.

이러한 내용을 골자로 하는 '레닌주의'는 당시 지하와 국외에서만 활동할 수 있었던 러시아 사회민주노동당 내에서조차 논란의 여지가 많은 이론이었다. 격렬한 논쟁 끝에 당은 과격한 '볼셰비키'파와 온건한 '멘셰비키'파로 분열되었다. 레닌의 지휘 아래 볼셰비키는 1917년 10월 혁명의 주도 세력이 된다.

그해 2월에 전쟁에 지친 노동자와 군인들이 상트페테르부르크에서 봉기해 차르를 몰아내고 공화국 수립을 선포했다. 하지만 새로 구성된 임시 정부는 정치 혁명을 넘어서는 사회 혁명을 바라지 않았다. 노동자와 농민의 상황에는 변한 것이 없었다. 게다가 정부가 독일과의 전쟁을 계속한 탓에 국민의 생활고는 더욱 심화되었다. 이런 상황에서 스위스에서 망명 생활을 하던 레닌이 돌아왔다. 그가 작성한 「4월 강령」은 다음과 같은 내용을 담고 있다.

전쟁을 즉각 중지한다.

임시 정부를 축출한다.

노동자와 군인 평의회(소비에트)에 전권을 위임한다.

대지주의 소유권을 박탈한다.

토지를 농민에게 분배한다.

정부는 레닌의 당을 불법화하고 군대를 동원해 노동자·농민·군인의 시위를 진압하면서 겨우 정권을 유지할 수 있었다. 그러나 상황이 악화될수록, '평화와 땅과 빵'을 요구하는 레닌의 구호는 더 큰 호소력을 발휘했다. 10월이 되자 레닌은 결정적인 순간이 도래했다고 판단했다. "정부는 흔들리고 있다. 지금 최후의 일격을 가해야 한다. 어떤 대가를 치러도 좋다." 당 중앙위원회는 10월 25일, 그러니까 서구의 달력으로는 11월 7일을 정권 장악의 디데이로 정했다.

10월 24일에서 25일로 넘어가는 밤에 볼셰비키는 수도의 중요한 모든 시설들을 점령하고 '붉은 근위대'를 겨울 궁전으로 투입해 그곳에서 회의 중이던 임시 정부 인사들을 체포했다. 25일 저녁에 '제2차 전 러시아 소비에트 회의'가 열렸고, 여기서 레닌은 사회주의 소비에트 공화국의 탄생을 선포했다. 멘셰비키가 볼셰비키의 목표와 추진 방식에 반발해 회의장을 떠난 뒤, 레닌을 지도자로 하는 '인민위원회'가 구성되어 혁명 정부의 기능을 수행하게 되었다. 이로써 볼셰비키는 거의 피 한 방울 흘리지 않고 정권을 장악했다. 볼셰비키의 정권 장악 직후 평화와 땅과 빵에 대한 핵심적 요구 사항을 실현하기 위한 포고령이 반포되었다. 그 뒤를 이은 포고령을 통해 산업 시설과 은행이 국유화되었고 교회의 재산 역시 국가의 소유가 되었다. 민간의 상행위가 모두 금지되었고, 정부의 관할 아래 물자의 분배가 이루어졌다. 구舊 사법 체제의 자리에는 선출된 판사들로 구성된 인민 법정이 들어섰다. 여성은 남성과 동등한 권리를 가지게 되었고, 이혼하기가 쉬워졌으며, 적서嫡庶의 차별도 철폐되었다. 초·중·고등학교와 대학교가 노동 대중에게 개방되었고, '새로운 인간'을 키워 내는 것이 교육·학문·예술의 목표가 되었다.

❖ — 블라디미르 일리치 울리야노프. 일명 레닌. 그는 냉철한 판단력과 사회주의에 대한 열정을 바탕으로 혁명을 완성했지만 볼셰비키 노선에 불만을 가진 세력들을 공개재판을 통해 가혹하게 숙청하는 등 반대 의견을 용납하지 않았다. 이는 그의 사후 스탈린의 1인 독재를 가져온 중요한 이유이기도 하다.

급진적인 사회 변혁을 위한 혁명 정부의 프로그램은 세계사적인 실험이었다. 누구보다도 유럽의 지식인들이 이 실험에 매료되었다. 그러나 대다수 사람들은 혁명에 대해 회의적이거나 거부감을 나타냈다. 이 점에서는 소비에트 공화국도 예외가 아니어서, 볼셰비키는 제헌 의회를 구성하기 위한 선거에서 단지 24퍼센트의 지지밖에 얻지 못했다. 선출된 인민의 대표자들이 혁명 정부를 무너뜨릴까봐 두려워한 레닌은 1918년 1월 18일에 제헌 의회를 무력으로 해산했다. 그는 이 조치가 '압도적인 다수 인민의 진정한 이익을 위한 것'이라고 생각했다. 그들이 실제로 이를 원하는가, 그렇지 않은가는 중요한 문제가 아니었다.

어떤 정치인이든 국민의 진정한 이익을 국민보다 더 잘 안다고 주장함으로써 자신을 정당화할 수 있다. 레닌도 바로 이런 주장을 했다. 볼셰비키는 소수파로서 권력을 쟁취했고 권력을 지키기 위해 수단과 방법을 가리지 않았다. 그러나 다수의 국민은 이를 원하지 않았으므로 내전이 발발했다.

차르의 지지자, 부르주아 자유주의자, 온건한 사회주의자들은 외국의 지원을 받으며 약 3년 동안 러시아 공산당(1918년 초에 볼셰비키는 러시아 공산당으로 개명했다)의 지배에 대항해 싸웠다. 혁명의 반대자들, '백위군白衛軍'은 전쟁 초기에 상당한 전과를 올렸으며, 1919년 10월에는 상트페테르부르크 앞까지 진격할 수 있었다. 그러나 레닌의 가장 뛰어난 동지였던 레오 트로츠키는 매우 짧은 시일 내에 강력한 '적위군'을 조직해 전열을 정비함으로써, 정치적으로나 군사적으로 서로 잘 협력할 수 없는 여러 집단으로 이루어진 반혁명 진영을 무력화하는 데 성공했다. 결국 1920년에 '백위군'은 패배하고 만다.

내전은 대단히 격렬하고 잔인한 양상을 띠었고, 이 전쟁에서 희생된 사람은 1,100만 명에 이른다. 나라의 경제 상태는 혼란스러웠고 농업과 공업의 생산력이 너무나 낮아져서 수많은 사람들이 굶어 죽었다. 이 상황에서 레닌은 노선을 수정할 필요성을 느끼게 된다. 그는 1921년 당 대회에서 순수 이론의 원리에서 벗어나 '신경제 정책'을 발표했다. 농민은 생산물의 일부를 시장에서 판매할 수 있게 되었고, 중소기업들이 다시 사유화되어 생산 및 영업 허가를 받았다. 이러한 혼합 경제 체제의 도입은 경제 성장으로 이어졌고 소련, 즉 사회주의 소비에트 공화국 연방 국민들의 생활도 점차 나아졌다.

그럼에도 레닌은 애초의 목표를 수정할 생각은 하지 않았다. "우리가 몇 발자국 뒤로 물러난 것은 사실이다. 그러나 그것은 더 큰 도약을 위한 후퇴였을 뿐이다."

레닌은 더 큰 도약을 보지 못하고 1924년 1월 21일에 사망했다. 이후 당 지도부에서는 후계 문제를 둘러싸고 격렬한 투쟁이 시작되었는데, 이 투쟁은 결국 요시프 스탈린1879~1953의 승리로 끝났다. 스탈린은 집권 후 수년 만에 자신의 경쟁자가 될 수 있는 인물들을 모두 숙청해 버렸다. 특히 가장 강력한 반대자였던 레오 트로츠키는 출당黜黨과 국외 추방에 이어 1940년에는 멕시코 망명 중에 암살당하는 비운을 겪었다.

1929년부터 스탈린은 누구도 도전할 수 없는 독재자로서 당과 나라를 지배했다. 그는 다음과 같이 단언했다. "우리는 세계의 선진국들에 비해 50년, 아니 100년 정도 뒤처져 있다. 우리는 10년 안에 이들을 따라잡아야 한다. 그렇게 하지 않으면 다른 나라들이 우리를 파괴할 것이다." 스탈린은 이 목적을 달성하기 위해 '위로부터의 혁명'을 지시했다. 우선 농민에게서 농장을 몰수해 콜호스kolkhoz라고 불리는 대규모 농장을 조성하는 작업이 이루어졌다. 집단화에 반대하는 사람들은 시베리아로 추방되어 노동 수용소에서 강제 노역에 종사하거나 사살당했다. 이처럼 강압적이고 잔인한 집단화 정책에 희생된 사람들의 수는 약 200만 명에서 300만 명에 이르렀다. 또 콜호스에서는 초기에 식량이 충분히 생산되지 못해 약 1,000만 명의 아사자餓死者가 발생했다.

❖ — 스탈린은 노동자를 해방시킨다는 공산주의와 사회주의의 이상을 깡그리 무너뜨리고, 역사 속의 그 어떤 지배자보다 가혹한 정치를 펼쳤고, 민중은 고통을 받았다.

농업의 집단화와 아울러 중공업 위주의 산업화도 추진되었다. 얼마 지나지 않아 우크라이나에서부터 시베리아에 이르기까지 소련 전역에 수많은 공업 도시들이 생겨났다. 이러한 성장의 토대가 된 것은 5개년 계획으로서, 이에 따르면 누가 무엇을 언제 어디서 어떤 품질과 가격으로 생산할 것인지가 국가에 의해 일일이 지정되어 있었다. 사회주의 국가인 소련의 노동자는 서방의 자본주의 국가에서보다 훨씬 더 심한 억압과 착취에 시달렸다. 계획 경제의 성공은 특히 노동자들의 비인간적인 노동 조건과 낮은 생활수준을 대가로 한 것이었다.

1928년부터 1940년까지 소련의 산업 생산량은 엄청난 증가를 기록했다. 성장률에 있어서 소련을 능가한 나라는 미국뿐이었다. 그럼에도 스탈린과 그의 정책에 대한 비판의 목소리는 점차 커졌다. 스탈린은 반대 세력이 형성되는 것을 막기 위해 '대숙청'을 지시했다. 그 결과 당·국가·군대에 존재했던 스탈린의 반대자들 또는 반대자로 추정되는 사람들까지 모두 숙청되었으며, 레닌의 동지들도 전부 숙청의 희생양이 되었다. 수많은 과거의 혁명 투사들이 무소불위의 권력을 지닌 스탈린의 비밀경찰에 의해 살해되었고, 일부는 오랜 고문 끝에 대규모 공개 재판에서 자기 잘못을 고백했다. 이들을 기다리고 있는 것은 사형 선고나 시베리아 강제 노동 수용소로의 추방이었다.

러시아 작가 알렉산드르 솔제니친1918~2008은 『수용소 군도』에서 추방된 사람들의 삶과 죽음을 생생하게 기록하고 있다. 이렇게 수용소에서 죽음을 당한 사람은 전부 1,200만 명에 이른다고 한다. 사람들에게 자유를 약속했던 공산주의자들이 건설한 소련은 꼭 20년 만에 당의 필요에 따라 얼마든지 국민의 개인적 자유를 빼앗는 '전체주의' 국가로 탈바꿈하고 말았다.

인류 역사상 수많은 황제·왕·정치가·독재자들이 자신의 목적을 위해 많은 사람들을 희생시켰다. 그러나 노동하는 민중을 수백만 년 동안 계속된 노예 생활에서 해방시키겠다며 정권을 잡은 뒤, 바로 그 민중을 상대로 엄청난 학살 행위를 저지른 공산당 지도자 앞에서는 과거의 어떤 폭군도 무색해지고 만다. 이런 만행이 일어날 수 있었던 정치 체제로부터 더 이상 기대할 것은 없었다.

38

독립의 두 가지 길

마오쩌둥과 간디, 위대한 두 지도자가 선택한 조국의 독립과 혁명의 길은 어떻게 달랐을까?

세계에서 인구가 제일 많은 중국과 인도에서도 20세기는 혼란과 함께 시작되었다.

중국에서 제국주의 열강이 점점 더 큰 영향력을 행사하게 되자 이에 반대하는 민족주의 세력도 성장했는데, 이들은 경제가 어려워지고 나라가 서구에 점점 예속되어 가는 책임이 황실에 있다고 생각했다. 황실을 전복시키려는 몇 차례의 반란이 실패로 돌아갔으나, 점점 커져 가던 불만은 결국 1911년 혁명으로 폭발했다. 황제는 물러나야 했다. 세계에서 가장 오래된 군주 국가가 무너지고, 이제 중국은 공화국이 되었다. 이런 상황에서 항상 그러하듯이 당시 중국에는 자기 나름의 개혁을 추구하는 다양한 정치 세력이 난립하고 있었다. 온건한 '국민당'은 점진적 개혁을 통해 사람들의 생활을 개선시키고자 했다. 하지만 '혁명청년단'에게 그러한 개혁은 너무 더디고 협소한 것으로 여겨졌다. 이들은 마르크스주의에 큰 희망을 걸었는데, 특히 러시아 혁명 이후 이 희망은 더욱 강해졌다. 1921년 여름, 이들은 중국 공산당을 결성하고 당의 지도자로 마오쩌둥1893~1976을 추대했다. 마오쩌둥은 마르크스와 레닌의 이론을 따르면서도, 중국 나름의 독자적인 길을 걷고자 했다. 중국에서 극소수의 산업 노동자들에 의한 혁명은 불가능했다. 혁명의 주역이 될 수 있는 것은 농촌에 있는 다수의 빈농이었다.

❖ — 마오쩌둥이 이끌던 중국에서는 그에 대한 개인숭배가 두드러졌다. 중국 도처에 세워진 그의 동상이 이 점을 보여 준다. '정권은 총부리에서 나온다'라는 그의 말에서 폭력적인 혁명 정신을 발견할 수 있다.

정치적으로 대립하던 국민당과 공산당은 각기 군대를 조직해 수년 동안 서로 싸웠다. 내전 초기에는 장제스가 이끄는 국민당이 뚜렷한 우세를 나타냈다. 퇴각할 수밖에 없었던 마오쩌둥의 '붉은 군대'는 1934년과 1935년에 걸쳐 1만 1,000킬로미터가 넘는 거리를 행군하게 되는데, 이것이 바로 전설적인 '대장정'이다. 많은 사람들이 낙오하기도 했지만 새로 마오쩌둥의 군대에 합류하는 사람들도 있었다. 험난하고 위험한 행군 끝에 처음 출발한 10만 명 가운데 1만 명만이 목적지인 옌안에 도착했다. 이곳에서 마오쩌둥은 당내 권력 기반을 강화했고 지역 사회의 개조에 착수했다.

1937년, 정복 전쟁에 나선 일본이 중국을 공격하자 국민당과 공산당은 싸움을 중지하고 외부의 침략을 막기 위한 공동 전선을 형성하게 된다. 이러한 협력과 아울러, 일본이 강대국으로 성장하는 것을 허용하지 않으려는 미국의 지원 덕택에 중국은 일본을 물리칠 수 있었다. 그런데 이 전쟁의 결과 특히 힘을 얻은 것은 마오쩌둥과 공산당이었다. 뒤를 이어 다시 내전이 일어났을 때, 공산주의자들은 대다수 농민의 지지를 받았다. 1948년 가을까지 공산주의자들은 거대한 나라 중국을 완전히 장악하는 데 성공한다. 1949년 10월 1일에 '중화 인민 공화국'의 수립이 선포되었다.

대부분의 중국인은 마오쩌둥이 봉건 지배로부터 해방을 가져다준 인물이라고 생각했으며 그를 거의 성인聖人처럼 숭배했다. 마오쩌둥의 30년 통치는 지난 3,000년의 중국 역사보다 더 큰 변화를 일으켰다. 마오쩌둥은 소련의 지원 속에서 중국을 사회주의 국가로 변모시켰다.

인도의 마하트마 간디1869~1948는 이와는 전혀 다른 길을 걸었다. 정치가 중에 성인聖人이 있다면, 그 사람은 마오쩌둥이 아니라 간디였다. 간디는 사람들이 어떻게 살아야 하는가라는 문제에 대해 전 세계의 '근대주의자'들과는 완전히 다른 생각을 가지고 있었다. "내게는 한 가지 확신이 있다. 인도가 자유를 획득하고 인도를 통해서

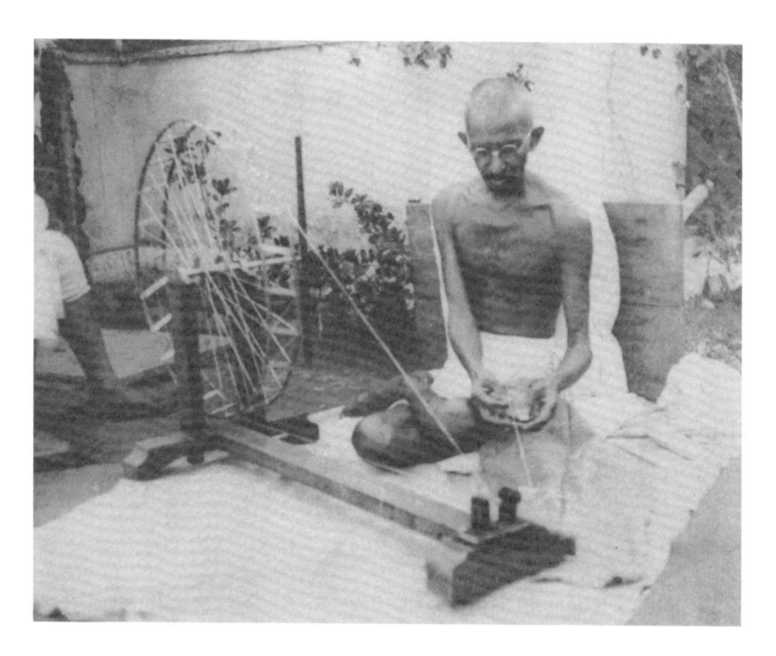

❖ — 마하트마 간디. 그는 인도의 독립을 위해 스와데시(국산품 애용), 스와라지(자치·독립) 등을 생활화할 것을 주장했다. 그는 민중을 빈곤에서 구하기 위해 '물레(차르카) 사용하기 운동'을 몸소 실천했다. 그러나 한 농촌에서 경관이 인도 농민을 살해한 것에 보복하기 위해 경관을 살해하는 사건이 일어나자 차르카 운동의 중단을 선언하게 된다.

전 세계가 자유를 얻게 된다면 사람들은 도시가 아니라 시골 마을에서, 궁전이 아니라 오두막에서 살아야 한다는 점을 깨닫게 될 것이라는 확신이다. 도시와 궁전에서는 수백만 명의 사람들이 절대 평화롭게 함께 살지 못할 것이다. 진실과 비폭력이 구현되지 않는다면 올 것은 인류의 멸망뿐이다. 그런데 진실과 비폭력은 시골 마을의 소박한 삶 속에서만 실현될 수 있다."

무기를 가지고 영국 식민 지배로부터 자유를 쟁취하려 해서는 안 된다는 것이 간디의 생각이었다. 그것은 인간의 생명을 희생시키는 결과를 낳을 것이기 때문이다. 그에게 자유는 폭력과 양립할 수 없는 가치였다. 평범하지 않은 새로운 길을 가려는 모든 사람들처럼 간디도 처음에는 비웃음과 조롱의 대상이 되었다. 그러나 그는 명민한 두뇌와 초인적 인내심으로 인도에 독립을 가져왔다. 영국을 굴복시킨 것은 간디가 스스로 실천하고 조직한 비폭력 저항 운동이었다. 그러나 모든 인종, 모든 종교, 모든 카스트들이 평화롭게 함께 살 수 있는 나라를 만들겠다는 간디의 꿈은 실현되지 않았다. 힌두교도와 이슬람교도 사이에 폭력적 충돌이 끊이지 않자, 결국 인도의 정치 지도자들은 나라를 힌두교도의 인도와 이슬람교도의 파키스탄으로 분리하기로 결정했다. 간디는 마지막까지 인도의 분할에 반대했지만 이를 막을 수는 없었다. 그러나 인도와 파키스탄의 분리가 이 지역에 진정한 평화를 가져온 것은 아니었다.

39

적은 우측에 있다!

무솔리니와 히틀러가 당시에 민중의 희망으로 떠오르게 된 이유는 무엇일까?

제1차 세계 대전 이후 유럽 대부분의 국가에 의회 민주주의 체제가 들어섰으나 역사가 길지 않은 민주주의는 전후의 어려운 경제 상황으로 인해 곧 곤경에 처하게 된다. 이탈리아·스페인·헝가리·폴란드에서는 민주주의에 적대적인 우익 집단들이 이미 1920년대 초반에 권력을 잡고 독재 체제를 구축했다. 이탈리아의 베니토 무솔리니1883~1945는 '파시즘'이라고 불리는 지배 체제를 만들어 내고, 이것이야말로 사회주의와 의회 민주주의에 대한 대안이라고 주장했다.

무솔리니는 사람들의 불만과 신생 민주주의의 허점, 민주주의자들의 미숙함을 교묘하게 파고들었다. 그는 '검은 셔츠단'이라는 제복 입은 폭력단을 결성하고, 사회주의자들의 책동에 맞서 공공질서를 수호하는 사람으로 행세했다. 기업가들뿐만 아니라 중산층에 속하는 시민들까지 '일 두체(Il Duce, 지도자를 의미하는 말로 무솔리니를 가리킴)'야말로 자신의 신변과 재산을 사회주의자와 공산주의자들에게서 지켜 주는 존재라고 생각하게 되었다. 이런 분위기에서 무솔리니는 정부를 무너뜨리고 정권을 장악하기 위해 4만 명의 검은 셔츠단원들을 이끌고 '로마 진군'을 시작했다. 그제야 정부는 파시스트들을 저지하기 위해 군대를 투입했다. 그러나 겁먹은 왕 비토리오 에마누엘레 3세는 무솔리니의 압력에 밀려 그를 총리로 임명했다.

무솔리니는 파시즘의 정신적 토대가 무엇이냐는 질문에 대해, 파시즘은 정신적 토대가 필요치 않으며 행동이 철학보다 더 중요하다고 대답한 적이 있다. 파시즘은 고유한 사상 없이 다른 사상에 대한 거부만으로 이루어져 있다는 점이 특징이다. 즉 파시즘은 반마르크스주의, 반공산주의, 반자유주의, 반민주주의, 반다원주의, 반의회주의, 반자본주의였다. 파시즘에 따르면 이탈리아 국민은 자신의 개인적인 이익을 뒤로하고 커다란 공동체의 일원으로서 조화를 이루며 살아야 한다. 또 어린이들도 이런 목적에 맞게 교육시켜야 한다. 그렇게 할 때만 다른 민족과의 경쟁에서 이겨 낼 수 있고, 위대한 민족과 국가로 다시 태어날 수 있다. "믿고, 복종하고, 투쟁하라!" 이것이 파시스트들의 선거 구호였다. '일 두체' 무솔리니는 이러한 강령으로 불과 몇 년 만에 이탈리아에 일인 독재 전체주의 체제를 구축했다.

다른 나라들의 민주주의는 전후 몇 년 동안 좀 더 강한 생명력을 발휘했다. 그러나 이 시대에는 어디서나 민주주의 정부가 좌우 진영으로부터의 공격과 위협에 노출되어 있었다. 즉 과거 지향적 우익 정치 세력들은 민주주의 이전의 시기로 돌아가려고 했고, 좌익은 소련을 모범으로 하는 새로운 사회 체제를 수립하려고 했던 것이다. 이런 세력들이 한 국가, 더 나아가 세계 전체에 얼마나 큰 위험이 되는가는, 무엇보다도 기존의 정치 체제가 국민들에게 어느 정도의 생활수준을 보장해 줄 수 있느냐에 달려 있었다. 전반적인 생활수준이 높으면 높을수록 급진적 정치사상에 귀 기울이는 사람이 적었다.

이 대목에서 '우익'과 '좌익'의 개념에 대한 설명이 필요할 것 같다. 이 개념은 원래 프랑스 의회의 의석 배치에서 나온 것이다. 프랑스 의회에서는 의장의 자리에서 볼 때 보수적인 의원들은 우측에, 자유주의적이고 사회주의적인 의원들은 좌측에 앉았다. 그러니까 우익과 좌익이란 표현은 상대적인 개념이다. 오늘날에는 정치적인 견해가 아주 극단적인 경우 보통 '극'이라는 말을 덧붙인다(극좌, 극우).

다시 1920년대로 돌아가 보자. 민주주의 체제가 도입되어 안정적으로 발전한 나라들의 경우, 경제는 상승세를 탔고, 생활수준도 빠르지는 않지만 꾸준히 높아졌다. 위기는 넘긴 듯했다. 적어도 대도시만 본다면 '황금의 20년대'는 전에 없이 활력에 넘친 시대였다. 그리고 미국은 유럽인들의 새로운 모범으로 떠올랐다. 재즈, 찰스턴, 전화, 컨베이어 벨트 시스템, 새로운 음악, 춤, 의사소통 수단, 생산 기술이 미국에서 왔고, 사람들은 이 모든 것에서 강한 인상을 받

❖ — 1926년 미국의 펍에서 찍은 사진. 당시 미국인들은 '황금의 20년대Golden Twenties'를 만끽하며 풍요로운 시기를 보냈다. 3년 뒤 미국의 증시 폭락으로 경제 공황이 닥칠 것이라고는 어느 누구도 상상하지 못했다.

고 열광했다. '미국식 생활방식'은 곧 진보를 의미했다.

그러나 '황금의 20년대'는 뉴욕 증권 시장의 '검은 금요일'로 인해 갑작스럽게 막을 내렸다. 1929년 10월 25일 금요일에 주가 지수가 폭락하면서 최초의 세계 경제 공황이 시작되었다. 미국 은행들은 유럽의 채무자들에게 대부금을 이자까지 포함하여 즉각 상환할 것을 요구했다. 특히 심한 타격을 받은 것은 패전의 결과로 가장 많은 빚을 졌던 독일이었다. 이에 따라 통화가 부족해졌고, 생산 라인이 제대로 가동되지 못했다. 회사들이 부도가 났고, 실업률이 증가했으며, 이와 함께 '바이마르 공화국(헌법이 만들어진 도시의 이름을 딴 전후 독일 공화국의 별칭)'의 의회 민주주의 체제를 거부하는 급진주의 정당의 추종자들 또한 증가하게 되었다. 다행히도 사민당과 부르주아 정당들로 구성된 연정은 이런 상황에 필요한 경제 정책적 조치를 강구하기에 충분한 과반수 의석을 가지고 있었다. 그러나 정부는 오늘날에는 믿어지지 않을 정도로 경솔하게 과반수 의석을 어처구니없이 내팽개치고 말았다. 실업 보험의 재정 문제를 둘러싼 이견 때문에 의회주의에 따른 바이마르 공화국의 마지막 합법적 정부가 스스로 물러난 것이다.

제국 의회는 더 이상 새 정부를 구성할 수 없었다. 헌법에 따르면 이런 위기 상황에서 가장 중요한 사람은 대통령이었다. 1925년 이래 바이마르 공화국의 대통령은 세계 대전 당시 독일군을 지휘했던 파울 폰 힌덴부르크였는데, 이 노老장군은 민주주의와는 거리가 멀었을 뿐만 아니라 당시의 임무를 감당하기에 전혀 적합한 인물이 아니었다. 그는 아들과 옛 동료들의 말을 듣고 여러 가지 치명적인 결정들을 내렸다. 이제 내각은 대통령의 임명에 따라 구성되었는데, 힌덴부르크는 내각을 여러 번 교체했고 그 교체 시기도 점점 빨라졌다. 또 의회가 법률을 제정하는 대신 '대통령 내각'이 대통령에게 제출한 '긴급 명령'을 대통령이 공포하게 되었다. 이로써 민주주의의 핵심 원칙인 삼권 분립이 폐기되었다. 이런 방식은 형식적인 법리상 위헌은 아니었지만, 사실은 예외적인 경우에만 적용될 수 있는 것이었다. 그러니까 1930년부터는 예외가 정상이 된 것이다. 바이마르

❖ — 제1차 세계 대전 이후 독일의 대통령을 지낸 힌덴부르크. 하지만 그는 전후 독일을 이끌 지도자의 재목이 아니었다. 그의 이름을 딴 비행선 힌덴부르크호가 화염에 휩싸여 폭발한 것처럼 그의 정치적 운명도 풍전등화의 상황에 처해 있었다.

공화국의 민주주의는 히틀러의 정권 장악 이전에 이미 파탄이 난 셈이다.

아돌프 히틀러와 그가 이끄는 나치당은 이미 오래전부터 독일 정치에서 상당한 영향력을 행사하고 있었다. 그러나 히틀러의 세력이 급부상한 것은 경제 공황 때부터라고 할 수 있다. 그는 단순한 구호와 뚜렷한 적의 이미지를 유포함으로써 불만스럽고 불안해하는 사람들의 마음을 파고들었다. "모든 책임은 유대인들과 공산주의자들에게 있다!" 이런 구호를 믿은 사람들은 히틀러의 정당에 표를 던졌다. 1932년 7월 31일의 선거에서 나치는 37.3퍼센트의 득표율로 제1당이 되었다.

제1차 세계 대전 당시 장군이었던 힌덴부르크는 히틀러를 매우 미심쩍은 눈초리로 바라보았다. "여러분, 제가 오스트리아 출신의 이 졸병을 총리로 임명하리라고 생각하시지는 않겠지요." 1933년 1월 27일까지만 해도 힌덴부르크는 자신의 참모들에게 이렇게 말했다. 그러나 참모들은 의회 제1당의 당수를 정부에서 배제시킬 수는 없다고 힌덴부르크를 설득했다. 물론 이들 보수적인 정치가들은 히틀러를 지지한 기업계의 대표들과 마찬가지로 히틀러를 길들여서 자기들 목적에 이용할 수 있다고 생각했던 것이다. 백발 대통령의 최측근인 프란츠 폰 파펜은 다음과 같이 말한 바 있다. "우리는 두 달 안에 히틀러를 궁지로 몰아붙여 꼼짝 못하게 할 수 있을 것이다." 이것은 세계 역사상 가장 치명적인 오판 가운데 하나가 되고 말았다.

40

히틀러의 정권 장악

역사상 가장 잔혹한 독재자 히틀러는

어떻게 독일의 지도자가 될 수 있었을까?

아돌프 히틀러는 세계 역사상 가장 잔혹하고 끔찍한 인물들 중 하나였다. 돌이켜보면 그의 성공에는 이해하기 어려운 구석이 많다. 히틀러는 학교를 졸업하지도 못했고 제대로 된 직업도 없었다. 청소년 시절에는 잡부로 일을 하면서 빈의 남자 기숙사를 전전했다. 제1차 세계 대전이 시작되자 당시 스물다섯 살의 히틀러는 군에 자원입대했다. 가능하기만 했다면 아마도 계속 군인으로 남았을 것이다. 군대는 그에게 잘 보호받고 있다는 느낌을 주었다. 군대에서는 무엇을 해야 하고 무엇을 하지 않아야 할지가 분명했다. 명령과 복종의 원칙이 그의 마음을 사로잡았다.

패전 이후 삶의 근거를 잃고 불만스러워하던 많은 사람들이 당시 난립하고 있던 신흥 정당들에 가입했는데, 히틀러도 그런 사람들 가운데 하나였다. 히틀러는 연설을 잘했기 때문에 불과 한 달 만에 '선전 부장'으로서 '독일 노동당' 지도부의 일원이 되었다. 그가 선전 부장이 되어 가장 먼저 한 일은 당의 이름을 '국가 사회주의 독일 노동자당NSDAP'으로 바꾼 것이다. 정당의 상징으로는 갈고리 십자가가 채택되었다. 일 년 안에 히틀러는 당내 최고 권력자로 부상했다. 1921년 7월에 거의 무제한의 권한을 가진 당 대표로 선출된 히틀러는 이탈리아의 파시스트들을 모범으로 삼아 반半 군사 조직인 '돌격대SA'를 만들었다. 이들은 갈색 제복을 입고 거리를 행진하며 히틀러의 당에 적대적인 사람들을 겁주고 다녔다.

무솔리니의 '로마 진군'이 성공하자 그는 이를 본떠 1923년 11월 9일에 '갈색 셔츠단'에 뮌헨 '전쟁 용사 기념관으로의 진군'을 명령했다. 이탈리아의 '일 두체'처럼 히틀러도 정부를 전복시킬 작정이었다. 히틀러는 퇴역 장군인 루덴도르프와 함께 대열을 이끌었지만, 경찰은 이를 저지하고 주모자들을 체포했다. 이어진 재판에서 루덴도르프는 무죄 석방되었고, 히틀러는 5년 감옥형을 선고받았다. 그러나 그가 실제로 감옥에 있었던 것은 아홉 달뿐이었다. 그는 감옥에서 자신의 생각과 계획을 숨김없이 다 드러낸 『나의 투쟁』이라는 책을 썼다. 이 책의 내용은 대체로 이탈리아 파시스트들의 주장과 동일했다. 여기에 추가된 것은 히틀러가 거의 광적으로 집착한 애매모호한 인종주의 이론과 이 이론에 근거를 둔 광적인 반유대주의였다. 그의 반유대주의는 '열등한 인종'인 유대인을 멸종시켜야 한다는 주장에서 그 절정에 이르렀다. 그 외에도 히틀러는 독일의 '주인 민족'이 '동쪽 지역에 생활 공간'을 확보해야 한다고 주장했다. 그의 최종 목적은 독일뿐만 아니라 전 세계에 '노예 제도와 불평등 원리에 근거한 거대한 사회 질서'를 수립하는 것이었다. 그렇게 되면 '주인 민족인 아리아인'이 독일의 주도 아래 세계를 지배하게 될 것이다.

많은 사람들은 이런 주장이 좌절에 빠진 저능아가 제멋대로 생각해 낸 일고의 가치도 없는 망상이라고 보고 무시했다. 하지만 어떤 사람들은 옛날 하멜른의 쥐 잡는 사나이를 따라간 아이들처럼 이 '지도자'를 추종했다. 어쨌든 히틀러가 제국의 총리가 되던 1933년 1월 30일에만 해도 앞으로 12년 동안 어떤 일이 일어날지 내다본 사람은 거의 없었다.

히틀러가 정권을 장악한 후 그의 친위부대인 '돌격대'와 '친위대 SS'가 거리를 활보했다. 이들은 히틀러의 정적들을 쫓아다니며 구타하고 살해했다. 최초의 수용소가 세워져 임의로 체포된 사람들이 그곳에 감금되고, 고문을 당했다. 권력을 유지하고 확장하기 위해 히틀러가 사용한 방법 중 하나가 사람들 사이에 불안과 공포 분위기를 조성하는 것이었다. 다른 또 하나는 국가 기관을 이용해 헌법과 법령을 지키고 있는 것처럼 위장하는 수법이었다. 1933년 2월 27일, 베를린의 국회 의사당에서 화재가 일어나자 나치는 곧바로 공산주의자들이 불을 질렀다는 소문을 유포시켰다. 다음 날 대통령의 책상 위에는 이미 전부터 준비되어 있었던 것으로 보이는 '민족과 국가를 수호하기 위한 긴급 조치'에 관한 서류가 제출되었다. 그것은 중요한 기본 권리들을 '당분간 유예하는' 내용을 담고 있었음에도, 공산주의자를 싫어했던 힌덴부르크의 참모들은 이 조치의 승인을 권유했다. 이렇게 발효된 비상조치는, 1945년까지 나치가 합법적으로 정치적 반대자들을 탄압할 수 있는 효과적인 도구가 되었다.

❖ — 불길이 치솟고 있는 독일 제국 의회 의사당. 방화 사건 직후 나치가 제작하고 배포한 선전 포스터에는 이렇게 적혀 있었다. "화염 속의 제국 의회! 공산주의자들이 불을 지르다! 공산주의를 짓밟자! 사회 민주주의를 부숴버리자!" 오늘날까지도 방화범이 누구인지는 미궁에 빠져 있다. 어쨌든 이 사건은 나치에게 좋은 빌미를 주었다.

이런 분위기 속에서 1933년 3월 5일에 제국 의회 선거가 실시되었다. 선거전은 말 그대로 전투처럼 치러졌다. 나라는 온통 나치의 선전물로 뒤덮였고, 수없이 많은 나치 지지 집회가 열렸다. 공산당과 그 기관지는 불법화되었고 공산당 간부들은 체포당했다. 사민당과 기타 부르주아 정당들의 선거 유세장에는 돌격대원들이 나타나 선거 운동을 훼방하거나 아예 불가능하게 만들어 버렸다. 언론에 대한 감시도 심해서 대부분의 신문 보도는 자율성이나 공정성과는 거리가 멀었다. 그럼에도 나치는 기대했던 과반수 달성에 실패하고 43.9퍼센트의 표를 얻는 데 그쳐 연정 파트너를 구해야 하는 입장이 되었다. 나치와의 연정에 독일민족국민당이

응함으로써 과반수 의석(51.9퍼센트)은 확보되었으나 히틀러는 그것에 만족하지 못하고, 위헌의 소지가 있는 법률까지도 의회의 동의 없이 발효시킬 수 있는 권한을 정부에 부여하는 '수권법授權法'의 제정을 요구했다. 히틀러는 합법적 절차를 갖추기 위해 마지막으로 의회를 소집했다. 1933년 3월 23일에 열린 의원 총회에는 돌격대가 '질서 유지'를 위해 투입되어 야당 의원들에 대한 압력을 고조시켰다. 공산당이 차지하고 있던 81개 의석은 이미 존재하지 않는 것으로 간주되었고, 히틀러는 부르주아 정당들을 이런저런 약속으로 유혹하여 법안 통과를 위한 3분의 2 이상의 동의를 확보했다. 오직 사민당만이 법안에 대한 반대 입장을 꿋꿋이 고수했다. 결국 제국 의회는 수권법의 가결을 통해 자진 폐업을 선언하고 히틀러를 독일의 유일한 지배자로 만들어 준 셈이었다. 무제한의 권력을 손에 쥔 히틀러는 당장 국가와 사회를 자기가 원하는 대로 개조하는 작업에 착수했다. 가장 먼저 취해진 조치는 '주와 제국의 단일화를 위한 법률'의 제정이었다. 이 법을 통해 지방 주들은 자치권을 상실했고, 주 정부의 총리 자리에는 제국 총독이 임명되었다. 그 다음으로 노동조합과 사민당이 불법화되었다. 나치는 사민당 지도부를 체포해 집단 수용소로 압송했다. 부르주아 정당들은 '자진 해체'를 선언했다. 1933년 7월 14일부터는 정당의 설립이 법적으로 금지되었다.

이렇게 하여 불과 반년 만에 나치는 독일에 비민주적인 일당 독재 체제를 구축했다. 1934년 8월 2일에 힌덴부르크가 사망하자, 히틀러는 제국 대통령의 직위를 승계했고, 이로써 군 통수권자가 되었다. 그의 공식 직함은 '독일 제국과 민족의 지도자'였다. 독일이 전체주의적인 지도자의 나라로 탈바꿈하는 과정은 이렇게 완결되었다.

41

히틀러의 광기

인종주의라는 집단적 광기가 저지른 극악무도한 범죄의 결과는?

“지도자는 항상 옳다. 지도자의 뜻이 곧 법이다.” 이런 구호들은 이제 히틀러가 과거의 절대주의 군주들처럼 모든 권력을 손아귀에 쥐게 되었다는 사실을 분명히 드러낸다. 그러나 그는 이것으로도 아직 만족할 줄 몰랐다. 그는 한 국가의 권력을 차지하는 데 그치지 않고, 그 안에 살고 있는 인간의 사고와 감정까지 지배하고자 했다. 우선 아동 교육부터 나치의 정신에서 따라 실시할 것을 요구했다. 이를 위해 ‘소년소녀’, ‘히틀러 청소년단’, ‘독일 소녀 연맹’과 같은 단체들이 조직되었다. 모든 아이들은 그 속에서 연령별로 나뉘어 나치의 주입식 교육을 받았다. 히틀러의 대변자 루돌프 헤스는 나치 교육 목표의 핵심을 다음과 같이 정리했다. “무비판적인 충성, 지도자에 대한 무조건적 헌신, 왜냐고 묻지 않고 지도자의 명령을 묵묵히 수행하는 자세, 이것이 우리 나치즘의 근간을 이룬다."

❖ — 나치는 아이들의 교육을 부모와 학교에 맡겨 두지 않았다. 어린이와 청소년들은 '조직' 속에 편입되었다. 포스터 속에는 다음과 같은 문구들이 적혀 있다. "영도자에게 봉사하는 청소년. 열 살이 되면 모두 히틀러 청년단으로."

"지도자여, 명령만 내리소서." 이것이 제3제국의 기본 모토 가운데 하나였다. 나치는 사람들이 쓸데없는 생각에 빠지지 않도록 자유주의나 좌파 사상을 가진 언론인과 작가의 저술 활동을 금지했다. 금서 목록이 작성되어 1933년 5월 10일에는 목록에 오른 책들이 공개적으로 불태워졌다. 이른바 '민족의 정서'에 맞지 않는 그림과 음악은 '비독일적이고 타락한' 예술로 낙인찍혔다. 새로운 독일 정신에 따르지 않는 학자들은 학교를 떠나야 했다.

그럼에도 나치 집권 초기부터 이미 이들의 압력과 회유의 손길에서 벗어나 저항을 시도한 사람들이 있었다. 저항의 형태는 히틀러식 인사의 거부에서 탄압받는 인물에 대한 지원, 지하 운동 참여, 히틀러 암살 기도에 이르기까지 각양각색이었지만, 프락치나 밀고자의 감시를 한순간도 벗어나기 어려운 전체주의 국가에서는 어떤 형태의 저항도 목숨을 담보한 것일 수밖에 없었다. 수천 명의 사람들이 용기 있는 시민으로서 행동한 대가로 목숨을 잃었다.

하지만 이 모든 일들, 또는 이와 유사한 일들은 다른 독재 체제에서도 일어나게 마련이었다. 나치 정권의 특별한 점은 이들이 내세운 인종 이론과 그것이 초래한 결과에 있었다. 이 이론에 따르면 "세계는 우월한 인종과 열등한 인종으로 이루어져 있는데 양자 사이에는 생존을 둘러싼 투쟁이 벌어지고 있다. 이때 인류의 발전을 위해서는 우월한 인종이 열등한 인종을 절멸시킬 권리가 있다. 아니, 그것은 심지어 의무라고까지 말할 수 있다. 인종의 서열에서 가장 높은 지위를 누리는 것은 북방족인 아리아족이고, 맨 아래 오는 것은 유대인이다." 이처럼 터무니없는 사이비 과학적 이론은 이미 19세기 말부터 유럽을 떠돌고 있었지만 특히 히틀러라는 인물과 오랜 반유대주의의 전통을 가진 독일이 이 이론의 번성에 좋은 토양을 제공했다. 히틀러에게 인종 이론은 살인의 정당화, 그 이상도 이하도 아니었다. 그는 『나의 투쟁』에서 유대인에 대해 다음과 같이 썼다. "유대인은 영원한 기생충이다. 해로운 세균처럼 적절한 환경만 만나면 끝없이 증식하는 기생충. 유대인은 주변에 미치는 영향에 있어서도 기생충과 닮았다. 유대인이 들어오면 숙주 민족은 조만간 생명을 잃게 된다." 인간을 기생충이라고 부르는 발상에서 그들을 멸종시켜야 한다는 생각까지는 그리 먼 거리가 아니다.

나치가 정권을 장악하자마자 독일에서는 유대인들을 대상으로 갖은 행패와 선동 캠페인이 시작되었다. 이런 분위기 속에서 유대인들은 어쩔 수 없이 고향을 떠나야 했다. 오늘날까지도 쉽게 풀리지 않는 의문은 어떻게 그런 일이 20세기에, 그것도 칸트·레싱·괴테·실러를 낳은 문화 국가 독일에서 일어날 수 있었을까 하는 점이다. 유대인을 비롯해 집시와 같은 소수자들에 대한 차별과 권리 침탈, 박해는 모두 이웃, 아는 사람, 친구, 직장 동료들이 보는 앞에서 벌어진 일이었다. 다만 1942년부터 채택된 '유대인 문제의 최종 해결 방안', 즉 유대인 집단 살해 계획만이 비공개로 실행되었다. 나치는 이 계획의 실현을 위해 점령 중이던 폴란드 지역 곳곳에 집단 수용소를 건설하고, 유럽 전역에서 잡아들인 유대인들을 이곳으로 보냈다. 살인 공장을 세워 하나의 종교 공동체에 속하는 600만 명의 사람들을 조직적으로 살해한 것은 인류 역사상 자행된 그 어떤 범죄와도 비교할 수 없는 극악무도한 범죄였다. 유럽의 유대인들에게 벌어진 홀로코스트는 당시 독일인 개개인이 이에 관해 얼마나 많이, 얼마나 정확하게 알고 있었는가 하는 문제와는 무관하게 독일 전체의 어깨를 무겁게 짓누르고 있다.

❖ — 나치에 의해 체포되는 유대인들. 당시 독일인들은 자신들의 이웃이었던 유대인들이 체포되는 동안 그저 구경만 했다. 제2차 세계 대전 이후 독일군 점령지에서 유대인 학살과 박해가 시작되었고, 전 유럽의 유대인을 동유럽으로 수송해서 강제 노동을 시켰으며, 죽음으로 유도했다. 절멸 정책이라고 불리는 이 일은 독소 불가침 조약의 결과 유대인을 유럽 이외의 지역으로 추방할 수 없었기 때문에 시행되었다.

42

20세기의 두 번째 재앙
– 제2차 세계 대전

인류가 저지른 가장 우매한 전쟁인 제2차 세계 대전의 시작과 끝은?

"독일군은 4년 안에 전투태세를 갖출 것이다. 독일 경제는 4년 내에 전쟁의 발판을 마련할 것이다." 아돌프 히틀러는 1936년의 어느 비밀 메모에서 이렇게 주장하고 있다. 그러나 그는 대외적으로는 평화를 사랑하는 정치가로 행세했고 1936년 베를린 올림픽을 통해 그런 이미지를 선전했다. 히틀러의 술수에 눈이 먼 대부분의 사람들은 그가 베르사유 조약을 어기며 병역 의무를 도입하고 비무장 지대인 라인란트에 군대를 배치했을 때도 그 속셈을 간파하지 못했다. 1938년 3월 14일에 이루어진 오스트리아의 '합병'도 역시 베르사유 조약에 위배되는 것이었다. 히틀러는 자신의 고국 오스트리아를 아주 손쉽게 독일 제국의 일부로 만들어 버렸다. 이웃 국가들은 히틀러의 뻔뻔스런 처사 앞에 완전히 체면이 구겨졌지만 그것 때문에 히틀러와 전쟁까지 할 생각은 하지 못했다. 히틀러는 그로부터 반년 뒤 350만 명의 독일인이 살고 있는 주데텐란트의 병합을 요구했다. “이것은 유럽에서의 영토에 대한 나의 마지막 요구다.” 그러한 요구는 모든 독일인들을 제국의 품 안으로 데려오기 위한 것이었다.

유럽의 열강들은 계속되는 히틀러의 정복 전쟁을 그저 구경만 하고 있었다. 그들은 때로는 미약하나마 항의 표시를 하기도 하고, 때로는 양보를 하여 달래 보기도 했다. 하지만 히틀러는 그 정도로 멈출 위인이 아니었다. 그는 『나의 투쟁』에서 독일인의 권리로서 요구한 ‘동쪽의 생활 공간’을 확보하고자 했고, 주변 강국들의 유화적 태도는 그의 이러한 결심을 더욱 부추기는 결과를 낳았다. 1939년 9월 1일 히틀러의 명령으로 독일군이 폴란드를 급습함으로써 제2차 세계 대전이 시작되었다.

독일군은 폴란드를 침공하면서 전격전電擊戰이라고 하는 새로운 전략을 처음으로 시험해 보았다. 전격전에서는 우선 빠른 전차 부대가 전투기의 엄호를 받으며 적국 깊숙이 침투하고, 보병 부대가 뒤를 따라 들어가며 확보된 지역을 점령한다. 독일은 이렇게 하나의 적을 상대로 모든 전력을 집중 투입함으로써 속전속결로 승부를 내야 했다. 여러 개의 전선에서 장기전을 동시에 치를 수 있는 형편이 아니었기 때문이다. 장기전에 필요한 전비는 점령한 지역에서 쥐어짜 내야 했다.

새로운 전략은 덴마크·노르웨이·벨기에·네덜란드, 그리고 심지어 프랑스에서까지 성공을 거두었다. 불과 프랑스 침공 5주 만에 독일군이 파리에 입성하자, 프랑스는 1940년 6월 22일 항복을 인정하지 않을 수 없었다. 히틀러는 항복 문서의 조인 장소로 상징적인 곳을 골랐다. 바로 1918년 11월 11일 독일이 휴전 협정에 서명한 곳, 즉 콩피에뉴 숲의 어느 열차 칸이었다. 히틀러는 이것으로 베르사유의 치욕을 씻어 냈다고 믿었고, 많은 독일인들은 그를 역사상 가장 위대한 장군으로 추앙했다. 히틀러의 기세를 꺾을 사람은 이 세상에 아무도 없는 것처럼 보였다.

독일군이 최초의 타격을 입은 것은 영국과의 전쟁에서였다. 독일 공군이 몇 달 동안 영국의 도시들을 폭격했음에도 그들의 저항 의지는 수그러들 줄 몰랐다. 그러자 히틀러는 일단 공격을 중단하고 본래의 목표, 즉 자신의 이데올로기적인 천적 소비에트 공산주의자들에게 총부리를 돌렸다.

1939년에 히틀러는 스스로 스탈린과 체결한 독소 불가침 조약을 완전히 무시하고 1941년 6월 22일에 '바르바로사 작전'을 개시했다. 소비에트 제국에 대한 공격이 시작된 것이다. 처음에는 독일의 전격전이 다시 성공하는 것처럼 보였다. 같은 해 10월에 독일군은 모스크바 턱 앞에 도달했다. 그런데 겨울이 평소보다 훨씬 더 빨리 찾아와 독일군의 전진을 어렵게 했다. 과거 나폴레옹 군대가 그랬듯이 독일군 역시 러시아의 겨울에 대처할 만한 준비를 갖추지 못한 상태였다. 보급이 원활하게 이루어지지 못했고 손실은 커져만 갔다. 기습 공격에 당황했던 붉은 군대는 이제 전열을 가다듬고 반

❖ — 유럽과 전 세계를 공포와 죽음의 수렁으로 내몬 원흉인 이탈리아의 무솔리니와 독일의 히틀러. 히틀러에게 무솔리니는 자신이 따라야 할 일종의 롤 모델이었다. 무솔리니는 제2차 세계 대전 도중 체포되었고, 히틀러는 독일 항복 직전에 자결했다.

격을 시작했다. 이로써 전격전은 실패로 돌았다. 독일군은 이듬해 여름에 다시 한 번 기세를 올리며 스탈린그라드(지금의 볼고그라드)까지 진격했지만, 겨울이 되자 30만 대군이 이곳에서 옴짝달싹 못하고 포위되고 말았다. 독일군의 상황이 절망적이었음에도 히틀러는 항복을 금지했다. 제6군은 전멸당했다. 스탈린그라드 전투는 전쟁의 전환점으로 여겨지고 있다. 독일 국내에서는 여전히 '최종 승리'가 눈앞에 왔다는 선전이 난무하고 있었지만, 이때부터 독일군은 사실상 후퇴에 후퇴를 거듭하기 시작했다.

❖ — 스탈린그라드 전투에서 포로로 잡힌 독일군 병사들. 독일은 러시아 내륙에서 혹독한 겨울을 겪으며 참패했다. 이 전투는 제2차 세계 대전의 중요한 전환점이 되었다.

그러는 사이에 유럽의 전쟁은 세계 대전으로 확산되었다. 독일의 동맹국으로는 파시즘 체제의 이탈리아 외에 일본이 있었는데, 일본은 이러한 동맹을 통해 동남아시아 지역에서 이권을 챙길 수 있으리라고 기대했다. 1941년 12월 7일, 진주만에 주둔하고 있던 미국 태평양 함대를 기습 공격함으로써 미국을 전쟁에 끌어들인 것도 일본이었다. 이미 제1차 세계 대전에서 그랬듯이 미국이 참전하면 독일과 그 동맹국들이 패배할 수밖에 없으리라는 것은 누구나 알고 있는 명백한 사실이었다. 그러나 힌덴부르크와 루덴도르프와 같은 제1차 세계 대전의 장군들처럼 '역사상 가장 위대한 장군' 또한 항복할 생각이 조금도 없었다. 그러느니 차라리 수백만의 인명을 계속 희생시키는 편을 택했다. 히틀러 수하의 장군들도 그런 입장을 지지했다.

❖ — 히로시마에 원자 폭탄이 투하된 이후 2~5분 동안 폭발에 의한 거대한 구름이 형성되었다. 히로시마 지역 인구의 30퍼센트인 약 7만 명이 사망했고 13만 명이 끔찍한 부상을 입었다.

이탈리아의 무솔리니는 1943년 7월 25일에 비토리오 에마누엘레 3세의 명령으로 체포되었다. 이탈리아는 이로써 독일의 반대편으로 넘어가 버렸다. 반면, 독일에서 감히 히틀러를 체포할 수 있는 사람은 없었다. 1944년 7월 20일, 슈타우펜베르크 대령의 히틀러 암살 기도는 실패로 돌아갔다. 전쟁은 계속되었고, 이제 독일 땅이 전쟁의 중심 무대가 되었다. 독일의 도시들은 폭격당했고, 동쪽에서는 러시아의 붉은 군대가, 서쪽에서는 서방 연합군이 진격해 왔다. 1945년 봄에 독일은 외국 군대에 의해 완전히 점령되었다.

1945년 4월 30일에 아돌프 히틀러가 자살했고, 5월 8일에는 독일 지도부의 무조건 항복 선언이 있었다. 이로써 유럽에서의 전쟁은 끝났다. 그러나 태평양 지역에서는 전쟁이 석 달이나 더 계속되다가, 1945년 8월 6일과 9일에 사상 처음으로 히로시마와 나가사키에 원자 폭탄이 투하됨으로써 결국 제2차 세계 대전은 막을 내리기에 이른다. 이 끔찍한 무기의 사용은 일본을 완전히 굴복시키기 위한 것이었고, 결국 그 목적을 달성했다. 이렇게 종결된 제2차 세계 대전은 5,500만 명의 목숨을 앗아갔고, 인간이 무슨 일을 저지를 수 있는지 적나라하게 보여 주었다. 미국은 원자 폭탄의 투하와 함께 역사의 새 장을 열었고, 앞으로 세계 질서를 주도하겠다는 의지를 분명히 했다.

43

동서 냉전의 시대가 열리다

자본주의와 사회주의가 극단적으로 대립하는 냉전 체제는 어떻게 생겨났을까?

이미 종전 이전부터 반히틀러 연합을 이끈 정치 지도자들은 몇 차례의 회담을 가지고 전후 시대의 질서에 관해 논의했다. 이때 한 가지 쟁점은 독일의 전후 처리 문제였다. 하지만 관련 당사자들의 더 큰 관심은 어떻게 하면 여러 국가들이 좀 더 긴밀하게 상호 협력할 수 있는 새로운 세계 질서를 창출하고 파괴적인 전쟁을 예방할 수 있겠는가 하는 데 쏠려 있었다.

1945년에는 총 51개국이 회원국으로 가입한 국제 연합UN, United Nations이 출범했다. 현재 유엔에는 193개 나라가 가입되어 있다. 유엔은 출범 당시 세계 평화의 유지, 인권 보호, 모든 민족의 평등권 보장, 인류의 생활 조건 개선이라는 네 가지 목표를 천명했는데, 이는 오늘날에도 여전히 유효하다.

처음에는 미국·영국·소련, 이 세 강대국이 단합을 과시했다. 1945년 여름 세 나라의 수반이 독일 문제를 논의하기 위해 포츠담에서 만났을 때도 큰 이견은 없었다. 영국의 총리 처칠, 미국의 신임 대통령 트루먼, 소련의 주석 스탈린은 "독일 군국주의와 나치즘이 근절되어야 한다"는 데 의견을 같이하고 카메라 앞에서 서로 악수를 나누었다. 세 나라는 뒤늦게 전승국의 대열에 합류한 프랑스와 함께 독일을 네 개의 구역으로 분할했다. 오데르강과 나이세강을 경계로 그 동쪽 지역은 소련과 폴란드의 관할 아래 놓이게 되었다. 독일에 대한 전체적 책임은 4개 전승국의 최고 사령관으로 구성된 연합군 통제위원회가 맡고 있었으나, 각국은 자국의 점령 지역 안에서 독자적인 통치권을 행사할 수 있었다.

종전 이전에 이미 100만 명에 이르는 독일 민간인들이 전진해 오는 붉은 군대를 피해 서쪽으로 달아났지만, 포츠담 회담 이후에는 피난 행렬이 거의 민족 대이동의 수준에 이르렀다. 동쪽 지역에 살던 1,200만 명의 사람들이 고향에서 쫓겨나 서쪽 지역으로 왔으며, 이는 서쪽 지역의 경제적 부담을 가중시켰다. 더욱이 많은 독일 도시들은 폐허 상태였고 가장 기초적인 생필품조차 구하기 어려운 형편이었다. 엎친 데 덮친 격으로 전승국들은 배상금을 요구하며 산업시설을 통째로 철거해 갔다. 특히 전쟁에서 가장 큰 경제적·인적 피해를 입은 소련(소련에서 전쟁으로 사망한 사람은 2,000만 명에 이르렀다)은 독일에서 거두어 갈 수 있는 것은 다 거두어 갔다. 그것은 물론 이해할 수

❖ — 1945년 전후의 세계 질서를 논의하는 포츠담 회담에서 만난 처칠, 트루먼, 스탈린(왼쪽부터)

있는 일이긴 하지만, 결과적으로 극단적인 생필품 부족 현상을 가져왔고 겨울철에 굶주리는 인구가 급증했다. 이에 완전한 경제 파탄을 우려한 미국은 점령 정책을 변경하게 된다. 물론 그것은 훗날 미국이 즐겨 주장했듯이 단순히 인도적 이유에서만은 아니었다.

미국의 새로운 정책에 결정적인 영향을 미친 것은 소련에 대한 의구심이었다. 모스크바 주재 미국 영사 조지 F. 케넌은 이미 1946년 초에 다음과 같이 썼다. "독일을 러시아와 공동으로 통치하겠다는 것은 망상이다. 또 러시아와 우리가 어느 날 얌전히 독일에서 물러나면 진공 상태에서 건강하고 평화로우며 안정되고 친절한 국가가 생겨날 것이라는 믿음 역시 망상에 지나지 않는다. 우리에게는 우리가 확보한 부분만이라도 안정적이고 우월한 형태로 자립하게 하여 동구 공산주의자들이 넘볼 수 없게 만드는 것 외에 다른 선택의 여지가 없다. (…) 독일이 쪼개지는 한이 있어도 서쪽 영역이나마 전체주의를 막는 방파제가 되도록 하는 편이 낫지, 단일한 독일을 통해 전체주의를 북해까지 진출하도록 내버려 두어서는 안 된다." 케넌은 소련이 예나 지금이나 공산주의에 의한 세계 혁명을 꿈꾸고 있으며, 이 때문에 서유럽을 경제·군사적으로 강화시켜 공산주의에 대한 방파제로 만들어야 한다고 판단한 것이다.

반대로 소련은 미국이 독일과 유럽을 자본주의 진영으로 끌어들여 자국의 위성 국가로 흡수하려 한다고 의심했다. 히틀러와의 전쟁으로 인해 형성된 '부자연스러운 연합 전선'은 이제 흐트러지고, 본격적인 동서 갈등이 시작되었다. 미국 대통령 트루먼은 1947년 3월 12일에 행한 의회 연설에서 훗날 '트루먼 독트린'으로 역사 속에 기록될 새로운 정책을 제시했다. 이에 따르면 세계사의 현 단계에서 모든 국가는 자유롭고 민주적인 서방의 체제와 전체주의적인 동구 공산주의 체제라는 두 개의 대립적 삶의 양식 사이에서 하나를 선택하지 않을 수 없다. 공산주의는 그 본성상 지속적인 팽창을 추구하게 마련이므로, 자유세계는 공산주의의 확산을 막기 위해 방어벽을 세워야 한다. "나는 소련에 예속되기를 거부하는 자유로운 민족과 국민들을 지원하는 것이 미합중국의 기본 정책이 되어야 한다고 믿습니다." 여기서 트루먼이 천명한 저지의 원칙이 이후 수십 년 동안 미국 대외 정책의 방향을 결정했다. 이와 함께 미국은 '세계 경찰'이라는 논란의 여지가 있는 역할을 스스로 떠맡게 된다.

이에 대항해 스탈린은 양 진영의 논리를 개발했다. 이에 따르면 세계는 자유로운 사회주의 진영과 자본주의 · 제국주의가 지배하는 진영으로 분열되어 있어서, 더욱 정의로운 세계를 향한 사회주의의 평화로운 발전의 길을 호전적인 미 제국주의자들이 가로막고 있다는 것이다.

이로써 새로운 초강대국들은 세계를 바라보는 자기 나름의 시각을 제시한 셈이었다. 세계는 이제 두 개의 적대적인 블록으로 나뉘었다. 동서 냉전의 시대가 막을 연 것이다.

위태로운 평화

핵무기와 군비 경쟁으로 유지하는

위험한 균형의 끝은 어디인가?

두 진영이 그 윤곽을 갖추어 가면서, 갈등은 이론적 논쟁이 아닌 실질적 대결 양상으로 치닫게 된다. 경제적으로는 미 외무장관 마셜의 제안에 따라 서유럽의 재건을 위한 지원 작업이 이루어졌다. 서방 국가들은 군사적으로도 더욱 긴밀한 협력 관계에 들어갔다. 1949년에 북대서양 조약 기구 나토NATO가 창설되어, 네덜란드·노르웨이·덴마크·룩셈부르크·미국·벨기에·아이슬란드·영국·이탈리아·캐나다·포르투갈·프랑스가 이 기구에 가입했다. 소련은 이에 대한 대응으로 상호 경제 원조 위원회를 만들고 자국의 세력권 안에 있는 나라들과 '우호 협력 조약'을 체결했다. 루마니아·불가리아·체코슬로바키아·폴란드·헝가리가 먼저 소련과 조약을 체결했고, 나중에 동독도 이 대열에 합류했다.

동과 서를 가로막은 '철의 장막(처칠)'에 의해 독일 역시 분열되어, 1949년에는 두 개의 독일이 건국되기에 이른다. 독일 연방 공화국(서독)의 초대 총리 콘라트 아데나워1876~1967는 일관된 친서방 정책을 추진했고, 독일 민주 공화국(동독)은 동구권 국가들 가운데 가장 열성적인 소련의 충복이 되었다. 냉전은 1950년 소련의 지원을 받은 북한이 공산주의에 의한 통일을 이룩하기 위해 친서방적 국가 남한을 공격하면서 뜨겁게 달구어졌다. 서방 세계는 이를 '자유세계'가 공산주의의 위협에 노출되어 있음을 말해 주는 증거로 받아들였다. 공산주의의 다음 공격 목표는 서독이 될 것이라는 예측도 제기되었다.

❖ — 초강대국인 미국과 소련이 위험한 군비 경쟁을 하는 동안 전 세계는 엄청난 불안과 위협 속에 공포에 떨어야 했다.

나토는 소련이 서방을 감히 넘보지 못하도록 전력을 대폭 증강했다. 이런 상황에서 서독 역시 일정한 군사적 기여를 해야 한다는 목소리가 높아졌다. 하지만 독일이 또 다시 군대를 가지는 것에 대해 우려하는 시각도 없지 않았다. 제2차 세계 대전이 남긴 흔적이 채 사라지지 않은 상황에서 재무장을 둘러싼 첨예한 정치적 논쟁이 독일 안에서 벌어졌다. 아데나워는 신생 국가의 방향과 목표가 달려 있는 중요한 고비마다 자신의 의지를 관철해 왔는데, 이번에도 예외는 아니었다. 그는 1955년 5월 5일에 서독의 나토 가입을 성사시켰고, 1956년에는 새로운 연방군의 사열을 받았다.

서독의 나토 가입을 바라지 않았던 소련은 이러한 상황에 대응하기 위해 1955년 5월 14일에 폴란드·체코슬로바키아·불가리아·루마니아·헝가리·알바니아와 함께 바르샤바 조약 기구를 창설했다. 이로부터 몇 달 뒤에는 동독에 '인민군'이 조직되었고, 1956년에는 동독의 바르샤바 조약 기구 가입이 이루어졌다.

1949년에 소련이 이미 핵무기 개발에 성공하기는 했지만, 이 무렵까지만 해도 미국은 소련에 대해 확실한 우위에 있다고 느끼고 있었다. 소련에는 미국을 위협할 만한 장거리 미사일이 없었다. 하지만 1957년에 소련이 지구 주위를 도는 인공위성(최초의 인공위성으로 스푸트니크라고 부른다)을 쏘아 올리는 데 성공하자, 미국은 큰 충격에 휩싸였다. 소련이 미국 영토에 대한 공격 능력을 갖추고 있음이 명백해졌기 때문이다.

'스푸트니크 쇼크'는 양국의 군비 경쟁이 새로운 단계로 진입하는 계기가 되었다. 그러나 이 경쟁에서는 그 어느 쪽도 결정적인 우위를 차지할 수 없었다. 이 때문에 '공포의 균형'이라는 말이 생겨났다. 함께 공멸할 수 있다는 두려움 때문에 두 강대국은 군사적 행동을 자제하지 않을 수 없었던 것이다. 공포의 균형이 그 위력을 처음으로 드러낸 것은 1961년 8월에 이루어진 베를린 장벽의 설치를 통해서였다. 동독의 권위주의적 정권은 자국민이 경제적으로 풍요롭고 정치적으로 더 자유로운 서쪽 지역으로 넘어가는 것을 막기 위해 동베를린과 서베를린 사이에 장벽을 세웠다. 서방 강국들이 이에 대해 항의 표시를 하고 미국이 몇 대의 탱크를 움직이기는 했지만, 그 이상의 일은 벌어지지 않았다. 서방의 공식적 관점에 따르면 장벽 설치는 '소비에트 세력권 내부에서 벌어진 사건'일 뿐이었다.

이보다 훨씬 더 심한 긴장 상황이 벌어진 것은 소련이 '바로 미국의 대문 앞에서' 사회주의 국가 쿠바를 지원하고 이곳에 비밀리에 로켓을 설치했을 때였다. 미국의 정찰기에 의해 1962년 10월 15일에 로켓 발사대가 발견되자, 케네디 대통령1917~1963은 즉시 강경 대응 조치를 취했다. 그는 쿠바 주위의 해상을 봉쇄하고 동원령을 선포한 다음, 소련 공산당수이자 국가 원수인 니키타 후르시초프1894~1971에게 로켓을 철수시키라는 최후통첩을 보냈다. 13일 동안 세계는 언제 제3차 세계 대전이 일어날지 모르는 극도의 위기 상황에 놓여 있었다. 하지만 결국 후르시초프가 로켓을 철수시킴으로써 긴장은 해소되었다.

쿠바 위기는 최근 역사의 중요한 전환점으로 평가되고 있다. 이를 계기로 두 초강대국은 '힘의 정치'가 막다른 골목에 이르렀다는 사실을 인식하게 되었다. 어느 나라도 자국을 포함해 세계 전체가 전멸해도 좋다고 판단하지 않는 한 핵무기를 사용할 수는 없었다. 어느 한 쪽이 상대방을 완전히 눌러 이길 수 있다는 생각은 더 이상 할 수 없게 되었다. 관련 당사국들에게 분명해진 건 당분간 서로 평화롭게 지내는 것이 유일한 선택이라는 사실이었다. 모스크바와 워싱턴은 위협적인 상황에서 신속한 의사소통을 할 수 있도록 핫라인

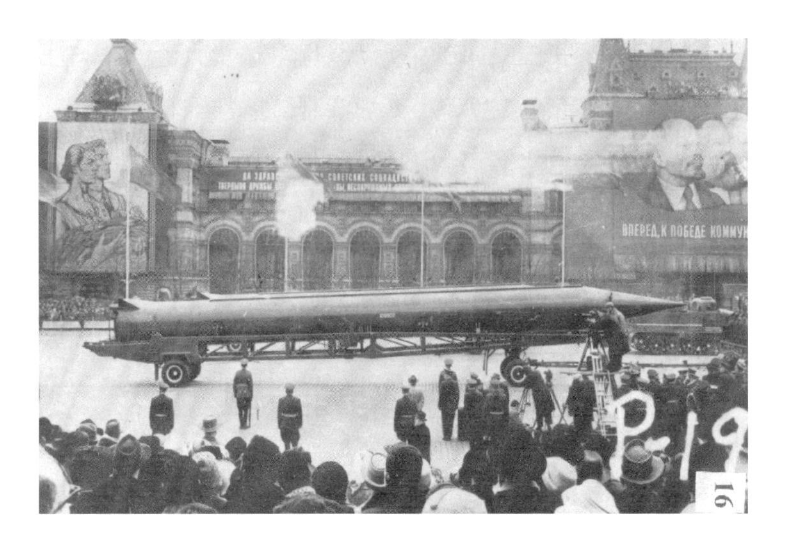

❖ — 소련의 붉은 광장을 지나는 중거리 미사일. 미국은 소련이 인공위성을 쏘아 올리자 중장거리 미사일에 대한 위협을 느끼기 시작했다. 이런 상황에서 소련이 쿠바에 미사일을 배치하려는 움직임을 보이자, 미국은 즉시 대응했다. 이 일은 제3차 세계 대전을 촉발할지도 모른다는 위기와 긴장을 형성했다.

(hot line, 미국과 옛 소련 사이에 개설된 직통 텔레타이프 통신선)을 설치하는 데 합의했다. 이와 아울러 군비 경쟁을 억제하기 위한 조심스러운 시도가 이루어지기 시작했다. 이제 두 초강대국의 관계는 공격적인 대결에서 평화 공존의 방향으로 서서히 변화해 갔다.

45

꼴찌들의 도전
– 제3세계의 등장

미국과 소련 양대 진영을 벗어나 독자적인 길을 모색한 제3세계 등장의 의미는 무엇인가?

두 차례의 세계 대전을 거치면서 전통적인 유럽 열강들은 세계 정치에서 지배적인 지위를 상실하고 말았다. 그 결과 1945년부터 20년이 채 못 되는 동안 아시아와 아프리카의 식민지 대부분이 독립을 하게 된다. 영국의 경우에는 자국의 식민지를 대체로 순순히 포기하여 이 과정에서 별다른 충돌이 없었던 반면, 프랑스·네덜란드·벨기에·포르투갈의 식민지들은 독립을 얻기까지 오랫동안 치열한 전쟁을 치러야 했다.

하지만 독립의 기쁨이 지나간 뒤에 신생 국가들은 산적한 난관을 힘겹게 헤쳐 나가야 했다. 공무원·교사·기술자·의사와 같은 전문 인력이 절대적으로 부족했다. 또 많은 국가들이 인위적으로 만들어진 까닭에 국가 수립 이후 민족적·종교적·사회적 갈등이 분출하지 않을 수 없었다. 예를 들어 탄자니아는 저마다 고유한 언어와 문화를 가진 120개 이상의 부족으로 이루어진 나라였다. 그러다 보니 부족 간의 전쟁이 그칠 날이 없었다. 이러한 갈등과 충돌은 그렇지 않아도 어려운 신생 국가의 상황을 더욱 악화시켰다.

대체로 독립 운동가들의 집단에서 생겨난 이들 국가의 정당이나 정부는 혁명적이고 민주적인 정치 노선을 표방하면서 사회적 불평등의 해소, 오랜 고유의 전통과 근대 문명의 성과를 결합한 사회주의 사회의 건설을 약속했다. "우리는 두 개의 문명 사이에서 동요하고 있다." 어느 나이지리아 시인은 이렇게 말한 바 있다.

그러나 이러한 동요 상태는 그리 오래가지 않았다. 민주주의 문화의 부재는 얼마 지나지 않아 하나의 정당이나 부족, 군사 집단, 혹은 일인이 지배하는 권위주의 정권의 출현을 초래했다. 게다가 그러한 대부분의 지배 집단은 사리사욕을 채우는 데 혈안이 되었기 때문에, 일반 민중들은 오랜 고난의 세월을 견뎌야 했다. 전쟁과 내전, 경제 분야에서의 경험 부족과 부패는 전 국민의 궁핍화와 기아 사태를 낳았다.

이러한 결과가 발생한 데는 선진 산업국들에게도 일정한 책임이 있다. 이들 국가, 그중에서도 특히 미국이 50년 전부터 상당한 원조를 제공한 것은 사실이지만, 신생 국가들이 경제적인 자립성과 경쟁력을 갖추도록 하는 근본적 차원의 지원은 게을리했던 것이다. 선진 산업국에게 있어 과거의 식민지들은 여전히 천연자원의 공급처이자 소비 시장일 뿐이었다.

냉전은 '개발 도상국들' 또한 동서 갈등의 소용돌이 속으로 몰아 넣었다. 소련을 위시한 사회주의권은 세계 공산주의 혁명을 위해 개발 도상국 내의 혁명 세력과 정권을 지원했다. 이에 대해 미국 대통령 아이젠하워는 어느 한 나라가 혁명으로 쓰러져 공산화되면 주변 국가들도 연쇄적으로 무너질 것이라는 '도미노 이론'을 주장했다. 그런 사태가 발생하는 것을 어떻게든 막으려는 것이 서방의 전략이었다. 이 때문에 '적의 적은 친구'라는 단순한 논리에 따라 지독하게 부패한 독재 정권조차 공산주의에 반대하기만 하면 서방의 지원을 받을 수 있었다.

미국은 필요하면 전쟁에도 직접 관여했다. 그리하여 1960년대 중반부터는 베트남에 군대를 파견했는데, 이 참혹한 전쟁에서 한때 50만에 가까운 미군 병사들이 전투를 수행했다. 미군이 자행한 엄청난 폭격과 파괴 행위는 결국 전 세계적 저항에 직면했고 미국 내에서도 반전 시위가 일어났다. '무한한 가능성의 나라' 미국도 베트남에서만큼은 모든 게 가능한 것은 아니라는 쓰라린 진실을 인정해야 했다. 1973년에 공산주의 지도자 호치민1890~1969이 이끄는 북베트남과 미국의 지원을 받던 남베트남은 휴전 협정을 맺었고, 미군은 베트남에서 철수했다. 그럼에도 전쟁은 계속되었다. 2년 뒤 북베트남이 최종적으로 승리를 거둠으로써 두 나라는 베트남 사회주의 공화국으로 통합되었다. 하지만 우려하던 도미노 효과는 발생하지 않았다.

❖ — 베트남 전쟁 중 미군 공수부대가 낙하산을 타고 베트콩 지역으로 침투하고 있다. 미국은 베트남이 공산화되는 것을 목격하면서도 철수할 수밖에 없었다.

과거의 식민지에 대해 최대한의 영향력을 확보하려는 자본주의 진영과 공산주의 진영의 투쟁이 계속되는 가운데, 이른바 개발 도상국들을 총칭하는 '제3세계'라는 개념이 생겨났다. 그것은 부유한 서구 민주주의 국가들(제1세계)과 동구 사회주의 국가들(제2세계)에 이은 세 번째 세계라는 의미다. 제3세계 국가들은 자국의 이익을 지키기 위해 점차 이 두 세력권으로부터 벗어나고자 했다. 1955년 4월, 인도네시아 반둥에서 어느 블록에도 가담하지 않은 비동맹 국가들이 최초로 한자리에 모여 독자적인 입장을 천명했다. 이들은 장차 국제 정치의 향방에 영향을 미치는 제3의 세력이 되고자 했다. 비동맹 세력의 주요 지도자는 이집트 대통령 나세르, 인도 총리 네루, 유고슬라비아 대통령 티토였다. 제3세계의 비동맹 세력은 수적인 면에서 제1세계와 제2세계를 훨씬 능가했지만, 이후에도 국제 정치의 주도권은 여전히 후자의 수중에 놓여 있었다.

46

중동 분쟁

이스라엘과 아랍의 끝이 보이지 않는 갈등의 원인은 무엇인가?

제2차 세계 대전 이후 국제 정치의 주요 현안으로 떠오른 문제로는 지금까지 논의된 동서 갈등과 남북 갈등 외에 이스라엘과 아랍 사이의 갈등을 들 수 있다. 이 문제는 어떻게 생겨난 것일까?

문제의 근원을 찾으려면 19세기 말에 발생한 유대인의 민족 운동으로 거슬러 올라가야 한다. 1896년, 유대계 언론인인 테오도르 헤르츨은 『유대인 국가』라는 저서에서 팔레스타인에 유대인의 국가를 건설하여 전 세계에 흩어져 있는 유대인들이 시온으로 귀환할 수 있게 하자고 주장했다. 예루살렘의 작은 언덕 이름인 시온은 과거 유대인들이 로마인의 박해 때문에 떠날 수밖에 없었던 '약속의 땅'을 상징하게 되었다.

1920년대와 1930년대에 이미 유럽의 유대인들이 처음으로 팔레스타인으로 이주하기 시작했는데, 그중에는 나치의 박해를 피해서 온 사람들이 많았다. 제2차 세계 대전이 끝날 무렵에는 40만 명의 유대인이 팔레스타인 지역에 살고 있었다. 팔레스타인에 정주하던 아랍계 주민들에게 이들은 심각한 위협이었다. 결국 쌍방 간에 충돌이 발생하기에 이르렀다. 유엔은 이 문제를 해결하기 위해 1947년 11월에 팔레스타인을 유대 국가와 아랍 국가로 나누고 예루살렘을 국제도시로 만들기로 결정했다. 그러나 아랍인들은 팔레스타인 전체가 자기 나라라고 생각했기 때문에 이 안을 거부했다. 유대인은 유엔의 결정을 수용했으나 이 결정이 공식적으로 효력을 발휘하기까지 기다리지 않고 1948년 5월 14일에 이스라엘의 건국을 선포해 버렸다. 인접한 아랍 국가들은 이스라엘에 전쟁을 선포했다. 그러나 이들은 공동의 전략 없이 전장에서 개별적으로 싸웠기 때문에 압도적인 전력의 우위에도 패배하고 말았다. 이스라엘은 이 전쟁에서 유엔이 제안한 유대 국가 영토 외에 그것의 3분의 1에 해당하는 지역을 더 차지할 수 있었다.

열 달간의 전쟁을 통해 가장 큰 피해를 입은 것은 팔레스타인에 살던 아랍인들, 즉 팔레스타인인들이었다. 약 75만 명의 팔레스타인 사람들이 고향에서 쫓겨나거나 고향을 떠나야 했다. 이때부터 그들은 주변 아랍 국가의 난민 수용소에서 생활하면서, 유대 국가를 제거하고 고향으로 돌아갈 날만을 손꼽아 기다리게 되었다. 이처럼 이스라엘은 적대적인 아랍 국가들과 팔레스타인인들에게 둘러싸여

❖ — 이스라엘 독립의 상징적 존재이자 초대 총리인 다비드 벤구리온이 1948년 5월 14일에 이스라엘 건국을 선포하고 있다. 벽에 걸린 그림 속의 인물은 '유대 민족의 시온 귀환'을 주장했던 테오도르 헤르츨이다.

지속적인 존립의 가능성이 불확실한 상태였다. 이스라엘이 버틸 수 있었던 것은 미국의 지원이 있었기 때문이다. 역으로 소련은 아랍 국가들을 지원했다. 그러나 1956년, 1967년, 1973년의 중동 전쟁에서 이스라엘은 기존의 국경선을 지켰을 뿐만 아니라 심지어 새로운 영토를 점령하기까지 했다.

아랍 국가들도 이스라엘을 꺾지 못했는데, 팔레스타인 사람들이 이스라엘의 상대가 될 수는 없었다. 그럼에도 그들은 이스라엘을 향한 격렬한 증오심으로 투쟁을 계속했다. 이들의 주무기는 폭탄 테러였다. 1959년, 야시르 아라파트는 수많은 팔레스타인 지하 운동 세력을 규합하기 시작했다. 결국 1964년에 팔레스타인 해방 기구PLO가 결성되었고, 아라파트는 1969년에 이 기구의 의장이 되었다. PLO는 암살, 폭탄 테러, 비행기 납치 등으로 세계에 팔레스타인 문제에 대한 주의를 환기시키고 서방을 팔레스타인인들이 생각하는 문제 해결 방향으로 끌고 가려 했다.

1970년대에 동서 갈등이 완화되고 화해 분위기가 조성되었을 때 미소 양국은 중동의 동맹국들에 압력을 가해 협상 테이블로 이끌어 냈다. 1977년, 이집트 대통령 사다트가 평화 회담을 위해 이스라엘로 간 것은 당시로서는 세계를 깜짝 놀라게 할 일대 사건이었다. 그 결과 평화 협정이 맺어졌고, 이에 따라 이스라엘은 1967년에 정복한 시나이반도를 이집트에 반환했다. 하지만 팔레스타인인들에게는 별다른 소득이 없었다. 그들의 싸움은 계속되었다.

이스라엘이 점령 지역에 유대인 정착촌을 추가로 건설함에 따라 긴장은 더욱 첨예해졌다. 1987년에 PLO는 인티파다(봉기)를 선포했다. 그것은 이스라엘에 대한 공개적인 투쟁을 시작하겠다는 뜻이었다. 아이들, 청소년, 여자들까지 이스라엘 병사와 민간인들을 공격했다. 인티파다 운동은 급속히 확산되었고, 긴장 완화 정책에도 팔레스타인인의 상황이 전혀 변화하지 않았음을 전 세계에 인식시키는 계기가 되었다.

미국은 관련 당사자들에게 협상 압력을 강화했다. 특히 몇몇 아랍 산유국들이 서방 산업 국가들에게 원유 공급을 중단하겠다고 위협했기 때문에 미국으로서도 중동 분쟁의 조기 해결을 추진하지 않을 수 없었다. 몇 차례 회담 끝에 PLO는 이스라엘이 존재할 권리를 인정하기에 이르렀다. 이제 팔레스타인 국가는 이스라엘의 자리에 대신 세워질 것이 아니라 이스라엘과 나란히 세워져야 했다. 그 대가로 이스라엘은 PLO를 팔레스타인인들의 대표 기구로 인정하고 점령 지역에서 팔레스타인인들이 자치권을 행사하는 데 합의했다. 그러나 이스라엘과 팔레스타인의 관계는 협상을 통해 개선되다가도 양측의 발언과 행동을 통해 다시 악화되기 일쑤였다. 아라파트는 팔레스타인 내 극단주의자들의 테러를 막는 데 실패했고, 이스라엘은 아라파트가 그럴 의지가 아예 없다고 단정하고 테러 행위에 대해 엄청난 보복 공격으로 대응했다.

중동 분쟁은 사실상 그리 크지 않은 땅 덩어리 안에서 벌어지는 두 민족의 갈등에 지나지 않는다고 할 수 있다. 하지만 이 문제가 국제 정치적으로 중요한 의미를 지니는 것은 이곳에서 아랍·이슬람 세계와 서방의 가치가 충돌하고 있기 때문이다. 그렇다고 이슬람 국가들이 단일한 정치적 블록을 형성하고 있는 것은 결코 아니다. 예컨대 이란은 1979년에 아야톨라 호메이니가 친서방적인 팔레비 정권을 무너뜨린 이후 엄격한 이슬람 국가가 되었는데, 이웃 나라인 이라크의 독재자 후세인은 호메이니의 사상이 자국에 전파되는 것을 막기 위해 이란과 전쟁을 시작했다. 또 이라크는 1990년에 쿠웨이트를 기습 공격해 점령했으나, 1991년 미국의 개입으로 쿠웨이

❖ — 2001년 비행기 테러를 당한 뉴욕의 세계 무역 센터가 불을 뿜고 있는 모습. 이 사건을 비롯하여 전 세계에서 벌어지고 있는 테러는 중동 분쟁이 팔레스타인 지역만의 문제가 아니라 아랍과 서방의 대립이라는 점을 확인하게 한다. © Dan Howell

트에서 퇴각했다(걸프 전쟁). 이것은 아랍 국가가 아랍 국가를 공격하고, 서방 국가가 아랍 국가를 지원한 사례라고 할 수 있다.

그럼에도 거의 모든 아랍인들에게 이스라엘과 팔레스타인의 갈등은 아랍 세계에 대한 서방의 입장을 가늠하는 시금석으로 여겨지고 있다. 그들은 서방이 이스라엘을 일방적으로 편들 때, 이를 아랍에 대한 적대 행위로 간주한다. 적잖은 이들이 그러한 태도 뒤에 낡은 식민지 시대의 편견이 작용하고 있다고 생각한다. 이러한 시각이 극단화되면 현재 아랍, 이슬람 세계와 서방 세계가 전쟁 중이라는 관념으로까지 발전한다. 광적인 이슬람 테러 조직들은 이런 관념을 유포하면서 조직원을 모집하고 있으며, 2001년 9월 11일 세계 무역 센터 폭파 사건 이래 서방은 이들 조직에 대해 심각한 공포와 불안을 느끼고 있다. 단순히 원유 때문이 아니라 세계인의 안전과 평화를 위해서, 중동 분쟁은 조속히 해결되어야 한다.

중국 –새로운 강대국

중국은 어떻게 반세기 만에 후진국에서 세계적인 경제대국으로 발전했을까?

중화 인민 공화국이 수립되었을 때의 상황은 좋지 않았다. 1949년 건국 당시의 중국은 매우 가난한 나라였다. 수백만 명이 굶주렸고 기대 수명도 겨우 35세에 불과했다. 마오쩌둥의 지도하에서 공산주의자들은 경제적으로 뒤떨어진 농업 국가였던 중국의 근대화를 추진했다. 이를 위해 필요한 지원을 제공한 것은 소련이었다. 소련은 수천 명의 분야별 전문가를 중국에 파견했다. 중국은 소련의 모델에 따라 재화의 생산과 분배를 중앙 정부가 관리했다. 소련에서와 마찬가지로 중공업 우선 정책이 펼쳐졌는데, 이는 가능한 한 빠르게 선진 산업 국가들을 따라잡기 위한 선택이었다. 농업 부문에서는 토지 개혁이 단행되었다. 대지주들은 토지를 몰수당했을 뿐만 아니라 그들 가운데 80만 명 이상이 처형되었다. 여기서도 중국이 어느 정도로 스탈린식 소련 체제를 따랐는지가 분명히 드러난다. 몰수된 토지는 새로 분배되어 집단 농장으로 통합되었고, 이러한 농장의 경영 책임은 여러 마을로 구성된 공동체에 맡겨졌다. 그러나 중국의 공업이나 농업은 계획대로 발전되지 못했다. 이 때문에 마오쩌둥은 1958년 '대약진 운동'을 일으켰다. 농업과 공업에서 부족한 자본을 농민의 값싼 노동력으로 대체하자는 것이 대약진 운동의 취지였다. 농촌에는 각각 약 2만 명으로 구성된 인민공사가 설립되었다. 인민공사는 지역 공동체가 자급자족할 수 있도록 농장과 소규모 공장에서 충분한 양을 생산해 내야 했다. 또 중국 정부는 여성을 생산 현장에 참여시키고 탁아소, 기숙 학교, 공동 식사 및 취침 시설을 세움으로써 전통적 가족의 유대를 해체시키는 동시에 새로운 공산주의적 인간을 양성하는 교육을 실시했다. 마오쩌둥의 목표는 경제 성장과 공산주의 사회로의 이행을 동시에 이루어 내는 것이었다.

그러나 대약진 운동도 원했던 성과를 거두지 못했다. 오히려 식량 생산량이 줄어드는 바람에 대기근이 발생해 2,000만 명 이상이 굶어 죽었다. 마오쩌둥은 자신의 원대한 계획이 실패로 돌아간 데 대한 책임을 당 간부와 관료들에게 돌리면서 이들이 여전히 전통적 사고와 생활 습성에 젖어 있다고 비난했다. 그는 1966년에 문화 대혁명을 선포했다. '관료주의자'·'수정주의자'·'반혁명분자'로 대자보에 거명된 사람들은 자신이 일하던 관청에서, 공장에서, 강의실에서 쫓겨나 죄목을 적은 판자를 가슴에 달거나 삼각형 모자를 머리에 쓰고 길거리에서 이리저리 끌려다녔다. 문화 대혁명을 특히 적극적으로 주도한 세력은 마오쩌둥에 충성하는 중고등학생과 대학생들로 구성된 '홍위병'이었다. 이들의 임무는 '반동분자들'을 정치적으로 재교육하고 위대한 지도자의 가르침을 모두의 머릿속에 주입하는 것이었다. 그들은 날이 갈수록 자의적으로 권력을 휘둘러 대며 사람들을 공포 속에 몰아넣었다. 이 와중에 수십만 명의 지식인들이 살해되거나 강제 노동 수용소에 수감되었다. 군대의 과감한 개입으로 홍위병의 테러 정치는 비로소 막이 내렸다. 문화 대혁명은 1969년에 공식적으로 종결되었다. 그 후 공산당 내부에서는 공산주의 이데올로기에 충실한 좌파와 실용주의적인 우파 간의 권력 투쟁이 일어났는데, 이 투쟁은 1976년 마오쩌둥의 사망 이후 실용주의 노선의 승리로 끝났다.

이미 마오쩌둥이 살아 있을 때부터 시작된 개방의 물결은 이로써 더욱 활발해졌다. 서방의 자본·기계·기술이 들어왔고, 민간 부문에는 더 많은 활동의 자유가 허용되었다. 그 결과 중국은 매년 10퍼센트 이상의 경제 성장률을 기록하면서 중국판 경제 기적을 일으켰다.

그러나 경제 성장에도 불구하고 많은 사람들이 기대한 정치 개혁은 이루어지지 않았고, 이 때문에 사회적 불만은 점차 커져 갔다. 특히 1989년 봄부터 정권에 대한 항의 시위에 가담하는 사람 수가 늘어났다. 반정부 운동은 톈안먼 광장에서 100만 명 이상이 민주화를 요구하는 시위를 벌임으로써 그 정점에 이르렀다. 1989년 6월 3일 밤, 중국의 지배자들은 평화롭게 시위하는 대학생들을 탱크로 짓밟아 버렸다. 이로써 그들은 중국이 정치 영역에서까지 '서구화'되지는 않을 것이라는 점을 대내외에 분명히 밝힌 셈이었다. 미국과 유럽의 기업들은 이 사건에도 중국에서 철수할 생각이 전혀 없었다. 11억 인구의 중국은 너무나 중요한 경제 파트너였던 것이다.

중국은 국제 정치 무대에서도 점차 자신의 목소리를 높여 갔다. 세계에서 인구가 제일 많은 나라인 중국은 1960년대에는 소련과의 관계를 단절하고, 세계 초강대국들 사이에서 독자적인 노선을 걷고자 했다. 중국은 1964년에 핵실험 성공으로 소수의 핵보유국 대열에 진입했으며 1971년에는 유엔 가입과 동시에 유엔 안전 보장 이사회 상임 이사국이 되었다. 이후 중국은 유엔에서 강력한 목소리를 내고 있다. 하지만 중국이 새로운 강대국으로 부상하게 된 데에는 경제 발전이 결정적인 역할을 했다. 중국의 경제는 놀라울 속도로 초고속 성장을 계속했다. 선박, 자동차, 하이테크 제품, 장난감, 의류 등 '세계의 공장'이라 불리는 중국이 생산하는 제품은 세계 어느 곳에서든 판매되었다.

인구의 다수가 여전히 가난한 농민으로 살아가고 있는데도 중국은 경제대국으로 발전했다. 2003년에 중국은 최초로 '숙적'인 일본보다 더 많은 상품을 수출했고 미국에 이어 세계 제2위의 경제대국으로 발돋움했다. 이러한 발전은 중국인들에게 커다란 자부심을 안겨 주었다. 나아가 중국은 2009년에는 미국과 독일을 제치고 세계 1위의 수출국이 되었고, 이후에도 1위 자리를 놓치지 않았다. 중국보다 더 많은 상품을 수출한 나라는 없었다. 중국은 수출액보다 수

❖ — 중국의 대표적인 무역·상업·금융 도시인 상하이. 중국은 자본주의 경제 체제를 도입함으로써 경제대국의 반열에 올랐다. 하지만 경제 발전과는 달리 국민과 지도부의 정치 의식과 인권 문제에서 더 성숙해져야 한다는 숙제를 안고 있다.

입액이 훨씬 적었기 때문에 매년 엄청난 액수의 대외 무역 흑자를 기록했다. 중국 정부는 이러한 무역 흑자 금액의 대부분을 돈이 필요한 나라들에 이자를 받고 빌려주었다. 2013년 9월까지 중국은 이런 방식으로 3조 6,600억 달러를 축적했다. 미국만 해도 중국에 빚진 금액이 약 2조 달러에 달했다. 중국의 주석은 한 연설에서 이러한 사실을 지적하며 미국에 채무를 제때 갚을 것을 요구하기도 했다. 두 국가 사이에 벌어지는 이러한 일은 '외교적 따귀 때리기'라고 불린다. 이는 21세기 초에 권력 지형도가 중국에 유리한 방향으로 흘러가고 있음을 보여 주는 사례였다.

중국은 경제뿐만 아니라 과학 기술에서도 초강대국이 되었다는 사실을 우주 비행 프로그램으로 과시했다. 중국의 달 탐사 위성 '창어 3호'가 2013년 12월 14일 달에 착륙했다. 얼마 후 창어 3호에 탑재된 탐사 로봇 '위투玉兎, 옥토끼'가 분리되어 달의 지형과 지질 구조를 탐사하고 각종 사진과 관측 자료를 지구로 전송했다. 중국의 관영 통신사인 신화통신은 "이번 달 착륙 성공으로 중국 우주 항공 기술은 새로운 산 정상에 올랐다"며 "달 착륙은 국가 부흥을 추구하는 '중국의 꿈'을 실현하는 계기"가 될 것이라고 전했다.

새로운 초강대국 중국은 이러한 놀라운 발전을 이루었지만 세계의 여론은 중국의 정치 지도부가 자국민들을 어떻게 대하고 있는지 끊임없이 질문하고 있다. 2004년부터 중국의 헌법은 '국가는 인권을 존중하고 보장한다'고 명문화했다. 하지만 자의적인 체포가 여전히 행해지고 있고 인터넷 사이트는 차단되고 시위는 무차별적으로 진압된다. 인권을 어떻게 규정하고 국민에게 어떤 권리를 부여할지를 결정하는 것은 여전히 공산당 지도부이다. 세계에서 가장 인구가 많은 중국 국민은 더 부유해지고 더 많은 교육을 받게 되었다. 하지만 중국 국민이 더 많은 정치 참여도 요구하게 될지의 여부는 지켜보아야 한다.

경제대국 일본

고도성장과 '잃어버린 10년'의 여파는?

일본의 발전은 중국의 경우와는 그 성격이 전혀 달랐다. 제2차 세계 대전에서 패배한 후 일본은 미국에 점령당했다. 미국은 서독에서처럼 민주화 작업을 추진하는 한편, 교육 제도를 개혁했고 대토지 소유를 금지했다. 1947년에는 새로운 헌법이 제정되어 일본은 의회 민주주의 국가가 되었다. 천황은 여전히 일본의 국가 원수였지만, 더 이상 정치권력은 없었고 국가 통합의 상징적 존재로 남았다. 일본 경제의 재건은 미국의 풍족한 지원을 통해 가속화되었다. 이와 함께 한때 미국의 적이었던 일본이 이제는 미국의 동아시아 전략에서 중요한 거점으로 떠올랐다. 1951년 평화 조약 서명으로 일본은 주권을 회복했고, 미국의 동맹국이 되었다. 1956년에는 유엔 가입이 이루어졌다. 이 시기에 일본 경제는 고도성장의 가도에 들어섰다. 일제 라디오·텔레비전·비디오·사진기·컴퓨터·산업용 로봇·자동차가 전 세계 시장을 석권했다. 급속한 경제 발전으로 일본은 불과 20년 만에 미국에 이어 세계 2위의 경제대국이 되었다.

1980년대에 이르러 일본 경제가 호황을 누리자 점점 더 많은 외국의 투자자들이 돈을 벌려고 일본 경제에 뛰어들었다. 그들은 일본 기업의 주식과 부동산을 구입했고 일본인들도 이에 질세라 가세했다. 이러한 대규모 수요에 힘입어 물가가 폭등해 실물 경제보다 화폐로 표시된 경제의 규모가 훨씬 커졌다. 이는 거품 경제를 초래했다. 거품 경제가 최고조에 달했을 때 도쿄의 중앙에 위치한 천황궁 공원의 땅값은 미국 캘리포니아 땅 전체와 거의 같은 가격으로 치솟았다.

몇 년 동안은 모두가 경제 호황의 덕을 보았지만 투기가 기승을 부려 잔뜩 부풀려진 거품이 걷히는 사태가 발생했다. 1990년대 초부터 부동산과 주식 가격이 떨어지기 시작했다. 과도하게 투자했던 사람들이 불안감을 느끼고 한꺼번에 부동산과 주식을 팔아서 현금화하려 한 것이다. 이로 인해 주식 시장은 폭락했고 부동산 가격은 4분의 1로 떨어졌다. 부동산과 주식에 큰 자금을 투자했던 기업들이 도산했고 이 기업들에 대출을 해 준 은행과 생명 보험 회사들이 파산을 신청했으며 살아남은 회사들은 정부의 자금 지원으로 겨우 고비를 넘겼을 뿐이었다. 많은 기업들이 경영난을 겪었고 직원들을 해고해야만 했다. 실업률이 5퍼센트를 넘어섰는데, 이는 일본의 상황에는 충격적인 일이었다. 그때까지만 해도 평생직장이 일본 기업 문화를 이루고 있었기 때문이다.

일본 국민들은 생활 여건이 나빠지고 불안감도 커져 지출을 줄였는데, 이는 내수 시장까지 얼어붙게 해서 위기를 심화시켰다. 1990년대의 장기 불황은 '잃어버린 10년'이라 불린다. 일본 정부는 엄청난 자금을 투입하는 경기 부양책을 펼쳐 경제를 부흥시키려고 시도했지만, 기대했던 성장은 이루어지지 않았다. 대신 국가의 빚이 크게 늘어나 일본은 세계에서 가장 빚이 많은 선진국이 되었다.

일본의 보수 정당인 자민당은 이 모든 사태에도 큰 타격을 입지 않은 것처럼 보였다. 자민당은 일시적으로 중단되긴 했지만 1955년부터 지속적으로 집권당이었다. 자민당 정치가들은 마치 국가가 자신들의 것인 양 행동했다. 2009년 8월에 실시된 선거에서 자민당은 결국 심판을 받았다. 자민당은 기존 의석의 반 이상을 잃고 야당으로 전락했다. 민주당이 과반 의석을 차지해 일본 역사상 최초로 정권 교체를 달성했다.

'잃어버린 10년'의 후유증이 서서히 극복되고 있는 것처럼 보였던 2011년 3월 일본을 뒤흔든 재난이 발생했다. 강력한 지진이 쓰나미를 몰고 와 일본 동북부를 강타해 거의 2만 명의 목숨을 앗아갔다. 설상가상으로 후쿠시마의 원자력 발전소도 크게 파손되었다. 원자로의 냉각 기능이 마비되어 노심이 녹아내렸다. 따라서 원자로는 더 이상 통제할 수 없는 상태가 되었고 발전소에 있던 방사성 물질이 외부로 흘러나와 주변의 대기와 물을 오염시켰다. 처음에 원전 관리자들은 재난의 피해 규모를 은폐하고 축소하려고 시도했지

❖ — 지진과 쓰나미로 인해 폐허가 된 마을. 한때 세계 시장을 석권했던 일본은 한국과 중국 등의 후발 주자들에게 따라잡히고 '거품'이 걷히면서 어려움을 겪어야 했다. 그리고 열도 특유의 지형으로 인한 자연재해가 빈번하게 발생하면서 국가적으로 큰 손실을 입고 있다.

만 진상이 빠르게 드러났다. 원전의 반경 30킬로미터 이내의 땅은 아무도 살 수 없는 죽음의 땅이 되었으며 이 지역에 살고 있던 20만 명 이상이 자신들의 주거지를 떠나야 했다. 이들은 방사능으로 오염된 지역으로 다시는 되돌아 갈 수 없었다.

후쿠시마의 대재앙 이후 전 세계적으로 에너지 공급원으로 원자력을 계속 이용하는 것이 타당한지의 여부를 둘러싼 논쟁이 치열하게 전개되었다. 독일, 벨기에, 스위스의 의회는 2011년 여름 원자력 에너지에서 단계적으로 탈퇴하기로 결정했다. 일본에서도 원자력 에너지를 포기하려는 움직임이 있었다. 하지만 2012년 선거에서 자민당이 다시 정권을 잡자 노선이 변경되었다. 일본은 아직 원자력 에너지에 의존할 수밖에 없고 다른 에너지원들은 너무 비용이 많이 든다는 게 그 이유였다. 이미 결정된 원자력 탈퇴는 2013년 1월 31일에 다시 취소되었다.

원자력 에너지를 계속 이용하든 그렇지 않든 일본은 1980년대의 경제대국은 더 이상 아니다. 중국뿐만 아니라 한국, 타이완, 싱가포르, 인도네시아와 같은 나라들도 일본으로부터 배워 생산성을 높였다. 이 때문에 일본 제품들은 세계 시장에서 더 이상 이전처럼 선망의 대상은 아니다. 일본의 엄청난 빚은 자국뿐만 아니라 글로벌 금융 체계에 위협이 되고 있다.

동구권 국가들의 해체

철의 장막을 걷어 낸 개혁과 개방의 물결,
소련과 동구 사회주의 국가들의 운명은?

1960년대 중반에 미국과 서유럽 곳곳에서는 젊은이들이 미국의 베트남 전쟁에 반대하는 시위를 벌였다. 이들의 시위는 단순히 전쟁만 반대한 것이 아니었다. 이들은 아버지 세대의 정치에 대해 근본적으로 이의를 제기하며 경직된 사회 구조와 자신들이 보기에 경제적 이해관계만을 추구하는 세상을 바꾸려고 했다. 서구 세계의 많은 젊은이들은 제3세계의 해방 운동과 연대했다. 또 그들은 국내의 민주주의도 더욱 활력 있고 대중의 의사가 존중되는 방향으로 개선하기를 원했다. 서독 최초의 사민당 출신 총리인 빌리 브란트 1913~1992는 1969년의 취임사에서 이러한 여론을 반영해 '더 많은 민주주의'의 실현을 약속했다.

새로운 변화의 분위기는 철의 장막 앞에서도 멈추지 않았다. 1968년 봄 체코에서 개혁 운동이 일어나 공산당에도 영향을 미쳤다. 새로 공산당 서기장이 된 알렉산드르 둡체크는 민주화와 자유화라는 두 가지 목표를 제시했다. 그는 '인간의 얼굴을 한 사회주의'를 실현하고자 했다. 전 세계의 많은 사람들이 이러한 '프라하의 봄'에 큰 희망을 품었고 자본주의와 공산주의 사이의 제3의 길이 열리기를 기대했다. 하지만 다른 동구권 국가들의 권력자들은 이런 움직임을 막으려고 했다. 그들은 프라하의 봄이라는 '자유의 바이러스'가 퍼질까 두려워했다. 그들 역시 한 나라의 체제가 무너지면 인접 나라들도 차례로 그 영향을 받는다는 도미노 이론을 믿었던 것이다. 1968년 8월 20일 바르샤바 조약 기구의 군대가 체코로 밀고 들어가 프라하의 봄을 끝장냈다. 공산당 지도부는 다시 모스크바에 충성하는 인사들로 교체되었다. 하지만 자유의 바이러스는 탱크와 철조망에도 불구하고 명맥을 유지했다.

동구권 변화에서 중요한 역할을 한 것은 독일(서독) 총리 빌리 브란트의 동방 정책이었다. 이 정책은 무엇보다 동독을 비롯한 동구권 국가들과의 관계 개선을 목표로 했지만, 동서 간의 인적 교류가 지속적으로 늘어나는 결과도 초래했다. 자유의 바이러스가 확산되기에 좋은 여건이 마련된 것이다. 동구권 사람들은 철의 장막 너머 세계의 높은 생활수준에 대해 알게 될수록 소비품에 대한 욕구가 커졌고, 이와 함께 자신들의 열악한 상황에 대한 불만도 높아졌다. 그들은 더 이상 사회주의가 약속한 행복을 기다릴 생각이 없었다. 그

❖ — 프라하에 진주한 소련의 탱크가 불타고 있다. 프라하 시민들은 소련의 압제에 저항해 '프라하의 봄'을 이끌었으나 결국 이러한 움직임은 무력에 막히고 말았다. 하지만 이 사건은 동유럽 자유화에 크게 기여했으며, 소련이 사회주의 국가들과의 관계를 새롭게 정립하는 계기가 되었다.

들은 현 상태보다 더 나아지기를 원했고 그것도 당장 실현되기를 기대했다.

공산주의 국가의 현명한 정치가들은 이런 분위기를 진지하게 받아들였고, 체제의 붕괴를 막기 위해 개혁이 필요하다고 주장했다. 하지만 경직된 당 지도부는 개혁을 체제의 약점을 노출하는 조짐으로만 여기고 거부했다. 1985년 3월에 미하일 고르바초프가 소련의 권력을 장악하자 비로소 동구권에도 변화의 바람이 불기 시작했다. 그는 개혁이 이루어지지 않는다면 공산 국가들의 미래는 없다고 확신했다. 그의 전임자들이 미국 대통령 로널드 레이건에 의해 촉발된 군비 경쟁에 말려들어 엄청난 돈을 군사비에 쏟아부었기 때문에, 그가 집권했을 때 소련 경제는 심각한 곤경에 빠져 있었다. 그는 집권하자마자 레이건과 접촉해 미치광이 같은 군비 경쟁을 중단하자고 제안했다. 그는 그렇지 않아도 빠듯한 나라의 재정을 군비 증강보다는 체제 개혁에 사용하고자 했던 것이다. 그가 내세운 '페레스토로이카(개혁)'와 '글라스노스트(개방)'는 당시 전 세계의 이목을 끌었다. 하지만 고르바초프의 개혁은 곧 딜레마에 봉착했다. 그는 '위로부터의 혁명'을 통해 나라를 자유화하고 근대화하려 했으나, 공산당의 지배와 경제의 국가 통제 원칙까지 포기할 생각은 없었던 것이다. 이 때문에 고르바초프가 생각한 것보다 더 급진적인 개혁을 요구하는 비판의 목소리가 높아졌다. 결국 사람들의 예상과는 달리 공산당의 권력 독점 체제는 급속히 무너지고 말았다.

고르바초프의 개방 정책에 따라 '사회주의 형제 국가들'도 정책을 자율적으로 펼치고 독자적인 노선을 추구할 수 있게 되었다. 그동안 탄압받던 반정부 세력들은 개혁을 요구하고 나섰다. 그중에서도 가장 두드러진 활동을 보인 것이 폴란드의 자유 노조 연대였다. 자유 노조는 독립적인 노동조합으로서 이미 1980년에 폴란드 가톨릭교회의 지원을 받으며 설립되었다. 초기에는 불법화되어 지하 활동을 계속했으나 점점 강력해져서 1989년 6월에 실시된 최초의 부분적인 자유선거에서 압도적인 승리를 거두었다. 폴란드는 동구권에서 최초로 선거를 통해 비非공산당이 주도하는 연립 정부를 구성한 국가가 되었다. 곧 헝가리와 체코슬로바키아도 폴란드의 선례를 따랐다. 동구권의 공산주의 정권들은 점차 선거를 통해 선출된 국민의 대표자들에게 자리를 내주어야 했다.

가장 끈질기고 강력하게 개혁에 저항한 것은 동독의 지도층이었다. 동독의 국가 원수이자 독일사회주의통일당SED 당수였던 에리히 호네커는 권력에서 물러나기 직전까지도 '사회주의가 걸어가는 길은 황소도 나귀도 가로막지 못한다'며 큰소리쳤다. 그는 주변 사회주의 진영이 해체되어 가고 있는 현실을 전혀 인정하려 하지 않았다. 그러나 역사의 흐름은 고집불통 호네커로서도 막을 수 없었다. 1989년 가을에 거센 시위의 물결이 동독 전역을 휩쓸며 자유와 민주주의에 대한 열망이 표출되었다. 호네커는 동지들의 강요에 의해 사퇴했고, 새로 구성된 지도부는 1989년 11월 9일 국민의 의사를 받아들여 서베를린으로 가는 국경을 개방했다. 동독과 서독은 결국 1990년 10월 3일에 통일되었다.

이 모든 변화를 일으킨 것은 고르바초프의 개혁 정책이었다. 고르바초프는 이 때문에 세계적인 명성을 얻었다. 그러나 국내에서는 해결하기 어려운 심각한 문제가 그의 앞길을 어둡게 하고 있었다. 1991년 8월 19일에는 군과 공산당 내의 반개혁 세력이 쿠데타를 일으켰다. 그들은 고르바초프를 체포하고 모스크바 주위에 3,500대의 탱크를 집결시켰다. 하지만 쿠데타 시도는 보리스 옐친을 중심으로 한 민주 세력의 단호한 대응 앞에서 실패로 돌아갔다. 이제 강력한 지도자로 떠오른 옐친이 러시아의 공산당을 불법화하고 러시아 공화국이 독자적인 주권 국가임을 선언했다. 그러자 소련 내의 다른 공화국들도 독립을 선언했다. 이로써 소련, 즉 사회주의 소비에트 공화국 연합은 사실상 해체되었다.

끝까지 소련의 붕괴를 막아 보려 했던 고르바초프는 자신의 노력이 실패로 돌아가자 결국 대통령직에서 물러날 수밖에 없었다. 1991년 12월 31일에 소련이라는 국가는 공식적으로 사라지고 소련 내 최대 공화국이었던 러시아가 국제 정치에서 소련의 역할을 계승하게 되었다.

새롭게 출발한 러시아 공화국 초기에 국내외적으로 어떤 노선을 취할지를 놓고 격심한 논쟁이 펼쳐졌다. 자유선거로 뽑힌 최초의 대통령인 보리스 옐친은 국가를 개혁하고 공기업을 민영화하는 등 시장 경제를 도입하려 했다. 하지만 둘 다 제대로 작동하지 않아 러시아는 혼란스런 상황에 빠졌다. 소수의 재산가들이 부정부패를 통해 엄청난 부를 축적한 반면, 다수 국민은 일자리를 잃거나 수개월 동안 임금을 받지 못하는 사태가 발생했다. 1998년에는 은행들이 도산해 계좌가 동결되는 등 상황이 악화되었다. 러시아는 더 이상 국가 부채를 지불할 수 없게 되어 국가 부도의 위기에 처했다. 옐친은 통치 불능 상태가 되어 1999년 12월 31일에 대통령직에서 물러났다. 옐친의 뒤를 이어 블라디미르 푸틴이 대통령이 되었다. 그는 헌법이 대통령에게 부여하는 강력한 지위를 이용해 다시 국가를 정상화시키려고 했다. 푸틴은 개혁을 철회하고 모든 분야에서 국가의 통제를 강화했다. 이는 그가 소련의 비밀경찰 조직인 국가보안위원회

KGB 요원으로 활동하며 배운 방식 그대로였다.

러시아 국민은 대부분 혼란의 세월 후에 다시 질서가 잡혀 나가는 것을 환영했다. 경제는 회복했고 일자리가 생겼으며 임금도 제때 지불되었다. 게다가 푸틴은 러시아를 다시 강대국의 대열로 이끌어 국민의 복지를 증진시키겠다고 약속했다. 경제적으로 어려움을 겪고 있던 국민들은 푸틴의 정책에 지지를 보냈다. 푸틴의 명성은 높아졌다. 그가 점차적으로 자신의 권력을 확장해 나간 사실에 주목하는 사람은 별로 없었다. 2004년 3월에 실시된 대통령 선거에서 승리한 후에야 비로소 푸틴을 비판하는 사람들이 늘어났다. 이들은 푸틴이 KGB의 도움으로 나라를 옛 소련 시절처럼 통치한다고 비난했다. 한 비판적인 언론인은 푸틴이 "마피아와 같은 기업가와 사법 기관 그리고 국가 권력으로 짜인 체제"를 구축해 모든 자유로운 활동을 질식시키고 있다고 비판했다가 얼마 후 살해당하고 말았다.

8년 동안 대통령으로 재직한 푸틴은 헌법에 따르면 더 이상 연임할 수 없었다. 하지만 그는 물러나지 않으려고 했다. 그는 '허수아비'와 같은 인물을 대통령으로 내세우고 자신은 총리가 되었으며 헌법을 개정한 후 2012년 3월에 또다시 대통령으로 입후보해 당선되었다. 첫 번째 임기 때와 마찬가지로 푸틴이 추구한 것은 자신의 권력을 확대하는 일과 세계에서 러시아의 지위를 강화하는 일이었다. 이 과정에서 그가 얼마나 무자비한 조치를 취했는지는 2014년 2월과 3월에 러시아 군대를 동원해 우크라이나의 일부를 점령한 사건에서 잘 드러난다.

❖ — 벽에 푸틴의 얼굴을 그려 넣은 그래피티. 복종하라는 뜻의 'obey'라는 단어를 푸틴의 얼굴 아래에 배치함으로써 구소련 체제의 독립 국가들에게 암묵적으로 복종을 강요하는 푸틴의 정책을 비판하고 있다.

2013년 11월에 유럽 연합과 우크라이나는 협상 끝에 경제 및 정치 협력에 관한 협정을 맺으려고 했다. 우크라이나를 러시아에 묶어 두려고 했던 푸틴이 강한 압력을 행사하자 우크라이나 대통령 빅토르 야누코비치는 협정 체결의 마지막 순간에 서명을 거부했다. 그러자 우크라이나의 친서방 세력은 항의했고 특히 수도 키예프에서는 대규모 시위가 일어났다. 야누코비치는 이 시위를 강력하게 저지하려고 했다. 하지만 시위는 더 이상 막을 수 없었다. 키예프의 마이단 광장에서 시작된 시위가 유혈 사태로 확산되자 야누코비치는 러시아로 피신했다. 내전과 유사한 투쟁이 일주일 내내 이어지면서 시위대와 진압대 양측에서 수많은 사망자가 발생했다. 세계 여론이 과도 정부와 조기 선거가 우크라이나에 평화를 가져다줄 수 있으리라고 희망하고 있을 때 푸틴이 행동에 나섰다. 푸틴은 전략적으로 중요한 요지인 우크라이나에 속한 크림반도에서 소요 사태를 사주한 다음 그곳에 살고 있는 러시아계 주민들이 위험에 처했다는 핑계를 대면서 러시아 군대를 파견해 이 소요 사태를 종식시켰다. 크림반도는 2014년 5월에 국제법을 위반하면서까지 러시아 영토로 선포되었다. 많은 러시아계 주민들이 살고 있는 우크라이나 동부에서도 이와 유사한 시나리오가 펼쳐졌다. 미국과 유럽 연합은 러시아에 대해 또 다른 군사 공격을 하지 말도록 경고했지만, 경제적인 제재 이외에 별다른 조치를 취할 수 없었다. 러시아와의 군사 갈등을 원치 않았기 때문이다. 서방의 많은 정치가들은 자칫 새로운 냉전이 벌어질지도 모른다고 우려했다. 푸틴과 같은 노련한 전략가라면 사태의 진전을 충분히 예상할 수 있는 일이었다. 소비에트 연방의 해체를 부분적으로나마 철회시키려는 푸틴의 공공연한 시도를 동일한 수단, 즉 세계 평화를 위협하는 수단과는 다른 방법으로 대처하는 것은 서방의 정치와 외교 책임자들의 숙제로 남아 있다.

50

유럽 통합으로 가는 길

유럽 연합이 노벨 평화상을 받은 이유는?

독일이 통일됨으로써 '독일 문제'는 해결되었다. 당시 독일 총리 헬무트 콜은 이웃 나라들과 세계에 강력한 독일에 대해 불안해할 필요가 없다는 신호를 주기 위해 유럽 통합을 위한 노력을 강화했다. 콜은 여러 나라의 언론에 유령처럼 등장한 '제4제국'은 더 이상 없을 것이라고 강조했다.

1991년 12월에 12개국의 국가 정상들이 마스트리흐트에 모여 유럽 공동체EC를 유럽 연합으로 발전시키기로 합의했다. 이들은 특히 경제적인 협력에 방향을 맞춘 공동체를 점차 정치 연합으로 만들고, 유럽 중앙은행과 단일 통화를 갖춘 경제 통화 연합을 수립하며 궁극적으로 유럽 군대 창설을 목표로 공동 외교·안보 정책을 추진하기로 결정했다. 또 이들은 내무 및 사법 분야에서도 긴밀한 협력

❖ — 유럽 국가들의 지도자들이 뜻을 모았던 첫 번째 회의로는 1814년과 1815년에 열린 빈 회의를 들 수 있다. 프랑스 혁명과 나폴레옹 전쟁을 거친 뒤 유럽의 전통적 지도자들은 모든 체제를 프랑스 혁명 이전으로 되돌리는 데 합의했다.

을 위한 규칙을 제정하기로 했다. 이 모든 것은 국가의 주권과 독립성의 포기를 의미했으므로 각국에서 열띤 논쟁이 벌어졌다. 마스트리흐트 조약 비준을 위해 제일 먼저 국민 투표를 실시한 덴마크에서는 한 차례 부결되었다가 이듬해의 재투표에서야 56.8퍼센트의 찬성률로 가결되는 고충을 겪었으며, 프랑스에서도 가까스로 가결되었고, 영국도 1993년에 메이저 총리가 정치 생명을 걸며 총력을 기울인 끝에 가결되었다. 결국 마스트리흐트 조약은 1993년 11월 1일에야 효력을 발휘하게 되었다.

원칙적으로 각 국가들은 유럽 연합국을 수립하는 데 합의를 보았지만, 이러한 목표를 언제, 어떤 방법과 절차로 추진해야 하는지에 대해서는 서로 의견이 다르다. 아직은 각국의 정부와 의회가 유럽 의회와 일종의 유럽 정부 역할을 하는 유럽 연합 집행위원회에 폭넓은 권한을 부여하기를 꺼리고 있다. 이들은 상대국과 조율할지라도 각자의 정책 방향을 직접 결정하려고 한다.

1995년 1월 1일에 핀란드, 오스트리아, 스웨덴이 유럽 연합에 새롭게 가입했다. 15개국 중에서 12개국이 1999년 1월 1일에 새로운 통화인 유로화를 도입했다. 유로화는 2001년 말까지는 실체가 없는 문서상의 통화로 정부 간 거래 및 금융 기관 간 결제 통화로 사용되다가, 2002년 1월 1일부터 실제로 사용되고 있다. 유로화가 성공적으로 도입되었지만, 많은 유럽인들은 기존의 화폐가 사라진 데 대해 애석한 마음을 품었다. 특히 구동독 사람들은 12년 동안 두 번이나 통화를 바꾸고 새로운 통화에 적응해야 했다. 구서독인들은 자신들의 안정된 마르크화가 사라진 것에 대해 아쉬워했고 유로화 도입으로 물가가 비싸졌다고 여기며 '토이로(Teuro, 유로화는 독일어로 Euro인데, 앞에 T자를 붙여 '값비싼'이라는 뜻의 teuer라는 말을 빗댄 표현)'라고 불평했다.

유럽 연합은 단일 화폐 외에 새로운 헌법을 제정해 '유럽의 집'을 위한 토대를 마련하고자 했다. 유럽 헌법을 제정하기 위해 유럽 미래 회의가 소집되었다. 하지만 유럽 헌법 제정은 순조롭게 진행되지 않았다. 2003년 12월 헌법안 확정을 위한 유럽 연합 정상 회담이 일부 회원국들의 반발로 인해 결렬되어, 유럽 연합 헌법의 최종 합의에 실패했다. 따라서 유럽 미래 회의는 헌법안을 개정해야만 했다.

2004년 5월 1일에 폴란드, 체코, 헝가리, 슬로바키아, 슬로베니아, 리투아니아, 라트비아, 에스토니아, 몰타, 키프로스 등 10개국이 새로운 회원국으로 유럽 연합에 가입했다. 베를린 장벽과 철의 장막이 무너진 후 15년 만에 이러한 동유럽으로의 확장이 1945년 연합군에 의해 결의된 유럽의 분할을 최종적으로 종식시켰다.

하지만 이는 끝이 아니었다. 2007년 1월 1일에는 루마니아와 불가리아가, 2013년 7월 1일에는 크로아티아가 유럽 연합에 가입했다.

이로써 유럽 연합은 5억 명 인구의 경제권을 포괄하게 되었는데, 인구가 3억 2,000만 명인 미국보다 그 규모가 훨씬 크다. 게다가 아이슬란드, 몬테네그로, 터키, 마케도니아, 세르비아 등과 같은 나라들이 가입을 희망하고 있다. 어떤 나라가 언제 가입하게 될지는 각국의 경제 상황과 정치 상황에 달려 있다. 유럽 연합의 목표는 민주주의와 시장 경제를 동유럽과 남부 유럽으로 확산해 이 지역의 정치적인 안정을 촉진하는 것이다.

2004년 6월에는 확대된 유럽 연합 주민들이 유럽 의회의 의원들을 선출했다. 유권자 중에서 43퍼센트만이 투표했는데, 새롭게 가입한 10개국의 투표율이 기존 회원국들의 투표율보다 훨씬 낮았다. 특이한 점은 대부분의 나라에서 집권 여당이 유권자들의 심판을 받았고 유럽 연합의 비판자로 나선 정당들이 놀라울 정도로 많은 득표를 했다는 것이다.

선거가 있은 지 며칠 후에 25개국의 정상들이 모여 유럽 미래 회의가 제시한 헌법 개정안을 놓고 협의했다. 이들은 오랜 토론 끝에 다시는 실패하지 않도록 최소한의 공통분모를 모으는 선에서 합의했다. 유럽 연합의 모든 시민들에게 공동적인 기본권을 보상하는 안이 최초로 포함되었다. 유럽 의회는 이전보다 더 많은 권한을 부여받았지만, 여전히 유럽 연합 집행위원회를 구성할 권한은 없었다. 집행위원장과 집행위원은 계속해서 각국의 정부가 지명하게 되었다.

표결 방식도 논란이 되었다. 강대국들은 자신의 영향력을 유지하려고 했고 약소국들은 동등한 투표권뿐만 아니라 공동 결정권을 원했기 때문이다. 결국 '이중다수결'이라는 타협안이 나왔지만 이 역시 절차가 복잡하기는 마찬가지였다. 이중다수결이란 유럽 연합 가맹국의 55퍼센트 이상이 찬성하고, 찬성하는 국가의 인구 합계가 유럽 연합 전체 인구의 65퍼센트 이상이 되면 가결된 것으로 보는 방식이다. 가결된 정책안이라고 해도 4개국 이상이 동의하면 기각될 수 있도록 했다.

또 유럽 연합의 외교·안보 정책을 마련하고 집행하는 외무장관의 직책도 신설되었다. 외무장관은 유럽 연합 집행위원회 부위원장이자 두 번째로 높은 지위를 가진다.

이러한 헌법안이 회원국들의 의회에 상정되었고 의회 의결이나 국민 투표를 거쳐 모든 회원국이 찬성하면 발효될 예정이었다. 하지만 헌법안은 발효되지 않았다. 2005년 5월에 프랑스와 네덜란드

❖ — 벨기에 브뤼셀에 있는 유럽 연합 본부 앞에서 펄럭이는 유럽 연합 깃발. 유럽 연합EU, European Union은 과거 유럽 공동체EC, European Community의 발전된 형태로, 경제적 울타리를 조성하는 것을 넘어 정치와 안보의 공동 이익을 추구하는 것을 목표로 한다. 하지만 국가 간 합의와 국민의 공감대 조성이 더뎌지면서 여러 가지 사안에서 벽에 부딪치고 있다.

가 국민 투표를 실시해 유럽 연합 헌법을 거부했기 때문이다. 이런 결과가 나온 데에는 불안이 결정적인 역할을 했다. 특히 막강한 유럽 연합 관료 조직에 대한 불안과 회원국이 너무 많아 유럽이 새로운 정체성을 만들어 나가기가 어려울지도 모른다는 불안이 그것이었다.

계획된 헌법안이 좌절된 후 정치가들은 유럽 연합을 더 민주적이고 실행력 있게 만들기 위한 해결책을 모색했다. 먼저 이들은 유럽 연합을 하나의 국가로 만들려고 하는 것이 아니라는 것을 나타내기 위해 '헌법'이라는 명칭을 포기했다. '단지' 하나의 조약을 맺을 뿐이라는 점이 강조되었다. 이 조약에 헌법안의 본질적인 요소들이 반영되있는데, 단순히 표현만 수정된 경우가 많았다. 예를 들면 외무장관은 '외교안보정책 고위 대표'가 되었다.

정책을 더 빠르게 실행할 수 있기 위해 만장일치가 요구되던 사안에서는 다수결을 도입했다. 이 조약도 모든 회원국이 의회 의결이나 국민 투표로 비준해야 했다. 일부 국가들에서는 2년 동안이나 격렬한 토론이 있었고 한동안 아일랜드와 폴란드가 부결시킬 것이라는 우려도 있었다. 결국 치열한 협상 끝에 2009년 12월 1일에 리스본 조약이 발효되었다.

유럽 연합은 놀랍게도 2012년에 노벨 평화상을 받았다. 노벨위원회는 수상 이유를 다음과 같이 밝혔다. "유럽 연합은 제2차 세계대전 이후 60년 넘게 유럽 각국의 평화와 화해, 민주주의와 인권 향상에 기여했고 전쟁의 대륙 유럽을 평화의 대륙으로 변모시켰다."

51

'세계 경찰' 미국

미국 역사상 최초의 흑인 대통령 버락 오바마는 평화롭고 정의로운 미국을 만드는 데 성공했는가?

소련이 해체된 후 미국은 유일한 초강대국으로 통한다. 따라서 미국 지도층은 '강한 정치'를 펼치고자 하는 유혹을 느낄 때가 많았다. 하지만 빌 클린턴 대통령은 이러한 유혹에 빠지지 않았다. 그는 자국의 이해관계를 우선시했지만, 다른 나라들과 공동으로 분쟁 지역을 안정시키기 위해 강력한 권력을 책임감 있게 사용했고 또 대체로 성공을 거두었다.

이러한 분쟁 지역 중의 하나가 옛 유고슬라비아였다. 이곳에서는 제2차 세계 대전이 끝난 후 공산당의 지도하에 여러 민족이 어울려 살고 있었다. 하지만 가장 인구수가 많은 세르비아인들이 항상 주도권을 행사하려 했다. 동구권이 해체된 후 1991년에 마케도니아, 크로아티아, 슬로베니아, 보스니아-헤르체고비나가 독립을 선언했다. 세르비아가 이를 용납하지 않으려 하자 계속해서 유혈 분쟁이 이어졌다.

1995년 11월에 클린턴 대통령은 각국의 정상들이 평화 협정에 서명하도록 이끄는 데 성공했다. 이제 총성은 멈추었지만 각 민족 사이의 적대적인 태도는 여전했다. 특히 코소보의 상황이 심각했다. 이곳에서는 오래전부터 20만 명의 세르비아인들이 200만 명의 알바니아인들을 지배하고 있었다. 알바니아인들은 이런 상황이 지속되는 것을 더 이상 원치 않았고 밀로셰비치 대통령이 이끄는 세르비아 정부에 자치권을 요구했다. 밀로셰비치는 코소보에서 알바니아인들을 제거하는 '인종 청소'를 단행했다. 1998년까지 수십만 명의 알바니아인들이 세르비아군과 민병대의 폭력 행위를 피해 고향을 떠났다. 하지만 밀로셰비치는 이에 만족하지 않고 군대를 보내 잔인한 학살을 저질렀다. 이에 유엔 안전 보장 이사회는 밀로셰비치에게 대량 학살을 중단하도록 수차례 요구했다. 모든 외교적인 노력이 수포로 돌아가자 나토 전투기들이 1999년 3월에서 6월에 걸쳐 코소보에 있는 세르비아의 주요 군사 시설을 폭격했고 결국 밀로셰비치는 자신의 군대를 철수시켰다. 이후 코소보에는 나토군이 주축이 된 코소보 평화 유지군KFOR이 진주해 평화 협정의 준수를 감시했다. 밀로셰비치는 전쟁 범죄와 학살죄, 반인도적 범죄 혐의로 기소되어 네덜란드 헤이그의 국제 사법 재판소에서 재판을 받던 중 2006년에 감옥에서 사망했다.

❖ — 세르비아인 소년이 불타고 있는 집을 배경으로 서 있다. 나토군이 코소보에 진입하자 알바니아인들이 세르비아인에 대한 보복을 감행하면서 숱한 가옥이 파괴되었다.

옛 유고슬라비아 지역에서 여러 민족이 평화로운 삶을 이어 가기까지는 아직도 많은 시일이 걸릴 것 같아 보인다.

2001년 1월에 미국 공화당 소속인 조지 W. 부시가 민주당의 빌 클린턴에 이어 미국 대통령으로 취임했다. 곧 미국의 정책 노선이 변경되었다. 새 정부는 국제 조약과 규칙이 미국의 이익에 부합하지 않는다면 지켜 나가지 않을 것임을 분명히 했다. 한 예로 부시 행정부는 전쟁 범죄와 인권 침해를 심판하는 헤이그 국제 사법 재판소의 결정을 따르지 않겠다고 밝혔다. 1998년에 미국의 빌 클린턴 대통령을 포함한 120개국의 국가 정상들이 협정에 서명했는데, 부시 행정부는 클린턴의 서명을 무효로 선언했다. 미국 시민은 국제 법정에 설 수 없다는 것이다.

이는 미국이 다른 국가들과는 다르며 특별한 권리를 지닌 특별한 나라라는 부시 행정부의 생각과 일치했다. 부시 대통령은 미국 육군 사관 학교 졸업식 연설에서 다음과 같이 말했다. "한 국가의 성공을 위한 모델은 단 하나뿐입니다. 그것은 바로 미국입니다. 미국은 모든 사회의 모든 시민들에게 올바르고 이성적인 모델입니다." 따라서 "미국은 안보를 위협하는 나라의 정부를 무너뜨릴 권리가 있습니다." 또 그는 미국 기업가들 앞에서 문명화된 세계의 역사에 대해 연설하며 다음과 같이 선언했다. "이 역사의 일부는 다른 나라들이 썼지만, 나머지는 우리가 쓸 것입니다."

미국이 쓰게 될 역사의 1장은 이라크가 그 주제가 될 예정이었다. 이곳에서 미국 대통령 부시는 자신의 아버지인 조지 H. W. 부시(George Herbert Walker Bush, 1989~1993년까지 재임한 제41대 미국 대통령으로 보통 '아버지 부시'로 불린다)가 1991년에 걸프 전쟁에서 시작했지만 끝내지 못했던 일, 즉 사담 후세인의 제거를 완성하려고 했다. 하지만 이 장은 부시 행정부가 계획했던 것과는 완전히 다르게 시작되었다. 왜냐하면 미국 역사상 최초로 미국 본토가 테러의 목표가 되었기 때문이다. 2001년 9월 11일에 아랍의 자살 테러 집단이 비행기를 납치해 뉴욕 맨해튼에 있는 세계 무역 센터 빌딩에 충돌했고 3,000명이 넘는 사람의 목숨을 앗아갔다. 부시 대통령은 이를 미국에 대한 선전포고로 여기고 '테러와의 전쟁'을 선언했다. 서방 국가들은 대부분

주저 없이 미국에 '무제한적인 지원'을 약속했다.

테러와의 전쟁의 1차 목표는 테러리스트들에게 은신처를 제공하고 도움을 준 아프가니스탄의 탈레반 정권과 테러 조직인 알카에다 그리고 그 지도자이자 9·11 테러의 배후로 지목된 오사마 빈 라덴이었다. 미국은 탈레반과의 전쟁에서 많은 나라들의 지원을 받았다. 하지만 부시 대통령이 이라크의 독재자 사담 후세인과 그의 정권을 다음 공격 목표로 지목하자 공동 전선이 흐트러지기 시작했다. 독일 총리 슈뢰더는 프랑스 대통령 시라크와 함께 선두에 서서 이라크를 평화적인 수단으로 무력화시키고 전쟁을 막으려고 했다.

미국은 전쟁을 하는 근거로 이라크가 대량 살상 무기를 소유하고 있으며 국제 테러를 지원하고 있다는 점을 들었다. 이 때문에 평화를 사랑하는 모든 국가들을 위협하는 후세인 정권은 제거되어야 하며 필요한 경우 미국은 유엔의 동의나 나토의 도움 없이도 전쟁을 치를 수 있다는 것이다.

수개월 동안 밀고 당기는 외교전 끝에 미국은 모든 우려를 떨치고 힘의 정치를 관철시켰다. 이 전쟁에서 미국은 특히 영국의 지원을 받았다. 부시 대통령은 2003년 3월 20일에 전 세계적인 반대에도 불구하고 공격 명령을 내렸고 이라크 전쟁이 시작되었다. 미국의 강력한 군사력 앞에서 이라크는 속수무책이었다. 5월 1일에 부시 대통령은 "이라크에서 주요 전투 작전은 끝났다"고 선언했다.

미군을 해방자로 환영하는 이라크 국민들이 있었던 반면, 미군을 점령군으로 여기고 지하 투쟁을 벌인 이라크 국민도 있었다. 이

❖ — 이라크로 진군한 미군 병사들이 포로로 붙잡은 이라크 군인과 민간인을 호송하고 있다. 이라크 전쟁에서 미군은 잠정적인 승리를 거두었지만 부시 행정부가 단언한 것처럼 테러 행위는 종결되지 않았고, 오히려 테러리스트들의 공격 대상이 세계의 불특정다수로 확대되는 결과를 낳았다.

지하 투쟁은 '주요 전투'보다 더 많은 미군의 목숨을 앗아갔다. 미국과 영국의 정부는 전쟁에서 이기는 것은 쉬워도 이라크에 평화를 정착시키는 것은 정말 어렵다는 사실을 깨달아야 했다. 두 나라에서 비판적인 목소리가 점점 커졌다. 게다가 이라크를 아무리 수색해도 대량 살상 무기를 발견할 수 없었다. 오늘날 우리는 그런 무기가 존재하지 않았다는 사실을 알고 있다. 이라크가 테러리스트들과 아무런 관련이 없었다는 사실도 입증되었다.

독재자 후세인은 전쟁이 끝났을 때 흔적도 없이 사라졌다. 그는 2003년 12월 14일에 땅굴에 숨어 있다가 발견되어 체포되었다. 하지만 이제 이라크의 상황은 더 이상 달라지지 않았다.

2004년 초 미군 병사들이 이라크 포로들을 학대하고 고문한 사실이 알려졌다. 이른바 '악의 축'에 대한 전쟁을 시작하면서 미국이 내세운 높은 도덕적 명분에서 남은 것은 별로 없었다. 독일의 주간지 「디 차이트Die Zeit」는 미국 대통령의 정책에 대해 다음과 같이 논평했다. "그의 전략은 정치적으로나 군사적으로 또 도덕적으로도 완전히 실패했다." 부시 행정부는 이라크의 재건을 위해 다른 나라들의 지원이 필요하다는 사실을 인정해야만 했다. 이 상황에서 미국 대통령은 유엔에 도움을 요청했다.

2004년 6월 8일에 유엔 안전 보장 이사회는 이번 달 안으로 점령 기간이 끝나야 하며 이라크가 자치권을 되찾아야 한다고 결의했다. 그 첫 단계는 이라크 과도 정부가 구성되어 국정을 이끌고 민주 선거를 준비하는 것이다. 이 계획에 대해 이라크의 여러 그룹들이 폭탄 테러와 납치를 통해 거부 의사를 드러냈다. 표적이 된 자들은 미국과 협력하고 새로운 이라크 건설에 동참하려는 이라크 사람들이었다.

이 어려운 시기에 미국 대통령 선거전이 펼쳐졌다. 이라크에서의 정책 실패로 조지 W. 부시가 재선되지 못하리라는 예측이 우세했고 민주당 상원의원 존 케리가 백악관의 새 주인이 될 것처럼 보였다. 하지만 부시의 정책에 대한 비판에도 불구하고 결국 도전자에 대한 의구심이 현직 대통령에 대한 불신보다 더 컸다. 51퍼센트의 득표로 조지 W. 부시가 재선되었다.

부시는 2005년 1월에 행한 취임 연설에서 자신의 정책 목표는 "세계의 독재를 종식시키고 미국의 자유를 보존하는 것"이라고 선언하며 모든 다른 나라의 자유가 미국의 자유에 달려 있다고 말했다. 하지만 미국 국민들조차도 이러한 사명 의식과 여기서 파생되는 '세계 경찰'이라는 역할에 대해 점차 비판적인 시각으로 바라보았다. 이라크와 아프가니스탄에서만 약 7,000명에 달하는 미군 병사들이 전사한 것은 미국 국민들에게는 너무나 지나친 대가로 인식되었다. 게다가 이 두 나라에 참전함으로써 약 1조 5,000억 달러의 비용이 지출되어 미국의 국가 부채는 엄청난 규모로 늘어났다. 2007년에 금융 위기가 발생하자 부채는 눈덩이처럼 불어났다. 국내 개혁을 위한 돈이 부족하게 되자 점점 더 많은 미국인들이 미국은 자국의 문제만 돌보고 더 이상 세계의 일에 관여하지 말아야 한다고 요구했다. 이를 약속한 사람이 바로 2008년 대통령 선거전에 나선 민주당 후보 버락 오바마였다. 그가 던진 핵심 메시지는 '변화'였고, '우리는 할 수 있다!Yes We Can!'는 그의 선거 구호는 선풍적인 인기를 끌었다. 그는 자신의 연설로 대중을 감동시켜 선거 유세장을 들끓게 했다. 투표율은 과거 어느 때보다도 높았고 오바마는 2008년 11월 4일에 미국 역사상 최초의 흑인 대통령으로 당선되었다. 마틴 루서 킹 목사가 "나에게는 꿈이 있습니다"라는 유명한 연설로 모두가 평등한 세상을 외친 지 45년 후에 수백만 미국인들의 꿈이 실현된 것이다. 수많은 사람들이 오바마를 평화롭고 정의로운 미래로 이끌 참신한 정치가로 여겼다.

❖ — 버락 오바마 대통령을 묘사한 카툰. 오바마 대통령은 대내외적으로 진보적이고 개혁적인 정치를 추구했지만, 결과적으로 그의 정치는 '절반의 성공'만을 거두었을 뿐이었다.

하지만 오바마는 국민들의 부푼 희망과 기대를 제대로 충족시키지 못했다. 그는 대통령으로 취임한 직후에 이미 이라크에 주둔하고 있는 미군을 18개월 이내로 모두 철수시키겠다고 선언했지만, 탈레반과 알카에다에 대한 투쟁을 강력하게 추진하기 위해 2009년에 처음에는 1만 7,000명, 그 다음에는 3만 명의 병사들을 아프가니스탄과 파키스탄에 보냈다. 그는 국가 부채를 줄이겠다는 약속도 금융 위기가 닥치자 이행할 수 없었다. 오히려 정반대였다. 글로벌 금융 위기로 막대한 타격을 입은 자국 경제를 살리고자 자금을 마련하느라 국가 부채는 미국 역사상 유례없는 크기로 늘어났다.

이러한 상황에서 그는 의료 보험 개혁이라는 자신의 가장 중요한 사회 복지 정책을 펼쳤다. 전 국민의 건강 보험 가입을 의무화하려고 시도한 것이다. 보험료를 낼 수 없는 저소득층에 대해서는 국가가 지원하는 것이 핵심이다. 특히 보수적인 공화당원들은 '오바마케어Obamacare'라고 불리는 이 개혁안을 '사회주의적인 괴물'로 여기고 격렬하게 반대했다. 이들은 온갖 수단을 동원해 이 개혁안을 저지하려 했다. 공화당 의원들은 하원에서 다수파였기에 오바마가 건강 보험 개혁을 고집한다면 재정 지출을 비준하지 않겠다고 위협했다. 따라서 지구상에서 가장 강력한 국가의 정부가 2013년 말까지 국가 예산 지출과 공무원들의 보수 지급을 더 이상 할 수 없는 상황에 직면했다. 이 위기는 여당과 야당이 서로 양보함으로써 가까스로 극복되었다. 오바마케어는 2013년 10월 1일에 도입되었다. 하지만 이는 대통령의 권위에 도움이 되지 않았다. 오바마가 취임할 때 받은 열광적인 환호는 이제 많이 퇴색되었다.

미국의 정보 기관이 오바마의 재직 기간에 외국의 전화 통신과 인터넷을 감시한 사실이 드러나자 외국의 반응도 차가워졌다. 이 문제가 심각했던 것은 적대국뿐만 아니라 동맹국들까지 감시했기 때문이다. 그리고 그 규모도 그때까지 상상할 수 없었던 정도였다. 심지어 독일 총리 앙겔라 메르켈의 휴대 전화도 도청되었다.

이 폭로는 분노를 불러일으켰을 뿐만 아니라 전 세계적으로 정보 기관의 활동 범위에 대한 논쟁을 불러일으켰다. 정보 기관이라고 해서 온갖 수단을 동원해 모든 것을 감시해도 되는 것은 아니라는 게 주된 요지였다.

오바마도 다음과 같이 말하며 이에 동의한 바 있었다. "국가안보국NSA은 필요한 모든 것을 수집할 수 있어야 한다. 하지만 그렇다고 모든 것을 수집할 수 있다는 건 아니다." 문제는 누가 이를 결정하며 누가 정보 기관을 통제하느냐이다. 왜냐하면 민주주의 국가에서 정보 기관이 통제되어야 한다는 것은 자명한 일이기 때문이다.

52

멀고 먼 평화

이스라엘과 팔레스타인의 평화로운 공존은 가능한가?

2003년 봄 다시 중동 정세에 변화가 생겼다. 미국, 러시아, 유엔, 유럽 연합 등 '4대 중재자'가 이스라엘과 팔레스타인 사이의 유혈 사태를 종식시키기 위해 중동 평화 로드맵road map을 제안한 것이다. 이 중동 평화 계획은 여러 단계를 거쳐 2005년 말까지 이스라엘과 평화롭게 살아갈 팔레스타인 독립 국가 건설이 목표였다. 양측이 폭력 행위를 중단한다는 전제하에서 이스라엘은 정착촌 건설을 중지하고 팔레스타인은 자유선거를 실시해 민주적인 원칙에 따라 국가 기구를 구축하는 계획이 수립되었다. 이스라엘은 가자 지구와 요르단강 서안 지구에서 병사들을 단계적으로 철수시키고 국제 회의를 통해 이 지역에서 살고 있는 이스라엘 정착민과 팔레스타인 난민들 그리고 예루살렘을 위한 해결책을 찾기로 했다.

아리엘 샤론 총리가 이끄는 이스라엘 정부는 이 평화 계획에 동의했다. 이로써 역사상 최초로 이스라엘 정부가 공식적으로 팔레스타인 국가 건설을 승인한 것이다. 이에 대응해 마무드 아바스 팔레스타인 자치 정부 수반은 자신의 국민들에게 이스라엘에 대한 폭력 행위를 중단할 것을 호소하기로 약속했다. 일부 과격한 팔레스타인인들은 이전과 마찬가지로 이러한 평화 계획에 대해서도 이스라엘의 공공 기관을 향한 테러로 응답했다. 이 테러로 4명의 이스라엘 병사들이 사망했다. 하지만 놀랍게도 2주 후에 주요 팔레스타인 무장 단체인 파타Fatah, 하마스Hamas, 이슬람 지하드 등은 즉각적인 휴전을 선언했다. 이들은 이스라엘과 함께 평화 계획을 실천하는 첫 단계 조치를 취한 것이다. 이스라엘은 가자 지구의 북부에 주둔하고 있던 군대를 철수시켰고 약 8,000명의 팔레스타인 포로 중 일부를 석방했다.

그러나 2003년 8월에 3명의 자살 폭탄 테러범들이 25명의 이스라엘인들의 죽음을 초래해 폭력의 악순환을 되풀이하자 평화 계획은 중단되었다. 이스라엘은 여러 팔레스타인 무장 단체들의 사령부에 보복 공격으로 응답했다. 2004년 3월 22일에 이스라엘군은 하마스 지도자 야신을 미사일 공격으로 살해했고 한 달 후에는 그 후계자인 란티시마저 살해했다. 이스라엘은 5월 18일 가자 지구 남부에서 이집트에서 들어오는 무기 밀수를 막고 팔레스타인 테러리스트들에 대항하기 위한 '무지개 작전'을 시작했다. 이 작전에서 이스라엘은 전 세계적인 비판에도 불구하고 민간인 주거지에 폭격을 가

❖ — 유대인의 토지 몰수와 정착촌 건설에 반대하는 시위를 벌리던 팔레스타인인들이 최루탄을 피해 달아나고 있다. ⓒ dominika zarzycka

하고 파괴된 집들을 철거했다. 어린이들을 포함해 수많은 팔레스타인인들이 사망했고 2,000명 이상이 집을 잃었다.

이스라엘과 요르단강 서안 지구 사이에 거대한 장벽을 건설하는 것에 대해서도 전 세계적인 비판이 있었다. 이스라엘은 680킬로미터에 이르는 장벽으로 팔레스타인인들의 테러를 막으려 한 것이다. 하지만 8미터 높이의 장벽으로는 역부족이었다.

온갖 어려움에도 불구하고 2004년 11월 11일 다시 기회가 찾아왔다. 이날 야세르 아라파트가 75세의 나이로 사망했다. 이로써 한 시대가 끝났다. 그는 40년 동안 중동 정치에 큰 영향력을 행사했다. 팔레스타인인들은 그를 존경했지만, 말년에 이르러 외골수적인 태도로 인해 팔레스타인인들을 수렁에 몰아넣었다는 비판의 목소리가 점점 커졌다. 그의 '자치 정부'에서는 권력 독점과 부패가 만연해 새로운 지도부를 뽑을 때가 되었다는 소리도 들렸다. '영원한 아라파트'의 죽음으로 이러한 기회가 열렸다. 그의 후계자로 마무드 아바스가 선출되었다. 아바스는 일찍부터 테러 공격에 등을 돌리고 무장 투쟁에 반대했다. 팔레스타인인들이 평화를 원했기 때문에 그를 선택한 것이다.

아바스가 선출되자 사방에서 긍정적인 신호가 울리기 시작했다. 미국 대통령 부시는 팔레스타인인들이 원하는 목표를 달성할 수 있도록 돕겠다고 약속했다. 유럽 연합은 재정적인 지원을 하는 데 동의했다. 이보다 더 중요한 것은 이스라엘 총리 아리엘 샤론이 회담을 제안한 사실이다. 이 회담은 한 달 후 이집트에서 열렸고 놀라울 정도로 긍정적인 결과가 나왔다. 샤론과 아바스는 중동 지역에서 유혈 사태를 종식시키려는 확고한 의지를 밝히고 휴전과 포로 석방으로 새로운 협상의 문을 열었다. 이들은 다음과 같은 공동 선언문을 발표했다. "우리는 팔레스타인인들이 이스라엘에 대한 모든 폭력 행위를 중단하고 이스라엘은 팔레스타인인들에 대한 군대 투입을 전면 중단하기로 합의했다." 아바스는 기자 회견에서 "이는 새로운 시대의 시작이다"라고 덧붙였다.

하지만 이전과 마찬가지로 말에 행동이 따르지 않았다. 팔레스타인인들이 더 이상 한 목소리를 내지 않는다는 것이 평화 과정을 어렵게 했다. 아바스가 이끄는 온건한 파타와 과격한 하마스는 주도권을 놓고 점점 더 격렬하게 다퉜다. 이 두 단체는 2006년 12월에 요르단강 서안 지구와 가자 지구에서 내전과 유사한 투쟁을 6개월 동안이나 벌였다. 결국 가자 지구에서는 하마스가, 요르단강 서안 지구에서는 파타가 주도권을 잡았다. 파타는 이스라엘과 협상하려 했지만, 하마스는 증오해 온 이스라엘에 생존권을 인정하지 않고 투쟁을 계속했다. 따라서 가자 지구에서는 테러 공격이 이어졌고 로켓포가 발사되었다. 이스라엘은 2008년 12월 27일 '캐스트 레드Cast Lead'라는 이름의 군사 작전으로 가자 기구를 공습했다. 목표는 하마스의 군사 시설을 무력화시켜 하마스가 투쟁을 포기할 수밖에 없도록 만드는 것이었다. 이스라엘은 이 목표를 달성하지 못했다. 휴전이 이루어지긴 했지만 진정한 평화는 오지 않았다.

미국의 새 대통령이 된 버락 오바마가 2010년에 중재안을 냈지만 성과가 없었다. 2012년에는 또 다시 하마스의 로켓포 공격과 이스라엘의 폭격이 펼쳐졌다.

미국 정부는 2013년 여름에 이스라엘과 팔레스타인의 정부 대표를 협상 테이블에 앉혔다. 이들은 사실상 거의 3년 만에 다시 만나 대화를 나누었지만 타협점을 찾지 못했다. 이미 11월에 팔레스타인은 대화를 거부했다. 이스라엘이 요르단강 서안 지구와 동예루살렘에 정착촌 건설을 예고했기 때문이다.

이제 많은 중동 전문가들은 당분간 두 국가가 실질적으로 평화롭게 공존할 가능성은 희박하다고 평가한다. 그리고 이들은 서로 상대방이 진지한 협상에 관심이 없다고 판단한다. 이런 상황이 지속되는 한 평화는 자리 잡기가 어렵다.

53

금융 위기
세계 경제 위기
국가 부채 위기

금융 위기는 극복되었는가? 아니면 돈을 풀어 경기를 띄우는 조치로 빚더미만 커지고 있는가?

"미국이 기침을 하면 유럽은 독감에 걸린다." 주식 시장 전문가가 한 말이다. 요즘과 같은 세계화 시대에는 이 말을 다음과 같이 바꿔야 한다. "미국이 기침을 하면 전 세계가 독감에 걸린다." 이 말은 2007년 미국에서 시작되어 세계 경제 위기로 확산된 금융 위기에서 사실로 드러났다.

이 위기의 출발점은 2000년의 주식 가격 대폭락이었다. 당시 기술 분야 주식이 폭락해 많은 사람들이 거액을 날렸다. 이들은 더 이상 구매할 돈이 없었고 기업은 생산한 제품이 팔리지 않아 경영난에 허덕여 문을 닫거나 직원을 해고해야 했다. 실업률은 상승했고 경제는 규모가 축소되었다. 경제를 활성화시키기 위해 미국의 중앙

은행인 연방 준비 제도Federal Reserve System, 이하 '연준(Fed)'으로 약칭는 화폐를 새로 찍어 시장에 투입했고 금리를 여러 단계에 걸쳐 약 7퍼센트에서 1퍼센트로 낮추었다. 따라서 대출이 어느 때보다 유리했기 때문에 많은 사람들이 돈을 빌렸다. 은행도 이익을 얻으려 했기 때문에 엄청난 돈을 대출해 주었다. 소비품을 사기 위한 소액 대출뿐만 아니라 주택을 사거나 짓기 위한 거액 대출도 있었다. 은행은 심지어 담보를 제공할 수 없거나 수입이 적은 고객에게도 아주 관대하게 대출해 주었다. 은행은 많은 이들에게 시간이 지나면 큰돈을 벌 수 있다고 부추기까지 했다. 이렇게 해서 수요가 늘어나자 부동산 가격이 올랐고 기대가 현실이 되는 것처럼 보였다. 이러한 경우에 항상 그렇듯이 많은 사람들이 부동산 경기 호황에 힘입어 돈을 벌려고 했고 다른 나라의 은행도 마찬가지였다. 이들은 직접 거액을 투자하거나 간접적으로 펀드와 채권을 통해 거래에 뛰어들었다. 이렇게 해서 부동산 거품이 일었고 연준Fed이 금리를 다시 크게 올리자 거품이 터졌다. 이제 수백만 명의 미국인이 높은 이자를 더 이상 감당할 수 없었다. 은행은 주택을 강제로 경매에 붙였다. 하지만 이런 주택의 수가 너무도 많았기 때문에 경매로 나온 주택이 구매자를 다 찾을 수 없었고 구매자를 찾는 경우도 가격이 아주 낮을 수밖에 없었다.

은행들은 수십 억 달러의 손실을 입었다. 처음에 은행들은 손실 규모를 감추려고 했다. 하지만 2007년 여름이 되자 몇몇 은행이 유동성(자산을 현금으로 전환할 수 있는 정도를 나타내는 경제학 용어이다. 기업의 자산을 필요한 시기에 손실 없이 화폐로 바꿀 수 있는 안전성의 정도를 나타낸다) 문제가 있다는 소문이 나기 시작했다. 부동산 가격은 계속 떨어지고 은행의 손실도 점점 커졌다. 이러한 은행 중 하나가 뉴욕에 있는 투자 은행 베어스턴스Bear Stearns였다. 베어스턴스는 2008년 3월 10일까지만 해도 이런 소문에 대해 '완전한 거짓'이라고 말했다. 하지만 4일 후 지불 불능 상태임을 인정해야 했다. 파산을 막기 위해 미국 연준이 300억 달러에 달하는 베어스턴스의 잠재 부실을 떠안기로 하고 대형 투자 은행인 J. P. 모건이 베어스턴스를 헐값에 인수했다.

미국과 유럽에서 유동성 문제가 있는 다른 은행의 경우도 이와 유사한 과정이 반복되었다. 결국 2008년 9월 15일 미국 정부와 연준이 더 이상 은행에 대한 지원을 거부하자 투자 은행 리먼브라더스는 파산을 신청해야만 했다.

이는 극적인 결과를 초래했다. 세계의 주식 시장이 폭락했다. 거의 매일 은행과 보험 회사들이 지급 불능 상태를 선언했다. 금융 시장에서 불신이 확산되어 대출이 중단되었고 자금의 흐름이 멈추어 세계 금융 시스템이 붕괴 직전에 놓였다. 이를 막으려면 은행과 보험 회사들에 막대한 자금을 지원해야 했다. 미국 정부는 구제 금융으로 7,000억 달러를, 독일 정부도 거의 5,000억 유로를 지원했다. 다른 나라들도 은행의 파산을 엄청난 구제 금융으로 막았다.

그 사이 사람들은 자신들의 예금이 안전한지 점점 불안해했다. 각국의 정부는 사람들을 진정시키려 했다. 예를 들어 독일 총리와 재무장관은 일요일임에도 불구하고 2008년 10월 5일 기자 회견을

❖ — 전 세계 금융 시장을 대표하는 월스트리트. 대부분의 현대인은 대출과 투자라는 금융 사슬에 묶여 있다. 이러한 경제 환경에서는 어느 한쪽의 부실이 드러나고 유동성을 잃는 순간 연쇄적인 파산을 초래할 수 있다.

열어 "독일의 저축자들은 단 한 푼의 예금도 잃어버릴 걱정을 할 필요가 없다"고 약속했다. 이러한 국가 차원의 보증은 법적 근거가 없긴 했지만 사람들이 공황 상태에 빠져 돈을 인출하려는 것을 어떻게든 막으려는 시도였다. 이렇게 대량 인출 사태가 생기면 재무 상태가 좋은 은행일지라도 어려움에 처할 수 있기 때문이다.

금융 위기에 처한 국가들의 정부는 긴급 자금을 마련해 세계 금융 시스템의 붕괴를 막는 데 성공했다. 하지만 위기가 '실물 경제'로 파급되어 세계 경제 위기로 확산되는 것을 막을 수는 없었다. 전 세계에서 수백만 명의 사람들이 많은 돈을 잃었고 이제 절약해야 했다. 하지만 경제적인 어려움이 없던 사람들도 불안해하기는 마찬가지였다. 이들 역시 소비를 줄여 나갔다. 기업들은 투자 대출을 받지 못했고 상황이 너무 불안해 보였기 때문에 계획된 투자조차 보류했다. 이로 인해 2008년 초부터 2009년 초까지의 산업 생산은 유로존 국가들에서 20퍼센트, 미국에서는 12퍼센트 줄어들었다. 많은 나라들에서도 비슷한 상황이었다. 제2차 세계 대전 이후 이런 적은 단 한 번도 없었다.

이제 각국 정부는 대규모 경기 부양 프로그램으로 경제를 활성화시킬 수밖에 없었다. 미국이 2009년 2월 11일에 처음으로 시작했다. 이 프로그램은 7,870억 달러를 투입해 350만 개의 일자리를 만들고자 했다. 다른 나라들도 뒤이었고 약 2조 달러를 투입했다. 게다가 각국의 중앙은행은 엄청난 금액을 시장에 쏟아부었고 기준 금리를 역사적 저점인 0퍼센트까지 낮추었다. 이렇게 시장에 돈을 풀어 경기를 띄우는 양적 완화 조치들은 경제가 바닥으로 추락하는 것을 막았고 각국의 경제는 처한 상황에 따라 다르긴 했지만 서서히 다시 성장하게 되었다. 하지만 이러한 성공은 너무나 비싼 대가를 치르고 얻은 결과였다. 이제 각국은 상상을 초월하는 엄청난 부채를 짊어지게 되었기 때문이다. 아직도 이 부채를 어떻게 갚아야 할지 아무도 모른다. 이렇게 유동성이 많은 적이 없었기 때문에 은행들은 또 다시 위험한 대출을 하고 금융 시장에서는 유가 증권, 채권, 펀드 등으로 투기성 거래가 늘어나고 있다. 2007년 이전을 떠올리게 하는 이런 상황을 보고 거품과 이 거품의 붕괴에 대해 경고하는 목소리가 커지고 있다.

54

유로화 위기

유로화 도입은 유럽 통합의 걸림돌인가 촉진제인가?

유럽 연합은 금융 위기와 경제 및 국가 부채 위기를 겪으며 출범 이후 최대의 도전에 직면했다. 왜냐하면 막대한 국가 부채를 지닌 회원국들을 구제할 수 있을 것인지 또 어떻게 구제할 것인지의 문제가 제기되었기 때문이다.

그리스가 첫 번째 문제로 떠올랐다. 그리스가 2001년에 통계 수치를 조작해 유로존에 가입한 것이 이제 벌을 받게 된 것이다. 그리스는 유로존 회원국으로서 유리한 대출을 받고 자본 시장을 다양하게 이용했다. 그리스는 분수에 넘친 생활을 했고 채무는 눈덩이처럼 불어났다. 그것도 금융 위기가 있기 훨씬 전부터 그랬다. 하지만 그리스의 역대 정부들은 오랜 기간 국가 재정의 실상을 은폐해 왔다. 2009년 말에 이르자 이런 은폐는 더 이상 불가능해졌다. 그리스는 2,700억 유로를 빚져 이자와 국가 재정을 지출하기 위해 돈이 더 필요했다. 그리스에 돈을 대출해 주려는 국가는 아주 높은 이자를 요구했다. 이는 문제를 더 어렵게 만들었다. 이제 분명해졌다. 그리스는 지원이 필요했다.

하지만 누가 돕는다는 말인가? 유럽 연합 국가들은 그럴 의무가 없었다. 그도 그럴 것이 유럽 연합 조약에는 '비원조 조항'이 있다. 이 조항에 따르면 유럽 연합 전체나 개별 회원국은 다른 회원국의 채무에 책임을 지지 않는다. 이 때문에 유럽 연합이 그리스를 도와야 하는지 혹은 지불 불능인 국가가 파산하도록 내버려 두어도 되는지를 놓고 열띤 토론이 벌어졌다. 이러한 토론은 문제를 더욱더 어렵게 만들었다. 전 세계적으로 투기꾼들이 어떻게 되든 유로화가 가치를 잃을 것이라는 데 내기를 걸었다. 유럽 연합 국가들은 유로화 전체가 투기꾼들의 먹잇감이 되지 않도록 2010년 5월 2일 그리스에 1,100억 유로를 지원하기로 결정했다. 반대급부로 그리스 정부는 강력한 긴축을 하고 채무를 줄여 나가야 했다. 그리스 정부는 세금을 인상하고 연금 및 공무원들의 임금을 삭감하겠다고 예고했다. 그리스 국민들은 이에 반대했다. 5월 5일에 수만 명이 아테네를 행진하며 항의 시위를 벌였다. 이들 중 일부는 경찰과 시가전을 벌였는데, 세 사람이 목숨을 잃었다. 하지만 그리스 의회는 5월 6일 긴축안에 동의했다.

2012년까지 그리스 경제의 규모는 약 20퍼센트 축소되었다. 그리스는 더 많은 대출을 필요로 했고 또 대출을 받았다. 그리스를 '밑

❖ — 저축한 돈을 찾기 위해 ATM기에 줄을 선 그리스 사람들. 금융 위기를 맞은 그리스 국민들은 은행이 파산하기 전에 예금을 찾으려고 했고, 이러한 행렬은 그리스 은행의 경영 악화를 초래했다.

빠진 독'이라고 여기는 사람들이 많았지만, 유로존 국가들의 재무장관들은 2012년 2월에 1,300억 유로의 2차 구제 금융을 지원하기로 결정했다. 이렇게 하지 않을 경우 '도미노 효과'가 생길지 모른다는 우려도 한몫을 했다. 그리스뿐만 아니라 아일랜드, 포르투갈, 스페인, 이탈리아 등도 채무가 많았기 때문이다. 주식 시장에서는 유로화에 대해서만 투기를 한 것은 아니었다. 심지어 통화 통합이 와해될 가능성을 염두에 두고 투기에 나서는 사람도 많았다. 회원국들은 이러한 사태를 어떻게 해서라도 막으려 했고 7,500억 유로에 달하는 구제 금융을 마련해 위기에 처한 나라들을 도우려 했다. 그리스

이외에 아일랜드, 포르투갈, 스페인, 키프로스 등도 각기 금액은 다르지만 구제 금융의 혜택을 받았다.

게다가 유럽 중앙은행 총재인 마리오 드라기는 2012년 7월 26일에 다음과 같이 발표했다. "유럽 중앙은행은 위임받은 권한 안에서 유로존을 지키는 데 필요한 모든 것을 할 준비가 되어 있다. 나를 믿어 달라." 그러자 유로화의 가치가 치솟았고 주식 시장도 급등했다. 더 중요한 것은 위기에 처한 나라들이 다시 낮은 이자로 돈을 빌릴 수 있게 된 사실이다.

금융 지원과 긴축 조치들이 서서히 효과를 나타냈다. 아일랜드와 스페인은 2013년 말 구제 금융을 받지 않아도 될 상황이 되었다. 하지만 이로써 문제들이 모두 해결된 것은 아니다. 위기에 처한 다른 나라들처럼 이 두 나라도 여전히 부채가 많고 실업자도 많다. 스페인은 2013년 10월에 실업률이 26.7퍼센트였다. 그리스만이 실업률이 27.3퍼센트로 스페인보다 조금 더 높다. 이 두 나라의 청년 실업률은 심지어 50퍼센트가 넘는다.

유럽 남부 국가들의 문제를 어떻게 해결할 것인지는 여전히 논란이 되고 있다. 이 국가들은 국가 부채를 줄이고 국가 재정을 정상화하기 위해 더 많이 긴축해야 하는가? 혹은 긴축 조치로 인해 이들 국가의 경제 규모가 더 축소되고 실업률이 더 높아지며 세금 수입이 줄어 결과적으로 국가 부채가 더 커지게 될 것인가? 이들 국가의 경제를 활성화하기 위해 긴축 조치를 완화하고 대출을 더 많이 해주어야 하는가? 이들 국가들이 원점에서 새 출발을 할 수 있도록 부채를 부분적으로 삭감해 주거나 완전히 탕감해 주어야 하는가? 만약 그렇다면 채무는 누가 떠맡아야 하는가? 아니면 이들 국가들은 유로존을 떠나 옛 화폐를 재도입하는 것이 좋은가? 이는 유로화와 유럽 연합에 어떤 결과를 초래할 것인가?

이와 마찬가지로 중요한 것은 다음과 같은 질문들이다. 큰 손실을 입고 지금까지 국민의 세금으로 지탱해 온 은행들은 장차 어떻게 될 것인가? 경제 위기를 불러일으켜 국가 전체를 부도 위기로 몰아넣은 은행들이 계속해서 영업해 나가는 것을 어떻게 막아야 하는가?

이러한 질문들에 대해 정치가들이나 학자들은 명확한 답을 가지고 있지 않다.

55

아프리카의 새 출발

빼앗긴 들에도 봄은 오는가?

아프리카는 흔히 '잊힌 대륙'으로 불린다. 아시아와 라틴 아메리카의 많은 나라들은 1980년대 이래로 상당한 경제 성장률을 올리고 사람들의 생활수준도 향상되었지만, 아프리카 국가들의 대부분은 세계화의 혜택을 누리지 못했다. 검은 대륙은 세계 정치와 세계 경제에서 부차적인 역할을 해왔을 뿐이다.

남아프리카 공화국은 예외다. 이 나라는 제2차 세계 대전 이후 급속한 경제 발전을 했고 아프리카에서 유일하게 '선진국'에 속한다. 물론 복지 혜택은 주로 400만 명의 백인에게만 돌아갔고 4,000만 명의 흑인은 별로 누린 게 없었다. 소수파에 속한 백인들은 '아파르트헤이트Apartheid, 인종 차별 정책'를 통해 이런 상태를 지속해 왔다. 따라서 흑인들은 정치 활동을 하거나 선거에 참여하지도 못했다. 백인과 흑인 사이의 결혼은 금지되었고 흑인들은 홈랜드라고 불리는 특별한 거주지에서만 살 수 있었다. 공공 구역은 백인과 비백인을 위한 구역으로 나누어졌다. 학교도 분리되었고 교사들의 자격증도 서로 달랐다.

넬슨 만델라가 이끈 아프리카 민족 회의ANC는 이런 정책에 저항했다. 만델라는 자신의 모범이었던 인도의 간디처럼 시위와 파업을 통해 변화를 시도했다. 1960년 3월 21일 경찰은 요하네스버그 근교에서 벌어진 평화 시위를 진압하며 69명의 흑인을 살해했다. 정부는 비상 사태를 선포하고 아프리카 민족 회의를 금지시켰다. 이제 만델라는 평화적인 수단으로는 더 이상 무언가를 이룰 수 없다고 생각했다. 그와 동료들은 지하 투쟁으로 노선을 바꾸었다. 그들은 총과 폭탄을 구해 사보타주 공격을 감행하다가 체포되어 법정에서 종신형을 선고받았다. 1980년대에 이르러 국제 사회의 압력이 거세지자 남아프리카 공화국 정부는 아파르트헤이트 정책을 일부 철회했다. 결국 남아프리카 공화국 정부는 1990년 2월 넬슨 만델라와 다른 정치범들을 석방했다. 동시에 아프리카 민족 회의도 다시 활동을 허락받았다.

만델라는 석방되던 날 – 감옥에 투옥된 지 27년 만에! – 화해를 촉구하는 연설을 했다. 그는 백인과 흑인에게 "모두가 투표권이 있는 자유선거와 보통 선거로 비인종차별주의적으로 통합된 민주적 남아프리카"를 만드는 데 동참해 줄 것을 요청했다. 그는 유화적이고 화합적인 태도로 – 백인 주민들에게서도 – 동참자들을 빠르게 늘

❖ — 남아프리카 공화국의 자유선거 때 투표를 하는 넬슨 만델라. 이 선거를 통해 그는 남아프리카 공화국 최초의 흑인 대통령이 되었다.

려 나갔다. 그는 대통령 프레데리크 데 클레르크와 함께 아파르트헤이트를 철폐하고 민주적인 헌법을 제정하기 위한 협상을 이끌었다. 이런 공로로 두 사람은 1993년 공동으로 노벨 평화상을 수상했다. 1994년 4월 27일에 실시된 최초의 자유선거에서 아프리카 민족 회의는 과반수의 득표를 얻어 만델라가 의회에서 대통령으로 선출되었다. 남아프리카 공화국과 전 세계의 많은 사람들이 이 일을 기적으로 여겼다. 만델라가 2013년 12월 5일 95세의 나이로 세상을 떠나자 전 세계인들이 그의 죽음을 애도했다.

아프리카인들은 남아프리카 공화국에서 펼쳐진 일을 꿈과 같이 여겼다. 그들도 제2차 세계 대전 이후에 옛 식민지 통치자들에 저항했다. 하지만 식민지 통치자들은 처음에 자신들의 기득권을 포기하려 하지 않았다. 결국 격렬한 다툼이 있었고 심지어는 유혈 투쟁까지 발생했다. 가나는 아프리카 국가들 중에서는 처음으로 1957년에 독립을 선언했다. 1960년까지 16개국이 독립국이 되었다. 포르투갈의 식민지들이 가장 오랫동안 투쟁해야 했다. 이 국가들은

1970년대 중반에 이르러서야 독립을 쟁취했다.

이 신생 독립국들은 법적으로는 독립해 자유를 얻었지만 정치적으로 또 특히 경제적으로 옛 식민지 세력들에 종속된 채로 머물렀다. 이 국가들은 자치 경험이 없어서 정치 상황이 불안했고 한 나라 안에서 여러 집단들이 폭력을 행사하며 다투는 일이 빈번했다. (이에 대해서는 45장에서 이미 설명한 바 있다.) 발전이 있기는 했지만 아프리카 많은 나라들의 정치 상황은 오늘날까지도 불안정하다. 미숙한 국정 운영, 부패, 경제 실패 등으로 인해 갈등이 생겼고 종종 무장 투쟁으로 이어졌다.

아프리카는 천연자원이 풍부하기 때문에 옛 식민지 통치자들이 계속해서 이 검은 대륙에 관심을 가지고 있을 뿐만 아니라 거대 콘체른들도 호시탐탐 아프리카를 노리고 있다. 이들은 아프리카 국가들의 부패한 정치 세력과 결탁해 옛 식민지를 계속해서 착취한다. 아프리카인들은 풍부한 천연자원의 혜택을 누리지 못하고 가난하게 살고 있으며 대부분 유혈 분쟁의 희생자가 되고 있다. 겉으로는 정치적 · 인종적 또는 종교적 갈등으로 보이지만 사실상 거의 항상 권력과 돈이 관건이다.

아랍 세계에 속하는 북아프리카인들도 식민지 세력들로부터 독립을 쟁취했지만, 더 많은 자유와 더 나은 복지를 얻으려는 희망은 실현되지 않았다. 이 나라들에서는 군부 통치가 이어졌고 권력을 차지한 자들은 자발적으로 자리에서 물러나지 않으려 했다. 이를테면 튀니지에서는 1957년에 초대 대통령이 된 하비브 부르기바

❖ — 아프리카 대부분의 나라들이 빈곤에서 벗어나지 못하고 있다. 식민지 상황에서 독립 국가의 지위를 확보했지만, 부족 간의 다툼에 의한 내전, 독재 정치 등으로 수많은 아프리카인이 고통받고 있다. 사진은 황폐한 바닷가를 헤집으며 먹을거리를 찾고 있는 가나 소년들을 찍은 것이다.

가 1987년까지 30년간 통치했다. 그러다 1987년에 지네 엘 아비디네 벤 알리가 무혈 쿠데타를 일으켜 하비브 부르기바를 몰아내고 2009년까지 24년간 대통령으로 군림했다. 시리아에서는 하페즈 알 아사드가 1970년에 권력을 잡았는데, 그가 2000년에 사망한 후 그의 아들인 바샤르 알 아사드가 – 마치 세습 군주국처럼 – 권력을 이어받았다. 아프리카에서 가장 오래 통치한 사람은 리비아의 무아마르 알 카다피로 1969년에 쿠데타로 정권을 잡은 후 2011년에 살해당할 때까지 무려 42년 동안이나 독재 정치를 펼쳤다.

이러한 아랍 국가들에서는 지배자 가족이 국민을 착취해 부를 축적했다. 따라서 이들 국가들의 정치 스타일을 '도둑 정치Kleptocracy, 부패 정치인들이 권력을 이용해 사적인 이익을 추구하는 정치 체제'라고 부른다. 이들은 막대한 부를 축적하고 이를 외국으로 빼돌렸다. 하지만 이들의 국민은 가난하게 살았고 기본 식량조차 부족해 그 가격은 끊임없이 올랐다. 경제 실패와 사회적 폐해는 국민들의 불만을 초래했는데, 특히 미래 삶에 대한 전망을 찾지 못해 그 책임을 지배자들에게 돌린 젊은이들의 불만은 점점 커졌다.

2010년 12월 17일 튀니지의 소도시 시디부지드에서 대학 졸업 후 일자리가 없어 채소 행상을 하던 26세 청년 무함마드 부아지지가 경찰의 노점 단속으로 청과물과 수레를 모두 빼앗기자 분신자살을 시도한 사건이 발생했다. 국가가 통제하는 언론은 이 사건을 보도하지 않았지만 소셜 네트워크 서비스SNS가 가만히 있지 않았다. 분신 소식은 페이스북과 트위터를 통해 급속도로 전파되었다. 여러 도시에서 사람들이 부아지지의 분신을 초래한 당국에 항의했다. 처음에는 즉흥적인 시위였던 것이 SNS의 도움으로 대규모 시위로 발전했다. 정부는 강압적으로 진압에 나섰다. 하지만 경찰과 군인들이 유혈 진압을 거부하고 오히려 시위대 편에 서게 되었다. 대통령 벤 알리는 강압적인 방법으로는 시위를 진압할 수 없다는 사실을 깨닫고 국민들을 무마하고 시간을 벌기 위해 협상을 제안했다. 그러던 중 2011년 1월 4일에 무함마드 부아지지가 사망했다. 그 후 점점 더 많은 사람들이 시위에 동참했다.

벤 알리는 국민들에게 더 많은 권리와 자유를 약속하며 사태를 진정시키려 했지만, 이미 때는 늦었다. 국민들은 그가 물러나기를 원했고 새로운 정부를 선출하려 했다. 벤 알리는 2011년 1월 14일 비밀리에 외국으로 망명했다.

튀니지 사태로 용기를 얻은 다른 아랍 국가들의 국민도 거리로 나섰다. 이들은 곳곳에서 더 나은 복지와 부패한 정권의 퇴진 그리고 사회 개혁을 요구했다. 특이한 점은 시위 군중 가운데 젊은 여성들이 많았다는 것이다. 이들은 여성의 동등한 권리를 위해 투쟁했다. 구체적인 요구 사항은 나라마다 달랐지만 공통된 목표는 '모두가 존중받는 삶'이었다.

지배자들이 양보해 타협한 국가들도 있었지만 시위를 강압적으로 진압하려 한 국가도 있었다. 이집트를 30년 동안 통치한 호스니 무바라크가 이런 시도를 했다. 하지만 경찰이 잔인하게 진압할수록 사람들은 대도시를 거점으로 점점 더 많이 모였다. 또다시 페이스북과 트위터를 통해 수만 명이 결집했다. 시위의 중심은 카이로의 타흐리르 광장이었다. '분노의 날'로 불린 2011년 1월 28일 이곳에서는 10만 명 이상이 모였다. 무바라크는 군대를 동원해 이 광장에 모인 시위 군중을 해산시키려 했다. 하지만 군부 지도자들은 국민들에게 무력을 행사하지 않겠다고 선언했다. 그러자 무바라크는 경찰 기동대를 보내 시위 군중을 진압하게 시켰다. 하지만 군인들이 개입해 유혈 사태를 막았다.

2월 11일에 무바라크는 가족과 함께 카이로에서 도피했고 대통령직에서 물러나겠다고 발표했다. 이 소식에 이집트 국민들은 열광적으로 환호했다. 하지만 국민들이 원한 시민 정부 대신에 군부가 권력을 잡았다. 군부는 자유선거와 민주적인 새 헌법을 약속했다. 이 선거에서 무함마드 무르시를 중심으로 한 무슬림 형제단이 승리했다. 무르시는 2012년 6월에 실시된 대통령 선거에서 대통령으로 선출되었다. 그는 처음부터 이집트에서 이슬람교도의 권력을 확고하게 하려는 목표를 추진했다. 그는 단계적으로 헌법을 개정하고 대통령의 지위를 강화했으며 권력 분립을 제한했다. 또 그는 국민, 특히 여성의 권리를 축소했고 무슬림 형제단의 권력을 확대했다. 상황이 이집트 국민들의 바람과는 다른 방향으로 전개되자 국민들은 다시 거리로 나섰다. 무르시가 대통령이 된 지 1년째 되던 날 100만 명 이상이 결집했다. 2013년 7월 3일 다시 군부가 개입해 무르시 정부를 무너뜨리고 아들리 만수르를 임시 대통령에 임명했다. 만수르는 과도 정부를 구성하고 새 헌법을 마련하는 임무를 수행했다. 무슬림 형제단은 이런 조치를 받아들이지 않고 모든 수단을 동원해 저항했다. 무슬림 형제단과 군부 사이에 유혈 투쟁이 벌어져 2013년 말까지 약 2,000명이 희생되었다. 2014년 봄에 대통령 선거가 실시되어 군부의 실세인 파타 엘 시시가 당선되었다. 앞으로 이집트가 안정될지 예측하기 어려운 상황이다.

리비아는 튀니지와 이집트보다 더 극적인 변화를 겪었다. 독재자 카다피는 2011년 2월 22일 국영 텔레비전 방송을 통해 시위 군중을 '배신자'라고 비난하며 "무아마르 알 카다피는 대통령이 아니라 혁명의 지도자다! 이곳은 내 나라이자 내 선조들의 나라이며 여러분의 선조들의 나라이다. 나는 내 선조들처럼 순교자로 죽을 것이다"라고 외쳤다. 그는 조금도 물러서지 않으려 했고 시위 군중에게 발포하라고 명령했다. 그를 반대하는 자들은 무기를 구해 대항했고 곧 내전이 벌어졌다.

이제 내전에 리비아의 이웃 국가들, 미국, 유엔 등과 같은 외국 국가들이 개입했다. 모두가 즉각적인 정전을 요구했지만 내전은 계속되었다. 수천 명이 사망하고 수만 명이 목숨을 구하기 위해 국경을 넘어 튀니지로 도피했다.

정부군은 공군을 투입해 반정부군에 빼앗긴 지역을 다시 정복했다. 민간인들을 보호하기 위해 미국, 영국, 프랑스는 유엔의 위임을 받아 3월 19일에 정부군과 군사 시설에 공습을 시작했다. 반정부군은 외국의 도움으로 도시들을 점차적으로 점령했고 8월에는 수도 트리폴리도 함락했다. 카다피는 측근과 함께 자신의 고향인 시르테로 도피해 이곳을 리비아의 새 수도로 선언했다. 그 사이 헤이그의 국제 사법 재판소는 카다피를 '반인도적 범죄 혐의'로 기소했다.

시르테를 중심으로 전투가 치열하게 전개되었다. 반정부군은 큰 손실을 겪으며 시르테를 정복했다. 10월 20일에 카다피는 여러 대의 차량을 동원해 이 도시를 탈출하려고 하다가 반정부군에 의해 생포되었다. 같은 날 카다피는 사망했다. 아직도 정확한 사망 원인은 밝혀지지 않고 있다.

리비아의 내전으로 적어도 3만 명 이상이 목숨을 잃은 것으로 추정된다. 반정부군이 승리한 후 '과도국가위원회'는 의회와 헌법 제정 위원회를 구성하기 위한 자유선거를 실시하겠다고 발표했다.

시리아에서는 아직 상황이 이 정도까지 진전되지 않았다. 시리아에서도 다른 아랍 국가들에서처럼 아사드 정권에 대한 저항이 평화롭게 시작되었다. 처음에 아사드는 시위에 나선 국민들을 위협하고 앞장선 사람들을 체포해 시위를 진압하려 했다. 하지만 진압이 실패하자 경찰과 군대가 시위대를 잔인하게 공격했다. 하지만 시위대는 이에 굴하지 않았고 점점 더 많은 사람들이 거리로 나왔다. 아사드는 2011년 3월 30일에 대국민 담화문을 발표하면서 소요 사태의 책임을 '시리아의 안정을 헤치려는 전 세계 반란 세력'에게로 돌리며 '신의 도움으로 이 반란을 이겨내자!'고 외쳤다.

소요 사태는 내전으로 번져 오늘날까지도 지속되고 있다. 희생자 수는 아직 정확하게 밝혀지지 않았다. 유엔에 따르면 2013년 말까지 13만 명 이상이 사망했다. 약 100만 명의 시리아인들이 외국으로 도피했고 400만 명이 시리아 국내에서 도피 중이다. 여러 도시에서 시민들이 파괴된 집에서 살고 있다.

외국의 항의와 중재 노력도 아사드를 막을 수 없었다. 아사드는 2013년 8월 4일에 "위기는 전쟁터에서만 해결할 수 있다"고 말했다. 전쟁터에서 처음에는 반군이 정부군에 맞서 싸웠다. 하지만 점차 반군도 분열되어 서로 싸웠다. 미래의 시리아 국가가 어떤 형태를 띠어야 하는지를 놓고 서로 의견이 엇갈렸기 때문이다.

2010년 12월 튀니지에서 시작된 '아랍의 봄'은 아직 끝나지 않

❖ — 시위를 벌이고 있는 짐바브웨의 국민들. 아프리카의 거의 모든 나라에서는 군중의 시위가 일상적인 일이 되었다. 하지만 이러한 진통을 통해 아프리카인들은 더 많은 권리를 획득해 가는 중이다.

았다. 서구에서는 특히 시리아에 주목하면서 이미 '아랍의 겨울'이 왔다고 말한다. 하지만 아직 속단하기에는 이르다. 서구에서도 민주주의를 쟁취하기 위한 투쟁이 수많은 우여곡절을 겪으며 150년 이상 지속되었다. 아랍인들이 '봄'에서 '여름'을 맞기까지 얼마나 오랜 시간을 필요로 할지는 아무도 모른다. 아마 최소한 수십 년은 각오해야 할 것이다. 왜냐하면 독재 정권에 저항하는 사람일지라도 모두가 국민의 행복을 염두에 두고 있는 건 아니기 때문이다. 아랍 세계에도 종교적인 광신자들이 있다. 이들은 폭력과 테러로 자신들이 생각하는 신의 나라를 관철시키려고 한다. 또 이슬람교 내에도 수니파와 시아파가 서로 오랫동안 경쟁하고 있다는 사실을 잊어서는 안 된다. 이 두 종파는 특히 이슬람의 종교 지도자가 직접적으로 무함마드의 가족에서 나와야 하는지(시아파), 그렇지 않은지(수니파)를 놓고 의견이 갈렸다. 정치적인 권력이 문제가 되면 종교적인 차이는 곧장 적대적인 경쟁 관계로 이어질 수 있다. 이는 이라크에서 사담 후세인의 수니파 정권이 몰락한 후 벌어지고 있는 상황에서도 잘 드러난다. 이라크에서는 오늘날 시아파가 주도권을 잡았고, 이라크에서 신의 나라를 만들기 위해 지중해까지 진출하며 투쟁하고 있는 테러리스트들은 정치적으로 수세에 몰린 수니파들의 지원을 받고 있다.

56

기후 변화

인간이 초래한 기후 변화, 어떻게 해결해야 할까?

전쟁, 경제 위기, 재난 이외에 또 다른 이슈가 지난 30년 동안 점점 더 주목을 끌고 있다. 기후 변화가 바로 그것이다. 사실 이 이슈는 새로운 것이 아니다. 기후는 지구가 존재한 이후로 항상 변화해 왔기 때문이다. 수백만 년 동안 빙하기와 온난기가 교차했다. 이러한 변화는 장기간 진행되었고 자연에 그 원인이 있다. 다만 오늘날 기후 변화를 거론할 때는 인간에 의해 야기된 변화를 말한다.

이 변화는 19세기 산업화로 시작되었다. 그때부터 산업 국가의 사람들은 점점 더 많은 에너지를 소비했다. 굴뚝에서는 연기가 나야 하고 경제는 성장해야 했다. 그 외 다른 모든 것은 부차적이었다. 제한된 자원, 환경 오염, 기후에 미치는 영향 등에 대해서는 개의치 않았다. 이는 20세기 후반에 들어서야 달라졌다. 이런 의식 변화에 중요한 기여를 한 것이 '로마 클럽'이 1972년에 발표한 연구 보고서 『성장의 한계』다. 전 세계적으로 큰 주목을 받은 이 보고서는 컴퓨터 시뮬레이션을 통해 다양한 시나리오를 제시하며 다음과 같은 핵심 결론에 도달했다. "세계 인구, 산업화, 환경 오염, 식량 생산, 천연자원의 착취가 현재와 같이 증가한다면 앞으로 100년 안에 지구상에는 '성장의 한계'가 나타날 것이다."

이 보고서는 지구의 미래와 기술의 기여도를 지나치게 비관적으로 보고 있다고 비판받긴 했지만, 환경 문제에 대한 사람들의 관심을 불러일으키는 데 결정적인 역할을 했다. 정치권이 점차 이 문제를 다루긴 했지만, 1990년대 초까지는 '부수적인' 관심에 그쳤다. 선진국 정상들은 '정상 회담'에서 더 중요한 이슈에 관해 협의해야 한다고 생각했던 것이다.

하지만 기후 연구자들은 지구 온난화와 그 원인과 결과에 대해 점점 더 많이 지적했다. 이들은 아직 더 연구를 해야 하긴 하지만 끊임없이 늘어나는 에너지 소비가 주된 원인이라는 데는 의심의 여지가 없다고 밝힌 것이다. 이들의 주장에 따르면 에너지를 얻기 위해 석탄, 석유, 가스 등을 연소시킴으로써 '부산물'로 엄청난 양의 이산화탄소가 생기는데, 이는 다른 온실가스과 함께 온실 효과와 지구 온난화를 초래한다. 또 1900년 이후 평균 기온은 거의 섭씨 1도가 상승했고 1950년 이후 기온의 상승 속도가 더 빨라지고 있다. 수십 년 전부터 빙하와 극지방의 '만년설'이 녹아 해수면이 상승하고 있다. 건기, 허리케인, 홍수 등과 같은 극단적인 기상 악화가 빈번해지

❖ — 지구 온난화로 빙하가 녹으면서 북극곰의 터전이 사라지고 있다. 뿐만 아니라 기후 변화로 인해 수많은 동식물이 멸종 위기에 처해 있다. 자연이 고통을 받는 환경에서는 인간 역시 생존을 장담할 수 없다.

는 것도 인간이 야기한 기후 변화의 뚜렷한 조짐들이다. 따라서 더 늦기 전에 이러한 경향을 중단시키기 위해 무언가를 해야 한다. 이를 비관적 진단이라고 비판하는 사람들도 있고 경고로 진지하게 받아들이는 사람들도 있다.

1992년 5월 유엔은 기후 변화 협약을 채택했다. 그 전문前文은 "인간의 사회 및 경제 활동이 증가함에 따라 대기 중 온실가스의 농도가 급격히 증가하고 있으며, 이로 인해 온실 효과가 가속화되고 있음"을 우려하고 있다. 기후 변화 협약의 목표는 인간에 의한 기후 시스템의 손상을 막고 지구 온난화의 속도를 느리게 하며 그 피해를 줄이는 것이었다. "기후 변화는 전 세계적으로 영향을 미치므로 모든 국가가 가능한 모든 협력을 다해야 한다." 구체적인 협력 방안은 매년 열리는 당사국 총회에서 의결되고 있고 1997년에는 교토 의정서가 채택되었다. 교토 의정서에 따르면 선진국들은 2012년까지 온실가스 총배출량을 1990년 수준보다 평균 5.2퍼센트 줄여야 했다. 여기서 '평균'이라는 말은 온실가스 배출량 감축이 각국의 경제 발전과 의지에 따라 조정된다는 것을 의미했다. 예를 들어 미국은 7퍼센트, 일본은 6퍼센트, 독일은 21퍼센트, 영국은 12.5퍼센트, 캐나다와 폴란드는 6퍼센트가 할당되었다. 프랑스와 러시아는 할당된 배출량 감축이 없었다. 중국, 인도, 브라질 등과 같이 당시 개발도상국으로 분류된 국가들도 마찬가지였다.

이러한 예에서도 알 수 있듯이 각국의 정부는 자국의 이해관계를 우선시하고 기후 변화에 대응하는 자세도 다르다. 온실가스를 가장 많이 배출한 국가였던 미국은 이 협약을 비준하지 않았고 이산화탄소 배출량이 2010년까지 심지어 10퍼센트 더 늘어났다. 게다가 캐나다는 2011년 12월에 이 협약에서 탈퇴했다.

2012년 도하에서 열린 제18차 유엔 기후 변화 협약 당사국 총회는 그해 말에 시한이 종료되는 교토 의정서를 2020년까지 연장하기로 합의했다. 하지만 이제 37개국만이 이 협약에 동참하게 되었다. 하지만 이 국가들도 그때까지 전 세계 이산화탄소 배출량의 약 15퍼센트에 대해서만 책임을 지기로 했다. 미국, 중국, 러시아, 인도, 일본 등과 같이 이산화탄소 배출량이 많은 국가들은 교토 의

❖ — 대부분의 사람은 먹고사는 문제, 즉 경제에 중점을 두고 있고, 정치인들은 정치권력을 추구한다. 각 나라들은 세계 시장과 국제 사회에서 이권을 챙기기 바쁘다. 이런 상황에서 우리가 살아가는 터전은 점점 악화되고 있다. 환경 보호는 전 세계인이 함께 나서야 할 가장 시급한 숙제다.

정서에서 할당된 목표치 비준을 거부했다. 이후 2015년 파리에서 열린 제21차 유엔 기후 변화 협약 당사국 총회는 파리 기후 변화 협약을 체결했는데, 산업화 이전 시기보다 지구 평균 기온 상승을 2도 아래로 유지하는 것을 목표로 세웠다. 이 협약에는 중국을 포함해 총 195개국이 서명했지만 2017년 미국이 탈퇴하고 말았다.

환경 보호 단체들은 기후 변화 협약이 최소한의 타협을 하는 선에서 그치고 구속력이 없다고 비판했다. 많은 나라들이 기후 보호를 건성으로 실천하고 있어 지구 온난화가 계속되고 있다는 것이다.

하지만 교토 의정서를 비준하지 않은 국가들이라 할지라도 전혀 손을 놓고 있는 것은 아니었다. 많은 국가들이 1970년대 오일 쇼크와 특히 1986년 4월 26일에 발생한 체르노빌 원전 사고 이후 재생 가능한 에너지 개발을 추진했다. 21세기가 시작되면서 이러한 에너지 개발은 강화되었다. 2011년 3월 일본의 후쿠시마에서 원전 사고가 발생하자 많은 국가들이 재생 에너지로 방향을 돌려 에너지 전환 정책을 펼치고 있다. 이러한 정책이 온실가스 배출을 줄여 지구 온난화를 막을 수 있을지는 확실치 않다. 하지만 지구에서의 삶이 미래의 세대들에게 살 만한 가치가 있도록 하기 위해서는 이런 에너지 전환 정책 외에 다른 대안이 없다.

단숨에 이해하는
세계사의 줄거리

한국의 역사 교육은 한국사를 강조한다. 우리의 역사, 우리의 전통을 아는 것을 국민의 의무로 간주한다. 반면에 역사 교육에서 세계사가 차지하는 비중은 미약한 편이다. 고등학교에서 자연계를 택한 학생들에게는 다른 나라의 역사를 배울 기회조차 제대로 주어지지 않는다.

한국사와 세계사의 불균등한 교육은 심각한 문제점을 안고 있다. 역사에 있어서 남을 이해하지 않고 나 자신을 진정으로 이해한다는 것은 불가능하다. 학생들에게 우리 자신의 참모습을 알게 하는 것이 한국사 교육의 목표라면, 세계사 없는 한국사 교육은 그러한 목표와는 거리가 멀다. 남에 대한 이해 없이 우리만을 강조하는 것은, 국가 간의 장벽이 점점 낮아지고 다른 나라 사람들과의 교류가 증대되어 가는 현실에서 학생들을 시대착오적인 민족주의적 아집에 빠뜨릴 위험마저 있다. 현실은 역사 교육이 세계사 차원으로 확대되어야 할 것을 요구하고 있다.

독일에서 청소년을 위한 역사서로 큰 반향을 얻은 만프레트 마이의 『세계사, 최대한 쉽게 설명해 드립니다』는 세계사에 대한 아주 간결하고도 이해하기 쉬운 개관을 제시해 준다. 복잡하고 어렵기 때문에 세계사 과목을 싫어하는 학생들은 이 책을 통해서 세계사에 친숙해지고 세계사의 전체적 맥락을 파악하는 데 큰 도움을 얻을 수 있을 것이다. 또 세계사에 입문하려는 일반인들에게도 이 책은 유용한 길잡이가 될 것이다. 마치 한 편의 흥미진진한 이야기처럼 술술 읽히는 두세 페이지 정도의 짤막짤막한 장들은 각기 한 시대의 전체 흐름을 드러낸다. 부담 없이 단숨에 읽을 수 있으면서 세계사의 큰 틀에 대한 이해를 얻을 수 있다는 것이 이 책의 가장 큰 장점이다.

옮긴이로서는 다만 다음 두 가지 사항에 유의할 것을 독자들에게 당부하고 싶다. 첫째, 이 책은 독일인 저자가 쓴 역사책이다. 독일에서 발간된 세계사 책으로서는 보기 드물게 유럽 이외의 지역에도 상당한 비중을 두려고 노력한 편이고, 저자 자신도 서문에서 여러 민족들에게 최대한 공정한 시각을 유지하려 했다고 말하지만, 그래도 여전히 유럽과 독일 문제에 편중된 '세계사'라는 사실은 부정할 수 없다. 둘째, 이해하기 쉽고 간결하게 서술하려다가 단순화로 흐르는 경우가 있다. 그것은 지극히 복합적인 역사의 과정을 이해하기 쉬운 하나의 줄거리로 요약하는 데 따르는 필연적인 부작용이라고 할 수 있을 것이다. 따라서 독자는 이 책의 내용을 장차 좀 더 상세한 역사 공부를 하기 위한 기반으로 삼아야지, 최종적인 역사 지식의 근거로 삼아서는 안 될 것이다.

역사에 문외한인 옮긴이가 독일어를 할 줄 안다는 이유로 역사서를 번역하게 되었다. 최대한 정확한 번역이 되도록 노력했지만, 전문가적 견지에서 볼 때 잘못된 번역에 대한 지적이 나올 수 있을 것이다. 그런 문제가 제기된다면, 추후에라도 바로잡도록 노력할 것을 약속드린다.

–김태환

| 찾아보기 |

세계사 여행이
즐거우셨나요
다음에
또 만나요!